Die Schwestern Napoleons

MARGERY WEINER

DIE SCHWESTERN NAPOLEONS

Elisa, Pauline und Caroline Bonaparte

VERLAG GEORG D. W. CALLWEY

In Liebe meiner Schwester Joyce

2. Auflage München 1981
Titel der Originalausgabe »The Parvenue Princesses« »The Lifes and Loves of Napoleons sisters«. Übersetzung: Günther Mehling.

Druck Laupp & Göbel, Tübingen
Bindung Grimm + Bleicher, München
ISBN 3 7667 0602 0

INHALTSVERZEICHNIS

Erster Teil

I. Kapitel

Elisa, Pauline und Caroline

»Meine Schwester Elisa hat einen männlichen Geist, einen ausgeprägten Charakter und überragenden Verstand; sie wird alle Widrigkeiten des Lebens tapfer ertragen. Caroline ist von den Ereignissen geformt worden. Als Kind hielten wir sie für dumm und für das Aschenbrödel der Familie; doch entwickelte sie sich später zu einer sehr hübschen und, durch Selbsterziehung, gescheiten und gewandten Frau; es stecken gute, doch durch übersteigerten Ehrgeiz gefährdete Anlagen in ihr. Pauline war vermutlich in jedem Lebensabschnitt die schönste Frau ihrer Zeit und wird für mich bis zu ihrem Tod das beste Geschöpf der Welt bleiben.«

So sah Napoleon auf St. Helena in der Erinnerung seine drei Schwestern. Über Elisa und Caroline hatte er seine frühere Meinung geändert, Pauline gegenüber waren seine Gefühle beständig geblieben. Wenn auch widerstrebend, so hätten die ältere und die jüngere Schwester doch bestätigen müssen, daß er »unsere Schwester immer am meisten liebte«.

Tugenden wie Laster können vor der Welt verborgen werden, nie jedoch vor der Familie; niemand kennt des anderen Stärken und Schwächen so genau wie Brüder und Schwestern untereinander. Wie weit stimmt nun das Urteil der Nachwelt mit dem Napoleons überein?

Sie kamen in Korsika, wo ihre ursprünglich italienische Familie seit mehreren Jahrhunderten ansässig war, auf die Welt und erhielten die Taufnamen Maria-Anna, Maria-Paola und Maria-Annunziata. Die Familie war vornehmer Herkunft, besaß aber nur wenig Vermögen, so daß den drei Schwestern ein Leben ohne auffallende Ereignisse bestimmt schien: jung zu heiraten, eine Menge Kinder aufzuziehen, ihren religiösen Pflichten wenigstens mit äußerlicher Frömmigkeit nachzukommen und schließlich am Ende auf dem Kirchhof von Ajaccio in Frieden zu ruhen, ohne je besonders von sich reden gemacht zu haben. Weil aber Korsika gegen Ende des 18. Jahrhunderts von Genua an Frankreich übergegangen war und sie mit dem Familiennamen Buonaparte hießen, entschied sich ihr Schicksal nicht auf korsischem Boden.

Ihr Vater Carlo war ein sehr gut aussehender Mann, doch träge und dabei überspannt. Extravaganzen in Kleidung und aufwendiger Lebensstil beanspruchten zuviel von seiner Zeit und seinen Mitteln, als daß ihm von beiden noch genügend zur Betreuung und zum Unterhalt seiner Familie zur Verfügung gestanden wäre. So fiel seiner schönen Frau, Letizia Ramolino, trotz ihrer pünktlichen Schwangerschaften die Aufgabe zu, beizusteuern, was ihr Mann als Oberhaupt der Familie versäumte. Seine ganze Energie erschöpfte sich darin, aus seinen französischen Gönnern für sich und die Seinen an Unterstützung herauszuholen, was möglich war, und durch den Erfolg, den er dabei hatte, glaubte er, jeder weiteren eigenen Anstrengung enthoben zu sein.

Die Buonaparte hatten dreizehn Kinder, von denen nur acht die ersten Jahre überlebten. Über ihre frühe Jugend ist außer den üblichen Geschichten von kindlichen Streichen wenig bekannt, und nur wenige davon berichten von den Schwestern. Frauen zählten auf Korsika nur durch ihre Mitgift, ihre Fruchtbarkeit und die Anzahl ihrer männlichen Verwandten, die sie der Sippe des Bräutigams als Verstärkung bei den ewigen Blutrachefehden, der Hauptbeschäftigung der leidenschaftlichen Bewohner der Insel, zuführen konnten.

Daher war es – abgesehen davon, daß es ihn in keine Unkosten stürzte – immerhin ungewöhnlich, daß Carlo Buonaparte um Aufnahme seiner ältesten Tochter, Maria-Anna, in die Königliche Akademie in St. Cyr bei Paris nachgesucht hatte. Seine drei ältesten Söhne waren zur Erziehung bereits nach Frankreich geschickt worden: Joseph nach Autun, Napoleon auf die Militärschule in Brienne und Lucien nach Aix. Zweifellos beabsichtigte Carlo den beiden jüngeren Brüdern die gleiche Ausbildung angedeihen zu lassen. Über die Zukunft der beiden jüngeren Mädchen war bis jetzt noch nicht entschieden worden.

Im Jahre 1785 brachte Carlo Buonaparte selbst Maria-Anna nach Paris. Auf der Rückreise nach Korsika starb er in Montpellier an Magenkrebs; er hatte seine Kräfte für seine Kinder und sich erschöpft. Jetzt konnte er für seine Familie nichts mehr tun. Da er nur wenig Vermögen hinterließ, mußten seine älteren Kinder von nun an allein im Leben vorwärtskommen und für die jüngeren die Verantwortung übernehmen; vor allem fiel jetzt seinen Söhnen die Aufgabe zu, für die Mitgift zu sorgen, die wesentlich war, wenn ihre Schwestern standesgemäß heiraten sollten.

Maria-Anna war kaum acht Jahre alt, als sie das Elternhaus verließ, und es bedeutete für das kleine Mädchen einen harten Schlag, aus der sorglosen heimischen Umwelt so jäh in die halbmilitärische, halbklösterliche Schule in St. Cyr versetzt zu werden.

Noch herrschte in der Königlichen Akademie der strenge Geist ihrer Gründerin Madame de Maintenon, der morganatischen Gattin Ludwigs XIV. Ihr Bildnis blickte finster von jeder Wand auf die Zöglinge herab, allesamt Töchter adeliger französischer Familien. Nach Horace Walpole, der St. Cyr im Jahre 1769 besucht hatte, war sie »nicht nur die Gründerin der Schule, sondern ihre Heilige, und der ihr entgegengebrachte Andenkenkult überschattete durchaus den der Jungfrau Maria«. In den zwischen Walpoles Besuch und Maria-Annas Ankunft verstrichenen Jahren hatte sich in der Schule nicht das geringste geändert.

Die Einhaltung des aus dem 17. Jahrhundert überkommenen Lehrplans, des Gehabens und der Sitten war in St. Cyr zu einer abergläubisch gewahrten festen Form geworden, und die Mädchen wurden zu steifer Förmlichkeit und Überheblichkeit statt zu Anmut und Bescheidenheit angehalten. Selbst die in St. Cyr streng geübte Frömmigkeit war übertrieben und in Wahrheit oberflächlich; waren die Schülerinnen erst einmal aus der Bevormundung entlassen, fiel diese Art Religiosität von ihnen ab wie ein dünner Schleier. Der größte Stolz der Schule waren exakte Disziplin und geschlossenes Auftreten gegenüber der Außenwelt, in Wirklichkeit jedoch nichts als trockene Routine einschließlich der endlosen Gottesdienste, bei denen die ganze Schule ihre Rolle zu spielen hatte.

Walpole sah die Schülerinnen des Instituts marschieren: »in Zweierreihen, an der Spitze jeder Gruppe eine Nonne, sittsam und wohlgeordnet bis zu ihren Kirchenbänken, um während des ganzen Gottesdienstes zu singen.« Ihre Tracht fand er sehr hübsch: » . . . schwarz, mit kurzen Schürzen in der gleichen Farbe, diese und die Mieder zur Unterscheidung der Klassen mit Blau, Gelb, Rot und Grün besetzt, das Haar gelockt und gepudert, der Kopfputz eine Art runder französischer Haube, weißer Schulterkragen, eine Art Halskrause und ein großer Latz.«

Wenn auch »Marianne de Buonaparté«, wie sie in der Schülerinnenliste geführt wurde, die Tochter eines Korsen von niederem Adel und »Ausländerin«, des Vorrechts teilhaftig geworden war, zu der auserwählten Gesellschaft aristokratischer junger Mädchen zu gehören, so empfand sie es doch recht bitter, die ärmste und einsamste unter ihnen zu sein. Um sich gegen die Isoliertheit und das Unterlegensein aufgrund ihrer Herkunft zu wehren, suchte sie das verletzende Bewußtsein, wie wenig Beachtung man einem Mädchen ohne Vermögen und einflußreiche Familie schenkte, hinter übersteigertem Hochmut zu verbergen. Was sie am schmerzlichsten empfand, war ihre Armut.

Als eines Tages, was selten geschah, ihr Bruder Napoleon sie besuchte, begleitet von Madame Permon, einer korsischen Freundin der Familie, kam Marianne traurig und niedergeschlagen in das Sprechzimmer. Auf die Frage, was ihr denn fehle, brach sie in Tränen aus. Schließlich entlockte ihr Madame Permon den Grund des Kummers; Maria-Anna besaß nicht einmal die geringe Summe, um zur Abschiedsfeier für eine Mitschülerin beitragen zu können.

Sofort griff Napoleon in die Tasche, zog die Hand aber, rot vor Zorn und verletztem Stolz, leer wieder heraus. Madame Permon gab Marianne freundlich die paar Francs. Doch in den Geschwistern brannte die erlittene Demütigung.

Im Jahre 1792 hatte die Revolution in Frankreich einen Grad von Gewalttätigkeit erreicht, angesichts dessen es höchst gefährlich schien, Marianne länger in dem königlichen Kloster zu belassen; außerdem drohte die Gefahr, daß sie durch die Ereignisse von Korsika abgeschnitten würde. So nahm ihre Schulzeit ein jähes Ende, als sie gerade sechzehn Jahre alt war. Im Herbst desselben Jahres brachte Napoleon, jetzt Hauptmann in der Armee, seine Schwester zurück nach Ajaccio, in eine Heimat, an die sie sich nur dunkel erinnerte, und zu einer Familie, die ihr im Grunde genommen fremd war.

Marianne wußte nur zu gut, daß die Familie arm war, aber die Bescheidenheit ihrer Lebenshaltung, die ihr jetzt an Ort und Stelle unmittelbar kraß vor Augen stand, beleidigte ihre aristokratischen Ansprüche. Sie freute sich, mit ihrer Familie wieder vereinigt zu sein; doch fiel es ihr schwer, sich nach so langer Internatszeit den Verhältnissen zu Hause anzupassen. Sie fühlte sich fehl am Ort und vermißte den geregelten Tagesablauf von St. Cyr; auch konnte sie nirgends die Kenntnisse verwerten, die sie sich voller Eifer angeeignet hatte.

Sicher hätte sich Marianne einsam gefühlt, wäre da nicht Lucien gewesen, der angehende Poet und Dramatiker, ein Feuerkopf, der sich mit glühender Begeisterung in die wildeste revolutionäre Politik gestürzt hatte. Mit Lucien fühlte sie sich trotz seinem Jakobinismus sofort geistig verwandt. Der übrigen Familie brachte sie wenig Sympathie entgegen. Der Versuch, mit ihrem vornehmen Gebaren und ihrer überlegenen Schulbildung auf die kleinen Schwestern Eindruck zu machen, war Zeitvergeudung; Büchergelehrsamkeit interessierte die beiden weder damals noch irgendwann später. Jérôme war noch ein Kind und Louis, ein Jahr älter als sie, der getreue Satellit Napoleons. Zu Joseph, der ebenfalls in der Politik aufging, fühlte sie sich nicht hingezogen, auch nicht zu Napoleon, mit dem sie bereits Meinungsverschiedenheiten gehabt hatte. Beide schenkten ihr wenig Aufmerksamkeit, und daß Napoleon ihr Aussehen zugunsten der Erscheinung Maria-Paolas herabsetzte, war für sie zweifellos eine ständige Quelle tiefer Demütigung.

»Von unseren drei Schwestern«, sagte Joseph, »ähnelte sie hinsichtlich Charakter und Aussehen Napoleon am meisten.«

Die äußere Ähnlichkeit schmeichelte Marianne nicht. Sie war nicht gerade unschön, doch ließ sich von ihr im Vergleich zu ihren Schwestern nicht sagen, daß sie gut aussehe; dazu war ihre Figur zu eckig und ihr Körper schlecht gebaut. Ihre herrlich leuchtenden schwarzen Augen blickten ausdrucksvoll, aber eher männliche Gesichtszüge und die Steifheit ihrer Haltung machten sie zu der äußerlich am wenigsten anziehenden Frau einer stattlichen Familie; ein Lächeln hätte die von ihrer Erscheinung ausgehende Strenge gemildert, doch meinte Marianne wohl, daß sie zu lächeln wenig Grund habe.

Heiraten war ihr Ziel, ein Bestreben, das weder durch das dauernde Klagelied ihrer Mutter über die Unmöglichkeit, ihre Töchter auszusteuern, noch durch Napoleons Plan gefördert wurde, nach Indien zu gehen und, mit mehr als ausreichenden Heiratsgütern für die Schwestern, als reicher Nabob zurückzukommen. Ein Jahr nach dem anderen entschwand, und Marianne war nicht geneigt, unbestimmt lange auf einen Ehemann zu warten.

Zwar bot die Familie alles auf, für sie eine »Partie« zu finden, doch war das eine schwierige Aufgabe nicht nur wegen der geringen Aussteuer, sondern auch angesichts der ungewissen Zukunft. Ein oder zwei laue Freier taten die ersten Schritte, mehr aber nicht. Einer, ein Admiral, lavierte an Marianne heran, setzte jedoch bald alle Segel und machte sich davon ins Blaue.

Im Jahre 1793 flackerte auf der Insel gegen die französischen Herren eine Revolte auf, die von Paoli, dem großen korsischen Patrioten, angeführt wurde. Lucien beschuldigte ihn öffentlich des Verrats, und dieser Exzeß revolutionären Eifers wirkte unglücklich auf seine Familie zurück. Ihre Lage auf der Insel wurde unhaltbar, und die Buonaparte sahen sich gezwungen, aus ihrem heimatlichen Maquis zu fliehen und in Frankreich, als Flüchtlinge von Pontius zu Pilatus geschickt, eine Zeit der Armut und der Entbehrungen durchzuhalten, oft mit so wenig Geld, daß es gerade zum Essen reichte, und natürlich keinen Augenblick in der Lage, Marianne unter die Haube zu bringen.

Sie gingen zunächst nach Marseille, wo Mutter und Töchter kurze Zeit als Putzmacherinnen und Damenschneiderinnen den Unterhalt für die Familie verdient haben mögen. Indessen ist über diese Spanne ihres Lebens eine solche Fülle von Glossen erschienen, daß es ratsam scheint, sie sämtlich zu übergehen.

Um diese Zeit französisierten die Buonaparte nach Napoleons Beispiel ihren Familiennamen in Bonaparte, während die Mädchen sich weniger kirchlich klingende Vornamen zulegten. Aus Maria-Anna wurde Elisa, aus Maria-Paola Pauline – im Familienkreis Paulette –, und aus Maria-Annunziata Caroline. Sonst aber änderte sich für sie wenig, während sie an der Südküste Frankreichs von Ort zu Ort zogen.

Als Napoleon (für seinen Anteil an der Niederlage der Engländer vor Toulon im Jahre 1794) zum Brigadegeneral befördert wurde und Joseph Julie Clary, eine wohlhabende Erbin aus Marseille, heiratete, besserte sich die gesellschaftliche und finanzielle Lage der Familie, freilich ohne sofortigen Nutzen für Elisa, die noch immer verurteilt war, unter einer nachgerade lästig werdenden Jungfernschaft dahinzuwelken. Ihre Besorgnis und gedrückte Stimmung wurde noch dadurch verschlimmert, daß die jüngeren Schwestern schnell heranwuchsen und besonders Paulines Liebreiz einen Schwarm von Verehrern anzog; zwar kamen nur wenige von ihnen als Ehegatten in Betracht, doch waren es immerhin Bewerber.

Es war unwahrscheinlich, daß es der jüngeren Schwester gelingen sollte, zuerst zu heiraten und so Elisas Aussichten noch zu verschlechtern. Trotzdem beobachtete Elisa mit wachsender Unruhe die stürmische Liebesaffäre, in die sich Pauline, frühreif entflammt, mit Stanislas Fréron stürzte, einem ausgesprochenen Charmeur mit üblem Ruf, der in Südfrankreich als Emissär des Konvents einen wichtigen Posten bekleidete.

Während Elisa in den bildungsfähigen Jahren der strengen Disziplin von St. Cyr unterworfen war, verwilderten daheim Pauline und Caroline; zu ihrer Erziehung geschah nur das Allernotwendigste, und ihre Mutter wehrte ihnen nur äußerst selten.

Als kleines Mädchen war Pauline ein echter Wildfang, laut, eigensinnig und widerspenstig. Am liebsten unternahm sie lange Ausflüge aufs Land und hatte öfter einen fremden Obstgarten im Sinn als ihre Schulaufgaben. Nur auf eines konnte man sich bei ihr mit Sicherheit verlassen: stets kam sie schmutzig, das Haar aufgelöst, und mit Kleidern, die vom Klettern auf Bäume zerrissen waren, von ihren Streichen zurück. Madame Letizia tat wenig, den Mutwillen Paulines zu zügeln. So tobte sie sich ungehemmt aus und geriet durch ihre hitzige Art oft in Lagen, die für ihre Familie ebenso peinlich waren wie für sie selbst.

Dabei war Pauline ein liebevolles Kind, und weil sie bei ihrer Mutter nicht die überschwengliche Zuneigung fand, nach der sie sich sehnte, suchte sie diese bei ihrem Bruder Napoleon, der immer wieder durch ihre Kinderjahre kam und ging, wenn er seine Urlaube auf Korsika verbrachte. Da sie beide den gleichen Sinn für Spaß hatten, spiegelte sich seine Fröhlichkeit in ihr, während ihre Unartigkeiten ihn lediglich belustigten. Ihre Schönheit und ihre Anmut, die ihr ausgelassenes Betragen Lügen straften, entzückten ihn, und ihre Zuneigung rührte ihn tief. Ihm gab sie etwas von der einem Vater schuldigen Liebe, die sich mit einer scheuen Heldenverehrung für den – sogar von Madame Letizia mit Respekt behandelten – ärmlichen jungen Offizier verband.

Napoleon brachte es fertig, die Rollen des nachsichtigen liebenden Bruders und des strengen Sittenlehrers, der seine kleine Schwester väterlich überwachte, miteinander zu vereinen. Er war seit dem Tod des Vaters, also seit Paulines fünftem Lebensjahr, die einzige männliche Autorität, an die sie sich erinnern konnte; seiner Zucht, aber nur seiner, fügte sie sich.

Durch die Aufmerksamkeit, die sie erregte, entwickelte sich frühzeitig in Pauline das Bewußtsein ihrer Schönheit und ihrer Anziehungskraft, ja, noch ehe sie selbst diese ganz wahrgenommen hatte.

Mit sechzehn war sie eine fertige Kokette; Kleider und Pflege ihres Äußeren waren ihr jetzt wichtiger als verbotene Früchte.

Ihre Jugend und ihre Schönheit reizten Fréron; für einen Mann seiner Art war es gewissermaßen eine pikante Pflicht, die noch unerschlossen im Keim geborgenen Leidenschaften eines jungen Mädchens zu wecken. Doch bald fand er sich in seinem eigenen Netz gefangen; der so leichtsinnig begonnene Flirt reifte auf beiden Seiten zu dem ernsten Entschluß, zu heiraten; Pauline war davon berauscht, sich einen Mann unterworfen zu haben, der so viel Macht besaß und den ein so düsterer Nimbus umgab.

Elisa half, um sich überhaupt irgendwie zu betätigen, oder weil sie darin eine Ersatzbefriedigung fand, Pauline ihre Liebesbriefe schreiben. Dieser war das nur recht, denn schöne Sätze zu bauen strengte sie an und langweilte sie. Aber während sich Elisas elegante Prosa des 17. Jahrhunderts als aus der Feder Paulines geflossen wunderlich ausnimmt, waren die verschwenderisch gebrauchten italienischen Superlative ganz und gar ihr eigenes Erzeugnis:

»Ti amo, sempre, et passionnatissimamente, per sempre ti amo, ti amo, amo, amo, amo, amo, si amatissime amante« so schrieb sie, eine Ausdrucksform, die ihr offenbar gefiel, denn sie kehrt, den Mangel an Stil durch ihre Glut ausgleichend, in allen ihren Liebesbriefen wieder.

Dann war es Elisa plötzlich leid, als Schreibgehilfin einer Verliebten zu dienen, vielleicht, weil sie es bitter empfand, daß die Rendezvous und die leidenschaftlichen Küsse Pauline vorbehalten blieben, während sie in der kühleren Gesellschaft Racines und Corneilles allein gelassen wurde.

Indessen war ihre Hilfe jetzt auch überflüssig geworden. Pauline und Fréron glaubten der schließlichen Einwilligung der Familie in ihre Heirat sicher zu sein, als Napoleon seine Zustimmung unvermittelt zurückzog. Tat er es, weil ihm das volle Ausmaß von Frérons schmutzigem Privatleben endlich zu Bewußtsein gekommen war, oder weil seine eigene politische Bedeutung zunahm, während die Frérons im Schwinden war?

Der liebestrunkenen Pauline war Frérons moralische Anrüchigkeit gleichgültig; große Leidenschaften gehen über Alter wie über Würdigkeit oder Nichtswürdigkeit hinweg. Aber es ist gefährlich, die dünnen Fäden erster, frühreifer Liebe wie mit einer Axt zu durchschlagen, denn gewaltsam erstickte Leidenschaft, die bis dahin auf einen einzigen Menschen gerichtet war, kann leicht in eine andere Richtung wieder ausbrechen, und es kann geschehen, daß der dem zarten Gewebe eines jungen Herzens zugefügte Schaden nie wieder gutzumachen ist und die geschlossene Wunde für immer ihre Narben hinterläßt. Als die Bonaparte die Herzensaffäre des jungen Mädchens einfach als Schwärmerei eines Backfisches abtaten, entging ihnen dadurch das psychologische Gewicht dieser Leidenschaft für Paulines ganzes Leben; sie konnten nicht ahnen, daß sie künftig immer wieder dem nie zu fassenden Schatten einer vollkommenen Liebe nachjagte.

Trotz ihrem Liebeskummer fügte sich Pauline mit einem pathetischen Brief, den sie ohne Hilfe Elisas selbst verfaßte, dem brüderlichen Willen:

»Lieber will ich mein ganzes Leben lang unglücklich sein, als ohne Eure Einwilligung heiraten. Wenn Ihr, mein lieber Napoleon, für den ich immer die zärtlichste Zuneigung gehegt habe, die Tränen sehen könntet, die ich über Euern Brief vergossen habe, so wäret, glaube ich, selbst Ihr davon gerührt.«

Napoleon *war* gerührt. Jetzt selber bis über die Ohren verliebt, vermochte er sich vorzustellen, was sein Veto für Pauline bedeutete. Um sie von ihrem Kummer abzulenken, forderte er sie auf, ihn zu besuchen und sich von ihrem Onkel begleiten zu lassen, dem Abbé Fesch, dem Halbbruder Madame Letizias und Mädchen für alles der Familie.

Nach Toulon hatte die Zukunft des jungen Generals Bonaparte zwischen Erfolg und Unstern geschwebt. Dem Unheil entging er durch den glücklichen Umstand, daß er zur Stelle war, als die Regierung einen Soldaten brauchte, um die Unruhen in Paris zu unterdrücken. Die rasche Entschlossenheit, mit der er bei dem Staatsstreich des 13. Vendémiaire (5. Oktober) 1795 bereit war, seine Kanonen einzusetzen, war vom Direktorium, der neuen französischen Regierung, nicht unbelohnt geblieben: es war der Oberbefehlshaber der Armee in Italien, zu dem sich Pauline auf die Reise begab.

Da jetzt eine mögliche Rivalin aus dem Wege war, besserten sich Elisas Heiratsaussichten. Abermals spielte Lucien in einer bonapartischen Affäre die Rolle des Deus ex machina. Er hatte mit einem korsischen Landsmann, Felix Bacciochi, Bekanntschaft geschlossen, der in Marseille in demselben Haus wohnte, in dem die Bonaparte dank der finanziellen Unterstützung Napoleons jetzt einigermaßen bequem und behaglich lebten.

Bacciocchi gehörte zu einer mit den Bonaparte durch Heirat verwandten Familie. Er sah gut aus, hatte liebenswürdige Manieren, war aber im übrigen völlig unbedeutend; der einzige Zug von Individualität an ihm war, daß er leidenschaftlich gern Geige spielte. Nachteilig fiel noch ins Gewicht, daß er in Sachen korsischer Politik anderer Meinung als die Bonaparte war und daß er im Alter von fünfunddreißig Jahren in der Armee es nicht weiter gebracht hatte als bis zum Hauptmann und nur über ein geringes Vermögen verfügte. Indessen wog seine Bereitwilligkeit, den ihm von Lucien nahegelegten Schritt zu tun, all dies auf.

Es ist schwer zu sagen, was ihn eigentlich an der Heirat oder an Elisa reizte; vielleicht war es ihre Lebenstüchtigkeit, also das, woran es ihm fehlte, das ihn zu ihr hinzog, vielleicht war er auch eine so glänzende Null, daß es ihn schmeichelte, überhaupt von jemandem als Ehegatte begehrt zu werden.

Elisa nahm Bacciocchis Bewerbung dankbar an; wenn auch keine glänzende Partie, so war es jedenfalls endlich ein Heiratsantrag. Hinter Elisas arrogantem Gehaben verbarg sich Verstand und Empfindlichkeit. Sie hatte bereits ihr zwanzigstes Lebensjahr überschritten und war sich durchaus klar darüber, daß dies bedeutete: jetzt oder vielleicht nie! Es kam für sie entscheidend darauf an, verheiratet zu sein; mit wem, war weniger wichtig.

Napoleon jedoch schien entschlossen, den Plänen seiner Schwester eine Bremse anlegen zu wollen. Er war bereits über seine Mutter ungehalten, weil sie der Affäre mit Fréron so lange zugesehen hatte – wobei er seinen eigenen Anteil daran vergaß –, und nun wurde sein Unwille gesteigert durch ihre Wahl für Elisa: Madame Letizia hätte einen so unannehmbaren Freier nicht ermutigen sollen; er bedauerte, daß sie Elisas Ansicht teilte, irgendein Ehegatte sei immer noch besser als gar keiner.

Durch seine Haltung erschien er der Familie als Neidhammel. Wie kam er dazu, sich der Eheschließung seiner Schwester in den Weg zu stellen, wo er doch selbst bisher noch keinen Heiratskandidaten präsentieren konnte und – dies vor allem – kürzlich geheiratet hatte, ohne es seiner Mutter mitzuteilen, geschweige denn sie um ihre Einwilligung zu bitten?

Aber nicht nur deshalb fühlte sich Madame Letizia vor den Kopf gestoßen – sie mißbilligte darüber hinaus die Wahl, die ihr Sohn getroffen hatte, aufs tiefste.

Napoleon hatte eine Witwe ohne Vermögen geheiratet, die zugab, fünf Jahre älter zu sein als er, und das bedeutete, daß sie wahrscheinlich in Wirklichkeit noch älter war. Sie hatte auch zwei Kinder, einen Sohn, den jetzt fast fünfzehnjährigen Eugène, und eine zwei Jahre jüngere Tochter, Hortense. Es bedurfte keinerlei besonderer mathematischer Kenntnisse von seiten Madame Letizias, um sich auszurechnen, daß die Frau ihres Sohnes aller Wahrscheinlichkeit nach nicht die zahlreiche Familie hervorbringen werde, wie es so wesentlich zur korsischen Tradition gehörte.

Marie-Josèphe-Rose Tascher de la Pagerie war eine von Martinique in Westindien stammende Kreolin und hatte in Frankreich den Vicomte Alexandre de Beauharnais geheiratet. Seit dem Tod ihres Gatten unter der Guillotine in der Zeit des Terrors und nach ihrer Entlassung aus dem Gefängnis hatte sie den Lebensunterhalt für sich und ihre Kinder auf eine Weise bestritten, die sie ihrer sittenstrengen Schwiegermutter nicht eben empfehlen konnte. Eine Lebensführung ohne Tadel bedeutete für Madame Letizia mehr als Schönheit, Charme und beispiellose Verführungskunst, und mit einer Mitgift statt Schulden wäre ihr diese Schwiegertochter willkommener gewesen.

Freilich, hätte Joséphine (wie sie genannt wurde) de Beauharnais Vermögen besessen, so wäre es ihr vermutlich nicht eingefallen, den jungen General Bonaparte, dem sie nur laue Gefühle entgegenbrachte, zu heiraten; so jedoch bot er ihr Sicherheit in diesem ungewissen, wechselhaften Leben, dessen sie müde war. Zu Joséphines Leidwesen war Napoleon zu heftig in sie verliebt, als daß er sie allein in Paris zurückgelassen hätte, wo sie zu bleiben gedachte, während er im Felde stand. So sah sie sich widerstrebend genötigt, ihrem neuen Gatten auf den Kriegsschauplatz zu folgen.

Nachdem Napoleon mit seiner Heirat die Familie vor eine vollendete Tatsache gestellt hatte, wollte man ihm gegenüber im Falle Elisas ebenso verfahren. Verschwörerisch beschlossen Madame Letizia, Elisa und Lucien – dieser war seit kurzem mit Christine Boyer verheiratet –, sich über Napoleon hinwegzusetzen; die Eheschließung wurde eiligst betrieben und am 1. Mai 1797 vollzogen. Trotzdem traten Madame Letizia, Elisa, Caroline und Jérôme mit dem uneingeladenen Bacciocchi nicht ohne Bangen im Hinblick auf den Empfang, den ihnen Napoleon bereiten würde, die Reise nach Italien an.

Der Krieg, in den Frankreich 1792 verwickelt war, näherte sich seinem Ende. Mit Ausnahme von Großbritannien und Österreich hatte ein Staat nach dem andern um Frieden nachgesucht, und jetzt begannen auch mit Österreich Vorfriedensverhandlungen. Nach einem großartigen zwölfmonatigen Feldzug hatte General Bonaparte für Frankreich die reichen österreichischen Provinzen in Italien erobert, die es begehrte, um die erschöpfte Staatskasse zu füllen.

Er glaubte nach den glänzenden Siegen bei Arcole und Rivoli eine Ruhepause verdient zu haben und fühlte sich berechtigt, das Direktorium darum zu bitten, da er »mehr Ruhm erworben habe, als zum Glück notwendig« sei.

Die Möglichkeit, sich zu erholen und seine Familie einzuladen, damit sie an seinem Triumph teilhabe, war Napoleon um so willkommener, als sich die Bonaparte so früh von daheim zerstreut hatten, daß sie kaum miteinander vertraut geworden waren; jetzt bot sich nach Jahren die erste Gelegenheit zu einem Treffen aller Familienmitglieder. Joseph und seine Frau hatten sich dem angeschlossen, und Louis war Adjutant seines Bruders; nur Lucien, schon immer der Einzelgänger der Familie, blieb, auf seinem Posten im Kriegsministerium, der Zusammenkunft fern.

Napoleon hatte für das Wiedersehensfest mit der Villa Crivelli in Mombello, nicht weit von Mailand, an der Straße nach Como, einen idealen Platz gewählt. Die Villa lag auf einem Hügel über der grünen, nur von den Glockentürmen naher Dörfer unterbrochenen lombardischen Ebene. Ihr Campanile, weiße, von dunklen Zypressen geschützte Marmorkolonnaden, Magnolien, Brunnen und Steingärten, Stechpalmenhaine und Standbilder, und eine breite Rampe für Auf- und Abfahrt der Equipagen: dies alles zusammen machte das Anwesen zu einem herrlichen, üppigen Landsitz.

»Welche Erinnerungen steigen bei dem Wort Mombello herauf, welcher Unternehmungsdrang, welche Größe, welche Hoffnungen und welcher Frohsinn! Ehrgeiz spielte damals in unserem Leben eine untergeordnete Rolle, wir dachten nur an unsere Pflichten und an unsere Freuden. Die freimütigste, herzlichste Eintracht herrschte unter uns allen, und keine Umstände, keine Begebenheiten draußen, konnten sie auch nur im geringsten antasten.«

So rief sich Marmont, Marschall von Frankreich, Herzog von Ragusa, den schneidigen jungen Offizier ins Gedächtnis zurück, der er im Gefolge des nur wenig älteren Generals gewesen war, sie alle in Heiterkeit erhoben durch ihre Jugend und ihre Taten und nach neuen Gelegenheiten lechzend, sich mit Ruhm zu bedecken. Aber diese jungen Offiziere wie alle die andern, von denen es in Mombello wimmelte, wußten sehr wohl, daß sie nur Statisten waren und daß sich alles Scheinwerferlicht auf die kleine, magere Gestalt des Helden des Dramas richtete, der in der Mitte der Bühne sicher die Szene beherrschte.

Schon wußte General Bonaparte, daß es für einen mächtigen Mann nicht genügt, mächtig zu sein, sondern daß er auch so gesehen werden muß, und daß es für einen Herrscher – der er tatsächlich über Norditalien war – galt, sich augenfällige Zeichen seiner Macht beizulegen. Deshalb hatte er im Palazzo Serbelloni in Mailand und in der Villa Crivelli in Mombello einen Haushalt aufgetan, der eigentlich ein fürstlicher Hofstaat war, wo bereits eine strenge Etikette herrschte und über sonnenhelle Tage lange Schatten der Zukunft warf. »Déjà Napoléon perçait sous Bonaparte!« – »Schon schaute Napoleon aus Bonaparte hervor.«

Madame Letizia fand, als sie in Mombello eintraf, ihre Befürchtungen übertrieben. Napoleon war weniger über Elisas Heirat selbst verärgert als darüber, daß man seine Autorität mißachtet hatte. Seine Gefühle für die älteste Schwester waren immer kühl gewesen.

»Es gab nie Vertrautheit zwischen uns«, erinnerte er sich viel später, »unsere Charaktere waren zu verschieden.«

Hier in Mombello hob sich Elisas Überheblichkeit kraß von Joséphines gelassener Freundlichkeit ab, ein Fehler, dessen Elisa, durch ihre Genugtuung über die Heirat gegen Kritik blind, gar nicht gewahr wurde. Sie stolzierte durch die bunte Welt Mombellos, durch die Bälle, die Empfänge, die Ausflüge an die Seen, mit dem ganzen ihr angeborenen Selbstbewußtsein. Ja, ihr war sogar Napoleons Zustimmung zu ihrer Heirat höchst gleichgültig; bedacht war sie nur auf ihre Mitgift. Auch bedauerte sie selbst angesichts der hier offenbarten Macht ihres Bruders keineswegs, nicht abgewartet zu haben, bis er eine glänzendere Partie vorschlüge. Sie hatte in Bacciocchi einen Gatten gefunden, der sie nicht überschatten würde und ihrer Bildung den schuldigen Respekt erwies.

Da nun Elisas Schwierigkeiten beseitigt waren, atmete Madame Letizia auf und überließ sich der mütterlichen Freude über den großen Erfolg ihres Sohnes; die anderen Mitglieder der Familie sahen die Dinge allerdings mehr subjektiv. Sie waren bereit, ihm Lob zu spenden und von seinem reichen Glück zu profitieren, solange er sich nicht als ihr Gebieter ansah; in einer Familie ist selbst deren bedeutendstes Mitglied nur ein Bruder oder eine Schwester, und es gehörte zur korsischen Tradition, daß der einzelne zum Wohl der Sippe lebte. Möglicherweise teilte damals sogar Napoleon selber diese tief eingewurzelte Überzeugung und freute sich seines Erfolges vor allem, weil er ihm die Möglichkeit verschaffte, seine Familie zu versorgen und Anstalten für ihre Zukunft zu treffen.

Nichtsdestoweniger hatte sich, sobald Madame Letizia mit Elisa, Caroline, Jérôme und Bacciocchi in Mombello eingetroffen war, eine mit Spannung geladene Atmosphäre gebildet. Joséphine waren Hofluft und Salongewohnheiten vertraut, ein Milieu, in dem sich die stolzen, unbeugsamen, aber provinziellen Bonaparte im Nachteil befanden. Sie schätzten es nicht, daß Joséphine in ihre Sippe eindrang, und hatten sie von vornherein nicht gemocht, aber als sie sich nun ihrer kühlen Eleganz gegenüberfanden, verstärkte sich ihr Ressentiment, weil Joséphine ihnen die eigene gesellschaftliche Unzulänglichkeit bewußt werden ließ.

Selbst als auch Madame Letizia hartnäckig das Recht für sich in Anspruch nahm, gleich ihr die Honneurs zu machen, vermochte die Familie in Joséphines erlesene Fassade keinen sichtlichen Einbruch zu erzielen, während sie, die sich, wenn auch ohne Begeisterung, willig gezeigt hatte, die Bonaparte zu akzeptieren, über diese Gesellschaft bestürzt war, als sie sie leibhaftig kennenlernte.

Die gegenseitige Abneigung vertiefte sich bald zu ausgesprochenem Haß. Hier in der Villa Crivelli in Mombello begann die Fehde zwischen den Bonaparte und Beauharnais, die sich zu einer erbitterten, das Schicksal aller entscheidend bestimmenden korsischen Vendetta entwickeln sollte.

Paulines besonders feindselige Voreingenommenheit, entsprungen aus ihrer Überzeugung, daß Napoleons Einspruch gegen ihre Ehe mit Fréron auf Joséphine zurückgehe, hatte schon, verstärkt durch Eifersucht, sechs Monate reifen können. Trotz ihrer eigenen, überlegenen Schönheit beneidete Pauline die Schwägerin um ihr vollendetes Benehmen, ihren gesellschaftlichen Anstand und ihre elegante Garderobe, während Joséphine, angesichts ihres Alters und ihrer heranwachsenden Kinder von beklemmenden Gefühlen schon jetzt nicht mehr frei, Pauline ihre Jugend kaum zu verzeihen vermochte. Sie fand ihren Eigenwillen abscheulich und mißbilligte im besonderen Napoleons Nachsicht gegenüber Pauline, wenn er sie wegen einer Ausgelassenheit rügte, während das Lächeln in seinen Augen seine Worte Lügen strafte.

Wie sich Pauline durch das Gefolge ihres Bruders durchflirtete, schien sie Fréron vergessen zu haben. Napoleon aber, dem ihre Zukunft weit mehr am Herzen lag, als das Geschick Elisas ihn beschäftigt hatte, dachte ernstlich daran, sie zu verheiraten, wenn es auch nicht leicht war, ihre Neigung mit einer angemessenen Verbindung in Einklang zu bringen.

Andoche Junot, Napoleons ältester und treuester Waffenbruder, hatte sich in Pauline sterblich verliebt, war aber, weil ohne Vermögen, freundlich, doch entschieden abgelehnt worden; Madame Permon war, als Napoleon ihr die »jolie Paulette« für ihren Sohn antrug, lachend über diese Offerte hinweggegangen; und es waren nach Fréron noch andere nicht in Betracht kommende Bewerber aufgetreten. Doch ließ sich Napoleon durch keinen dieser Fehlschläge abschrecken, seine Pläne weiterzuverfolgen.

»Während wir in Mombello waren«, so erinnerte sich Marmont, »suchte General Bonaparte unbedingt seine zweite Schwester, Paulette, zu verheiraten. Er trug sie mir durch seinen Bruder Joseph an. Sie war bezaubernd, die Schönheit ihres Gesichts und ihrer Gestalt von fast idealer Vollkommenheit. Doch ich lehnte diese Verbindung ab, so verlockend sie für mich auch war, trotz aller Vorteile, die sie darbot, und verzichtete auf eine Heirat, die auf meine Karriere ungeheueren Einfluß gehabt hätte.«

Natürlich, eine Ehe mit Pauline hätte Marmont kaum Aussicht auf die Art warmen häuslichen Glücks geboten, von der er träumte; es war eines, mit General Bonapartes entzückender Schwester zu flirten, ein anderes, sie zu heiraten.

Napoleons nächste Wahl war glücklicher, das heißt, richtiger müßte man sagen, daß Victor Emanuel Leclerc bereits sich selbst gewählt hatte, war er doch seit ein paar Jahren leidenschaftlich in Pauline verliebt.

Leclerc war, was die Vermögensfrage angeht, ein besserer Kandidat als Paulines andere Bewerber; er stammte aus einer Familie reicher Müller aus Pontoise. Man konnte von ihm, dem Nordfranzosen, erwarten, daß sein kühleres Blut Paulines südliches Temperament sänftigen würde. Leclerc sah, obwohl klein von Gestalt, gut aus und hatte, abgesehen von seinem blonden Haar, große Ähnlichkeit mit Bonaparte. Seine militärischen Fähigkeiten waren nicht überwältigend, doch galt er als zuverlässiger Untergebener und zählte überdies zu den kultiviertesten Generälen der französischen Armee – eine Auszeichnung, die für Pauline unwichtig war, die ihr Bruder aber zu schätzen wußte.

Pauline lag an ihrer Verheiratung ebensosehr wie ihrem Bruder, und weil Liebe ein Wesenselement ihrer Natur war, verliebte sie sich denn auch prompt in Leclerc.

Jetzt war Napoleon bereit, gewissermaßen im Tausch, seine förmliche Billigung der Heirat Elisas, praktisch gesprochen, die Festsetzung der Höhe ihrer Mitgift, gegen die Einwilligung seiner Mutter in die Heirat Paulines, zu geben. Und als Pauline und Leclerc in der kuppelgekrönten Kapelle der Villa Crivelli zu ihrer standesamtlichen Trauung den kirchlichen Segen erhielten, durften ihn Elisa und Bacciocchi gleichzeitig empfangen.

Eine stille, doch keineswegs passive Zuschauerin aller dieser Vorgänge um Verlobung und Heirat war Caroline Bonaparte, die als die jüngste Schwester unvermeidlich als das »Dummerchen« und »Aschenbrödel« der Familie galt, obwohl ihre zunehmend hübscher werdende Erscheinung und die Stärke und Entschiedenheit ihres Charakters rasch diese Einschätzung der Familie als unrichtig erwiesen.

Caroline hatte Paulines Flirtereien beobachtet, und das hatte ihre Reife beschleunigt; wenn die Familie sie auch immer noch als Kind ansah und nicht für voll nahm, so war sie doch zur Zeit ihrer Ankunft in Italien erwachsen genug, sich über vieles schlüssig geworden zu sein, vor allem darüber, daß eine glänzende Zukunft sie für die mageren Jahre entschädigen solle.

Mit schärferem Blick begabt als die übrigen Bonaparte, sah sie, wie Joséphine ihr Ziel verfolgte, wußte sie doch trotz ihrer jungen Jahre, welches dieses Ziel war. Joséphine war ihr nicht sympathischer als ihrer Familie, aber sie war sich mit ihren sechzehn Jahren klar darüber, daß sie Geduld üben müsse, bis sie alt und erfahren genug sei, ihrer Schwägerin auf deren eigenem Boden zu begegnen; inzwischen würde sie die Aufmerksamkeit ihres Bruders auf sich lenken und seine Dankbarkeit erwerben, indem sie seiner Gemahlin Achtung entgegenbrachte.

Auf ihrem bescheidenen Platz als letztes Glied der Familie blendete sie der Erfolg ihres Bruders nicht im geringsten; er war für sie nur der Bruder, der sich bisher um sie nicht gekümmert hatte. Sie hätte einzigartiges Ahnungsvermögen besitzen müssen, um selbst in dem General Bonaparte von 1797, in dem die ganze Welt den Eroberer Italiens erblickte, den Retter der Republik und den am Himmel Frankreichs aufgehenden Stern zu sehen, den Herrn Europas und Kaiser der Franzosen.

Caroline glaubte nicht, daß die Taten ihres Bruders so einmalig seien, daß nicht auch ein anderer aus seinem Gefolge ähnliches vollbringen, ja sie übertreffen könne. Auf solche Möglichkeiten schätzte sie kühl und bedächtig seinen Stab ab. Nichts lag ihr ferner, als Paulines Fehler zu wiederholen und sich mit einem Fréron einzulassen. Sie brauchte nicht lange, um zu finden, was sie suchte: Joachim Murat war nicht leicht zu übersehen.

Schlank und über sechs Fuß hoch aufgeschossen, kam seine Gestalt in den exzentrischen Uniformen, die er liebte, besonders zur Geltung, und im Felde wie in der Ruhe war er vor allen andern immer an der weißen Reiherfeder zu erkennen, die den üppigen Federbusch seines Tschakos krönend überragte, den »panache blanc«, den er trug wie jener andere gefürchtete Gascogner, Heinrich IV.

Murat war nicht schön; er hatte kräftige, doch grobe Gesichtszüge, und das gekerbte Kinn wie der sinnliche Mund deuteten unverkennbar auf Genußsucht. Aber sein Lächeln war voller Charme; dies und dazu die blauen Augen, die seine dunkle Hautfarbe, den üppigen Lockenkopf und den pechschwarzen Backenbart überstrahlten, machten ihn zu einer Erscheinung, die gefangennahm.

Er kam aus Quercy, der bezaubernden Landschaft waldiger Kalksteinhügel zwischen den Flüssen Lot und Dordogne. Sein Vater besaß in dem Dorf La Bastide-Fortunière (heute La Bastide-Murat) bei der alten Stadt Cahors einen Gasthof.

Für den geistlichen Beruf bestimmt, war Murat eine zu unruhige Natur, als daß er es lange im Priesterseminar ausgehalten hätte. Impulsiv, lief er davon und trat in die Armee ein, wo er es wegen seiner plebejischen Abkunft nur bis zum Unteroffizier hätte bringen können, wäre nicht die Revolution gewesen; sie ermöglichte ihm seinen raschen Aufstieg.

Um vorwärtszukommen, war Murat nicht faul, sich zu den radikalsten revolutionären Prinzipien zu bekennen; politischer Opportunismus, verbunden mit wirklich genialer kavalleristischer Begabung, bewirkte bald, daß eintraf, womit er geprahlt hatte: »In meinem Alter, mit meinem Mut und meinen militärischen Talenten kann ich es weit bringen.« Mit dreißig Jahren war er jetzt General in der Italien-Armee und Adjutant des Oberbefehlshabers.

Seine zwanglose, gefällige Gascogner Sprechweise, seine überschäumende Persönlichkeit, seine Unbeschwertheit und seine Unverfrorenheit wirkten zusammen, um zu blenden, und er rühmte sich seiner Erfolge im Boudoir nicht weniger als seiner Siege auf dem Schlachtfeld. Trotzdem – und merkwürdig genug – zog er Caroline zuerst als der Mann an, der nach ihrer Überlegung ihren Bruder höchstwahrscheinlich ausstechen werde.

Murat war geschmeichelt, dann verführt, als er sich von dem blutjungen Mädchen so bevorzugt sah – von der jüngsten Schwester des Generals, für den er so große Verehrung und Bewunderung bekundete, doch sogar er war zweifellos überrascht, als aus dem reizenden Flirt gegenseitige tiefe Zuneigung wurde und er sich leidenschaftlich in Caroline verliebte.

Napoleon sah die Verbindung der beiden mit Unwillen, nicht nur deshalb, weil sich Murat zu vernehmlich mit dem ihm von Joséphine erwiesenen Wohlwollen gebrüstet hatte, das über die Grenze dessen hinausgegangen war, was ein dem Stab ihres Gatten angehörender Offizier füglich erwarten durfte; er mißbilligte das Verhältnis auch, weil Murat als Ränkeschmied bekannt war und er ihn als einen Weiberhelden verachtete.

»Wie viele Fehler hat nicht Murat gemacht, nur um sein Quartier aufschlagen zu können, wo es Weiber gibt!« rief Napoleon einmal verächtlich aus.

So wurde denn die anhebende Romanze kalt verboten, obwohl sich Murat und Caroline als verlobt betrachteten. Wiederholt sagte ihr Napoleon, sie würde es noch bedauern, wenn sie darauf bestünde, Murat zu heiraten; er wies sie auf seinen Mangel an Bildung hin, der von Leclercs kultivierter Art besonders scharf absteche. Mit der Zeit würde sie schon merken, was es für eine Ehe bedeutete, wenn es dem Mann an Benehmen und Anstand fehle. Doch Caroline blieb allen diesen Gründen unzugänglich.

Die augenscheinliche Derbheit und Sinnlichkeit der Natur Murats stießen den im Grunde spröden Napoleon ab, und so glaubte er, Caroline von einer Ehe mit diesem Mann durch die nachdrückliche Warnung abschrecken zu können, daß es sie ekeln werde, wenn Murat die Kavallerietaktik ins Schlafzimmer mitbringe, sei er doch »in der Liebe ungeheuerlich«.

»Eines Tages wirst Du erleben, was es heißt, zusammen mit einem Mann zu schlafen, der keinen Begriff von Anstand hat, wenn Du Dich ohne Hemd mit ihm allein findest und der Mann in seiner ganzen Nacktheit bei Dir ist.«

Statt jedoch Caroline abzuschrecken, reizten solche Aussichten die Phantasie eines glühenden jungen Mädchens, dessen erotische Neugier durch Paulines vertrauliche Mitteilungen und noch mehr durch Murats Hofmachen geweckt worden war. Seine physische Anziehungskraft auf Caroline und ihre Entschlossenheit, Murat zu heiraten, wurden dadurch nur bestärkt, zumal auch auf der Hand lag, daß er an militärischer Fähigkeit Elisas einfältigen Bacciocchi und Paulines sich fleißig abplagenden Leclerc weit übertraf.

Napoleon schnitt die Auseinandersetzung ab, indem er entschied, Caroline müsse in die Schule geschickt werden. Von der Wirkung des Heilmittels befriedigt, das er bei Pauline angewandt hatte, um sie von ihrer Vernarrtheit in Fréron zu kurieren, und überzeugt, daß auch im Fall Carolines ein Wechsel des Schauplatzes eine Änderung im Herzen bewirken werde, erlaubte er ihr, vor dem Schulbesuch seinem zum Gesandten beförderten Bruder Joseph nach Rom zu begleiten.

Das Zwischenspiel war vorüber; die Villa Crivelli hatte im Leben Paulines und Carolines ihre entscheidende Rolle gespielt. Sie kehrten nie nach Mombello zurück.

Vor mehr als hundert Jahren haben die patrizischen Eigentümer die Villa Crivelli aufgegeben. Die geräumigen Salons sind ihrer Pracht entkleidet, die schattigen Wege und die Orangerie verlassen; das lärmende Mailand hat ihre Einsamkeit verschlungen, und die Villa beherbergt jetzt, eingeklemmt zwischen Vorstadtsiedlungen, die Irren der großen Stadt.

Ist es traumhaft, sich vorzustellen, daß die neuen Bewohner mit dem überempfindlichen Einbildungsvermögen der Wahnsinnigen manchmal flüchtig weiße Roben durch die Stechpalmenbüsche schweben sehen, das silberne Lachen der Frau hören, die hier dereinst zu den heiteren Festlichkeiten die Gäste empfing, und ein schönes Mädchen erblicken, wie es den Großen der Erde hinter deren Rücken respektlos die Zunge herausstreckt?

Erhaschen sie noch in der Luft hängende Nachklänge leidenschaftlicher Liebesschwüre zwischen einem sehr jungen Mädchen und ihrem feurigen Kavalier? Hören sie das Klirren geisterhafter Säbel und scharfe Kommandos, während ein kleiner Mann in dunkelblauer, mit dem Gold eines Generals der französischen Republik betreßter Uniform vom Pferd steigt, während seine Augen über Mombello hinaus zu weiteren Horizonten schweifen?

Vielleicht sehen sie die Schatten einer Familie am Anfang ihres Aufstiegs zu stolzer Höhe, jener Korsen, die hier die ersten Schritte in ihr phantastisches Abenteuer taten. Doch selbst Wahnsinnige sähen nicht eine die Grenzen der Vernunft überschreitende Zukunft.

II. Kapitel

MADEMOISELLE CAROLINE BONAPARTE, MADAME LECLERC

Nicht wegen eigener Verdienste war Joseph Bonaparte zum Gesandten in Rom ernannt worden, sondern dank dem Einfluß Napoleons. Joseph hatte, obwohl der älteste, seine Rechte als Familienoberhaupt an seinen jüngeren Bruder abgetreten, war aber noch in der Lage, die Privilegien der Seniorität ohne deren Verpflichtungen zu genießen. So konnte er Caroline, die er gern hatte, verwöhnen, ohne sie beaufsichtigen zu müssen.

Für Caroline war es bei weitem angenehmer, in der Nähe Josephs zu sein, als mit ihrer Mutter und Elisa nach Korsika zurückzukehren oder sich mit Pauline in Mailand aufzuhalten, wo jetzt Leclerc den Posten des Stellvertretenden Stabschefs der Italien-Armee innehatte, und es war unendlich viel besser, als bei Joséphine und Napoleon zu bleiben, der nach dem Friedensschluß mit Österreich in Campo Formio im Oktober 1797 nach Frankreich zurückgerufen worden war. Mit ihm nach Paris zu gehen hätte sofortigen Schulbesuch zur Folge gehabt.

In Rom nutzte Caroline ihre Freiheit weidlichst aus; ihre gesellschaftlichen Erfolge waren um so größer, als keine Schwestern mit im Scheinwerferlicht standen und auch Julie, Josephs Gattin – ein sanftes Geschöpf, das sich ihr Leben lang selbst in den Schatten stellte – ihre Vergnügungen nicht störte.

Indes Caroline ihre neuen Triumphe genoß, war Napoleons Selbstzufriedenheit über die Wirksamkeit seiner Kur schlecht begründet; er beurteilte Caroline nach Pauline, die sich stets seinen Wünschen fügte, wenn sie merkte, daß an seinem Willen nicht zu rütteln war. Nun mußte er entdecken, daß Caroline, noch immer in sehr vieler Hinsicht eine unbekannte Größe, aus anderem Stoff gemacht war. Sie hielt zäh an der Idee fest, Murat zu heiraten, auch wenn dieser noch bei der Armee in Norditalien stand und, einen Troß von Geliebten im Schlepptau, nicht merklich nach ihr seufzte und es zufrieden zu sein schien, wenn die Zeit und Carolines Entschlossenheit ihre gemeinsame Zukunft herbeiführen würden.

Sechs Monate nach der Ankunft der Bonaparte in Rom wurde der Gesellschaftskreis der französischen Mission durch Julies Mutter, Madame Clary, und ihre jüngste Tochter, Désirée, vergrößert. Désirée hatte einmal gehofft, Napoleons Frau zu werden; jetzt hatte er sie für den in Rom stationierten General Duphot bestimmt. Die beiden Mädchen waren nicht lange genug beisammen, als daß Caroline in Désirée eine Nebenbuhlerin hätte finden können. Die Clarys waren erst wenige Wochen in Rom, da wurde Duphot auf den Stufen der französischen Gesandtschaft vom römischen Pöbel ermordet, der sich auf französische Einflüsterung hin gegen die päpstliche Herrschaft zusammengerottet hatte.

Für die beiden jungen Mädchen war es eine schreckliche Erfahrung; mit dem Blut, das Désirées Kleid bespritzte, wurde Caroline die erste Erwachsenen-Lektion über die Wirklichkeiten der Politik erteilt.

Am folgenden Tag raffte Joseph, der sich noch nie durch physischen Mut ausgezeichnet hatte, Sack und Pack, Schwester und Schwägerin zusammen und verließ in aller Eile Rom, um nach Paris zurückzukehren.

Es war eine melancholische Befriedigung für Caroline, endlich nach

Paris zu kommen, denn sie wurde dort sofort von ihrem Bruder Lucien in Madame Campans Schule in St. Germain gebracht. Freilich, ein Mädchen in die Schule geben bedeutet noch lange nicht, daß es auch lernen wird.

Im Greisenalter plauderte Madame Campan gern über die seltsamen Launen des Schicksals, die einige ihrer Schülerinnen zu einem Rang erhoben hätten, von dem niemand sich habe träumen lassen.

»Ich muß zugeben, daß es für uns alle sehr gut war, nichts von dem zu ahnen, was kommen sollte; so war ihr Unterricht der gleiche wie jener der anderen Schülerinnen, und alle wurden gleich behandelt. Sie verließen meine Schule sehr gut erzogen – nur eine nicht, die äußerst intelligent war, der ich aber nie etwas habe beibringen können.«

Sprach Madame Campan von Caroline, deren Augen auf das ihr vorschwebende Bildnis Murats ausdauernder gerichtet waren als auf die Schulbücher? Und wenn sie nicht an ihn dachte, dann seufzte sie wohl in der Erinnerung an die glücklichen Tage der Freiheit in Rom und an die glänzenden Gesellschaften, auf denen sich die Köpfe der jungen Offiziere mit den federgeschmückten Hüten ehrerbietig über ihre blonden Locken neigten.

Wie öde, statt köstlichen Flirtens und bezaubernder Schmeicheleien Madame Campans endlose Predigten über die Pflichten der Frau und richtiges Benehmen anhören zu müssen, oder darüber, daß die Dame es vermeiden sollte, in ihrem Salon über Einzelheiten ihres Vermögens und über häusliche Angelegenheiten zu sprechen, weil dies den denkbar schlechtesten Geschmack verrate. Man lasse die Frauen, die nicht gut erzogen sind, über Equipagen und Dienstboten, Waschen und Kochen schwätzen! Die eine gute Erziehung genossen haben, sollten wissen, wie dergleichen zu geschehen habe, und die entsprechenden Anordnungen geben. Aber dabei sollte es sein Bewenden haben.

Mehr als auf diese vortrefflichen Unterweisungen war Carolines Aufmerksamkeit darauf gerichtet, auch das leiseste Echo einer Nachricht von Murat aufzufangen. Doch sie hörte wenig genug von ihm, und bald wurde er ihrem Gesichtskreis weit entrückt.

Bonaparte war aus Italien zurückgerufen worden, um an einer vom Direktorium beabsichtigten Landung in England mitzuplanen. Doch es war dies ein Projekt, das ihn nicht begeistern konnte.

»Der richtige Augenblick, diese Invasion vorzubereiten«, sagte er, »ist vorbei, vielleicht für immer.«

Es war der Osten, wohin er blickte; vielleicht erinnerte er sich der Gespräche mit seiner Mutter, damals, als er mit dem Gedanken spielte, nach Indien zu gehen und mit einem Riesenvermögen zurückzukommen. Der Orient hatte ihn immer gelockt, und so überredete er das Direktorium, den Plan zu ändern und eine Expeditionsstreitmacht nach Ägypten zu entsenden. Von da wollte er nach Indien vordringen, dort den Feind, England, schlagen und seinen Traum von einem französischen Imperium im Osten verwirklichen.

»Ich will ganz Syrien in Aufruhr versetzen und bewaffnen. Ich will nach Damaskus und Aleppo marschieren, Konstantinopel erreichen und das türkische Reich über den Haufen werfen. Im Orient will ich ein neues, großes Imperium gründen, das mir meinen Platz in der Nachwelt sichern wird. Möglich, daß ich über Adrianopel oder Wien zurückkehren werde, nachdem ich das Haus Österreich vernichtet habe.«

Mehr als selbst England war Österreich der Erzfeind; niemand glaubte, daß der Frieden von Campo Formio von Dauer sein werde.

Am Abend vor seinem Aufbruch von Paris im April 1798 sah sich Bonaparte eine Aufführung des »Macbeth« an. Aber konnte er, selbst bei seinen Vorstellungen von seinem Schicksal, zwischen sich und dem schottischen Than eine Ähnlichkeit gesehen oder gar den phantastischen Gedanken mit sich herumgetragen haben, daß seine Schwestern in seinem Leben jemals eine ebenso entscheidende Rolle spielen könnten wie die drei Hexen im Leben Macbeths?

Bonaparte hätte Murat am liebsten auf irgendeinen unbedeutenden Posten in einer Reserve-Armee abgeschoben, doch konnte auf die Genialität des Gascogners als Reiterführer nicht verzichtet werden, und so begleitete Murat ihn nach Ägypten. Napoleons persönliche Einschätzung Murats wurde bestätigt, als Joachim aus Italien »seine Heldin von Brescia« nach Paris mitbrachte, die Contessa Gerardi, deren Augen Stendhal als die schönsten jener Stadt gepriesen hat. Immerhin mag das Auftauchen der Gerardi Napoleon über die Absichten Murats auf seine Schwester beruhigt haben, indem er sich sagte, daß die kleine Caroline für die großäugige Contessa keine Rivalin sei und daß er, wenn er Murat bei sich habe, im Hinblick auf eine Heirat keinen »coup d'état« hinter seinem Rücken zu befürchten brauche.

Dergleichen schien Caroline fernzuliegen; traurig, denn die Zeit schlich langsam dahin, harrte sie in Madame Campans Schule aus. Schon war Désirée Clary mit Bernadotte verheiratet, einem der fähigsten Generäle der Republik, während Caroline auf den harten Bänken von St. Germain angeödet gähnte, gänzlich uninteressiert an Schulaufgaben, wie man sich selbst Kleider näht und Spitzen ausbessert; sie war überzeugt, daß sie solche Kenntnisse niemals nötig haben werde. Was sie einigermaßen fesselte, war Zeichnen, Musik und Tanzen, Fertigkeiten, die zu jener Welt gehörten, in der eine Rolle zu spielen sie kaum erwarten konnte. Wozu lernen, wie man einen Haushalt führt und ein Budget aufstellt?

Es war befriedigend, die Wohlfahrtsdame zu spielen und für die nahrhaften Gerichte, die sie zubereiten und den Armen bringen mußte, deren Dank entgegenzunehmen, aber diese kurzen Ausflüge waren lange nicht so aufregend wie die Besuche, die sie ihrer Familie und ihren Freundinnen in Paris machen durfte, wo sie vielleicht eine Nachricht von Murat erwischen konnte. Ihre beste Nachrichtenquelle war zweifellos Joséphine, und so pflegte sie die Beziehungen zu ihr und ihrer Tochter Hortense, ihrer Schulfreundin.

In Ägypten setzte Napoleon seine Privatkampagne gegen Murat fort, indem er sehr darauf achtete, ihn in seinem ehrgeizigen Heiratsplan nicht zu ermutigen. Indessen konnte er Murats glänzende Waffentaten nicht übersehen, ja er mußte sie bewundern, vor allem Murats großen Erfolg in der Schlacht bei Abukir, der ihn bei Bonaparte wieder in Gunst brachte – als großartigen Kavallerie-Kommandeur, wenn auch nicht als möglichen Schwager.

Es ist sehr unwahrscheinlich, daß Murat Caroline sowohl tatsächlich als auch in Gedanken treu blieb, aber mit jedem Sieg, den Bonaparte errang, wuchs seine Befriedigung über die Aussichten, in die Familie des Generals einzuheiraten. Ob es damals zwischen ihm und Caroline einen Briefwechsel gegeben hat, ist ungewiß; jedenfalls ist davon nichts an den Tag gekommen.

Es kann natürlich sein, daß er ein indirektes Verfahren gewählt hatte, von sich hören zu lassen, in der Hoffnung, daß die Nachrichten irgendwann nach Paris durchsickern würden. Der Brief, den er schrieb, nachdem er bei Abukir im Gesicht verwundet worden war, scheint kaum darauf berechnet, einen Vater zu interessieren:

»Wenn es in Europa eine Schöne gibt, die mir nach einjähriger Abwesenheit ein zärtliches Herz bewahrt hat [die Contessa Gerardi oder Caroline?], dann wird die Art meiner Wunde ihrer Beständigkeit einen schrecklichen Schlag versetzen. [Er begann den Brief in einer Aufwallung von Schwermut, doch der von Natur impulsiv übertreibende Murat gewann sofort sein Selbstgefühl zurück] Man hat mir versichert, daß ich in keiner Weise entstellt sein werde. Sagt also diesen Schönen, falls es für mich noch welche gibt, daß Murat, wenn er auch nicht mehr so gut aussieht wie früher, so doch in der Liebe nicht weniger tapfer sein wird!«

Nachdem Bonapartes Erfolge zu Lande durch Nelsons Seesieg zunichte gemacht und die französischen Streitkräfte in Ägypten praktisch abgeschnitten worden waren, gelangten noch weniger Nachrichten nach Frankreich, und als der Sommer des Jahres 1799 zu Ende ging, war Caroline glücklich, daß es die meisten Familienangehörigen nach Paris gezogen hatte.

Elisa kehrte von Mombello mit ihrer Mutter und Bacciocchi nach Korsika zurück; dieser war auf Betreiben Bonapartes Kommandant der Zitadelle von Ajaccio geworden – ein unbedeutender, wenn auch weit höherer Posten, als er jemals selbst einen erreicht hätte.

Während Madame Letizia die Casa Buonaparte, die in den Revolutionswirren schwer gelitten hatte, wieder in Ordnung brachte, machte Elisa, jetzt mit befriedigten Sinnen und besänftigter Empfindlichkeit, in Ajaccio die Runde und ließ sich zu früheren Freunden und Wohltätern gütig herab. Bacciocchis Versetzung nach Marseille bot ihr weitere günstige Gelegenheiten, ihre ehefrauliche Würde und ihren Wohlstand in vollem Glanz erstrahlen zu lassen, was besonders angenehm war in einer Stadt, in der die Bonaparte vom Brot der Barmherzigkeit gelebt hatten.

Bald brachte Schwangerschaft Elisa mehr echte Zufriedenheit. Sie sollte jedoch nicht lange währen, denn ihr im Juni 1798 geborenes Söhnchen, Felix-Napoleon, blieb nur sechs Monate am Leben. Elisa tröstete sich über den Verlust; Kinder starben leicht im frühen Alter. Sie selbst war die dritte Maria-Anna Buonaparte, aber die erste, die am Leben blieb. Mit einem so gefälligen und dienstbereiten Ehemann wie Bacciocchi würde sie schon noch mehr Kinder kriegen.

Nach dem Tod des kleinen Felix-Napoleon sagte sich Elisa, daß ihr ein Ortswechsel bekömmlich wäre. Sie verabschiedete sich von ihrem Gatten und fuhr nach Paris. Am meisten zog sie Lucien dorthin, der jetzt als Abgeordneter Korsikas im Rat der Fünfhundert eine aktive politische Rolle spielte. Im Sommer 1799 kam Pauline nach, und bald folgte ihr Madame Letizia. Außer Napoleon war nun die ganze Familie in Paris vereinigt.

Paulines Flitterwochen in Italien waren nur durch Joséphines ständige Anwesenheit getrübt worden. Als Napoleon von Mailand nach Frankreich zurückkehrte, bedauerte sie das um so weniger, als seine Gattin mit ihm verschwand und Pauline als unbestrittener »Königin« von Mailand das Feld überließ. Ehe die beiden abreisten, flüsterte sie ihrem Bruder zu, er möge doch dem Lebenswandel eines gewissen Hippolyte Charles nachforschen, eines charmanten jungen Stutzers, dessen Gesellschaft Pauline deutlich bevorzugte, leider aber auch Josephine. Charles gab Pauline manch wertvolle Winke, wie man sich in der Gesellschaft am vorteilhaftesten bewege, aber sie mußte doch immer wieder feststellen, daß sie die Vollkommenheit der Umgangsformen, der Eleganz und des *ton* Joséphines noch nicht erreichte.

Joséphine war vergessen, als Pauline ein Kind erwartete und die Schwangerschaft nicht gut verlief; sie war kaum achtzehn und nicht kräftig gebaut. Leclerc, ein bewunderungswürdiger, seine Frau anbetender Ehemann, war tief besorgt, und sie verbrachte unter seinen bangen Augen viele Stunden, hingegossen auf ein Ruhelager, eine Positur, die ihr zur Gewohnheit wurde, nachdem sie gemerkt hatte, wie gut sie ihr stand. Mag Pauline auch in die Liebe verliebt gewesen sein, so liebte sie doch auch fraglos ihren »kleinen Leclerc«, der seine Gedanken und sein ehrgeiziges Streben, all sein Verlangen nach Ruhm und Vermögen, auf das einzige Ziel richtete, sie glücklich zu machen.

Als im April 1798 ihr Sohn geboren wurde, war sie erfreut, daß dem Genüge getan war, verriet aber, wie viele junge Mütter, keine ausgesprochen mütterlichen Gefühle. Das Kind wurde, weil Napoleon für den irischen Sagenhelden Ossian so sehr schwärmte, Dermide genannt, eine zweifellos von Leclerc getroffene Wahl, denn Pauline war nur mit ein paar Stanzen von Petrarca vertraut und hatte im übrigen von Literatur nur nebelhafte Vorstellungen.

Wahrscheinlich war Pauline für die Mutterschaft zu jung; seit der Geburt Dermides kränkelte sie. Eine schwere Entbindung hatte sie geschwächt und ließ möglicherweise ein geringes Leiden zurück, das heutzutage leicht behoben werden kann, aber ohne richtige Behandlung eine dauernde Ursache von Unpäßlichkeit und Mattigkeit bleibt. Vermutlich litt sie an einer nach der Geburt aufgetretenen Entzündung, gegen welche die damalige Heilkunde als Heilmittel nur eine Kur mit Mineralwässern und Bädern kannte und in verzweifelten Fällen Bäder in Fleischbrühe verordnete, eine Medizin, die sicher wirkungsvoller einzunehmen als darin einzutauchen gewesen wäre.

Schon in diesen frühen Tagen ihrer Ehe kostete es Leclerc viel Mühe, das nötige Geld zu beschaffen, um Paulines zunehmende Wünsche nach Juwelen und Kleidern zu erfüllen; so trat er denn, nach gewissen finanziellen Mißhelligkeiten mit seinen Vorgesetzten, von seinem Posten in Italien zurück, und das junge Paar ging nach Paris.

Mit seinen Bemühungen, Paulines Übermaß zu zügeln, hatte Leclerc einigen Erfolg, aber ihr Mangel an der elementarsten Bildung war für seine eigene Kultur ein ständiger Vorwurf. Paulines Freude darüber, in Paris zu sein, schlug in Bestürzung um, als sie gewahr wurde, daß sie, eine verheiratete Frau und Mutter eines Kindes, sich zu Caroline auf Madame Campans Schulbank setzten sollte. Sie machte in den sechs Monaten, die sie dort aushalten mußte, rasche Fortschritte, was nicht wundernimmt, denn es fehlte keinem Bonaparte an angeborener Intelligenz. Aber ein Blaustrumpf wurde sie deshalb nicht.

Die Posten, auf die Leclerc kommandiert wurde, waren ehrenvoll, aber nicht glänzend, und keiner bot eine Möglichkeit, zu Geld zu kommen. Von der noch in Boulogne versammelten England-Armee wurde er zur West-Armee versetzt, die in Rennes in der Bretagne einquartiert war. Als sich Pauline vom Zauber von Paris loszureißen vermochte, folgte auch sie der Trommel.

Viel vom Reiz der Pariser Gesellschaft fanden die Bonaparte im Haus Madame Permons. Beide Familien bildeten gemeinsam das Herz der korsischen Kolonie; man besuchte sich täglich, und jeder lebte so im Grunde aus des anderen Tasche.

Über das Pariser Leben der Bonaparte erfährt man so manches aus den berühmten Memoiren Laure Permons, der späteren Madame Androche Junot und Duchesse d'Abrantès. Sie verabscheute Elisa und ließ keine Gelegenheit vorübergehen, sie zur Zielscheibe ihrer satirischen Feder zu machen. Sie hielt Elisa für die unangenehmste und empfindlichste Person, die ihr je begegnet war, und gab ihre literarischen Ambitionen, was ihr leichtfiel – der Lächerlichkeit preis.

Laure und Caroline, die gleichaltrig waren, wurden bald enge Freundinnen, da Caroline sie während ihrer Urlaube von St. Germain oft besuchte. Es berührt angenehm, daß Laure, obwohl sie später wenig Grund hatte, Caroline zu lieben, uns erzählt, wie hübsch, wie erfrischend und wie gutmütig sie damals gewesen sei, jedesmal übersprudelnd vor Freude, daß sie Ausgang hatte. Obwohl Madame Permon Pauline als Schwiegertochter nicht gewünscht hatte, war sie von dem schönen Geschöpf entzückt, verwöhnte sie und sah ihr ihre vielerlei Grillen nach, was sie natürlich bei Pauline beliebt machte.

Über sie äußert sich Madame d'Abrantès viel freundlicher als über Elisa, wenn auch immer mit einer Spitze von Bosheit, begreiflicherweise übrigens, wenn man bedenkt, daß Junot, ihr Gatte, in Pauline sehr verliebt gewesen war. Sie häuft Anekdote auf Anekdote, um zu zeigen, wie flatterhaft und egozentrisch Pauline in ihrem Verhalten und im Gespräch gewesen sei; offenbar hatte sie nicht begriffen, daß Pauline, der es weder an Scharfsinn noch an gesundem Menschenverstand fehlte, ihrer eigenen Logik folgte und ebenso freundlich wie hochherzig sein konnte, wenn es sie keine zu großen Anstrengungen kostete. Ihrer Schönheit läßt Madame d'Abrantès volle Gerechtigkeit widerfahren.

»Sie erhellte wirklich den Salon, wenn sie eintrat.« Viele Jahre später rief sie sich Paulines blendende Erscheinung auf einem Ball ins Gedächtnis, zu dem sich diese als getreues Abbild einer Bacchantin gekleidet hatte, und sah noch frisch in der Erinnerung, wie der goldene Zierat den goldenen Schimmer ihrer braunen Augen wiederholt habe. Dieser Tanzabend war für Pauline besonders aufregend, denn sie war fest überzeugt, daß ihr Bacchantinnengewand sie unsterblich machen werde, und ließ sich nicht träumen, daß sie wirklich unsterblich werden sollte durch ihr von Canova gemeißeltes, jeder Kleidung lediges Abbild.

Vielleicht war dieses Jahr 1799 das glücklichste in Paulines bisherigem Leben, denn als sie in der Feuerprobe der Gesellschaft ihre Macht zu prüfen begann, offenbarte sie sich ihr als höchst wirksam. Einige ihrer Erfolge verdankte sie Joséphine; von ihr hatte sie gelernt, daß man, um zu gefallen, sich selbst vergessen müsse, und sie fesselte in der Tat, wenn sie ihr schmachtendes Getue vergaß.

Andere Pariser Damen freilich waren mit ihrem Lob weniger freigebig als Madame d'Abrantès. Sie murmelten entrüstet über den schamlosen Luxus einer Frau, die noch vor drei Jahren nicht einen Pfennig besaß. Die Bonaparte, muß man wissen, hatten in der Pariser Gesellschaft bereits viele Feinde und Verleumder, die ihnen den plötzlichen Aufstieg verübelten.

Nichts von dem, was andere Frauen sagten oder taten, interessierte Pauline; sie fand bald etwas Aufregenderes, als ihren Neid zu erwecken. Während Leclerc abwesend war, stürzte sie sich in einen dreifachen Liebeshandel mit drei geschworenen Freunden und hervorragenden Soldaten, den Generalen Moreau, Macdonald und Beurnonville. Sie wollte ihr Verlangen stillen, angebetet zu werden, trachtete aber auch danach, die gegenseitige Achtung dieser Herren zu untergraben, indem sie vor jedem verbarg, daß sie mit den anderen beiden eine Affäre hatte. Ihr Triumph war verdientermaßen von kurzer Dauer, denn als die drei dahinterkamen, was gespielt wurde, fanden sie, daß ihre Freundschaft kostbarer sei als die Reize Madame Paulines, und überließen die Dame ihren ungezogenen Einfällen. Von nun an beschränkte sich Pauline, einigermaßen gedemütigt, wenigstens vorübergehend auf jeweils einen Anbeter.

Weshalb ließ sich die liebende und geliebte Pauline auf ein derartiges Abenteuer ein?

Die unmittelbaren Motive waren, das ist wohl sicher, Müßiggang, Spaß an lauter Unfug und der prickelnde Reiz des Wagestücks. Allein, der tiefere Grund muß anderswo gesucht werden.

Pauline hatte kein natürliches moralisches Empfinden; ihre Mutter hatte offenbar versäumt, ihr die Prinzipien des Anstands oder der Religion einzuprägen, die ihr jetzt fehlten. In Ermangelung von Elisas geistigen Interessen und ohne Carolines Ehrgeiz, waren für sie allein ihre Launen maßgebend. Hinzu kam, daß der frühe Tod ihres Vaters, der starb, als sie noch ein Kind war, und die darauf folgenden Wechselfälle in der Familie in ihr kein Empfinden für Sicherheit hatten aufkommen lassen. Das einzig Beständige in ihrer sich unablässig ändernden Umwelt war ihre Schönheit, aber auch dieses Dauernde verlangte nach fortwährender Bestätigung, sei es in narzißhafter Selbstbespiegelung oder in der Bewunderung der Männer.

Unglücklicherweise kannte Pauline die Gesellschaft und deren Grausamkeit nicht, und so wußte sie nicht, wie verwundbar eine schöne Frau dem Klatsch preisgegeben und wie notwendig es für sie ist, in ihrer Lebensführung auf Behutsamkeit zu achten. Bald wurde über die Affäre mit den drei Generälen in Paris geflüstert und Pamphletisten auf beiden Seiten des Kanals griffen das Getuschel begierig auf.

Nach diesen schmierigen Schmähschriften wandelte Pauline ganz einfach auf einem ausgetretenen Pfad und hatte von Jugend auf, in dem von ihrer Mutter betriebenen Bordell der Prostitution übergeben, als Kurtisane gelebt – und was dergleichen widerlichen Geschreibsels mehr war. Es dauerte nicht lange, und alle Bonaparte waren die Opfer eines pausenlosen Beschimpfungsfeldzugs, der immer gemeiner und grausamer wurde und dessen Hintermänner unablässig auf dem Thema der Lasterhaftigkeit und Verderbtheit der Brüder und der Sittenlosigkeit und den Ausschweifungen ihrer Schwestern herumritten.

Pauline war sich darüber nicht klar, und sie hätte sich auch nichts daraus gemacht, daß ihr amüsanter Zeitvertreib anderen nicht als Kurzweil erschien. Wäre Napoleon in Paris gewesen, wäre dies alles sicherlich nicht so weit gekommen, aber er stand noch in Ägypten und war näher betroffen von der Nachricht, daß Joséphine völlig den Kopf verloren hatte und in aller Öffentlichkeit in Malmaison mit Hippolyte Charles lebte. Mit einer solchen Verbindung auch noch zu paradieren, wäre zu jeder Zeit unbesonnen gewesen; wo aber die Bonaparte-Geier nur darauf lauerten, auf Joséphine einzuhacken, war es reiner Wahnsinn.

Napoleon dachte jetzt ernstlich daran, sich von Joséphine zu trennen, und es war wohl die gefährdete Lage der Regierung ebenso wie der bedenkliche Zustand seiner Ehe, was ihn veranlaßte, nach Frankreich zurückzukehren, mit dem Entschluß, das Land wie seine persönliche Ehre zu retten. Daß er mit seinem grandiosen Plan, im Osten ein Imperium zu errichten, gescheitert war, mag ihm den Gedanken eingegeben haben, er habe das ihm vom Schicksal gesetzte Ziel verfehlt, aber schließlich deutete die Lage in Frankreich darauf hin, daß seine Bestimmung in Europa liegen dürfte.

Nelsons Sieg bei Abukir hatte unter den Feinden Frankreichs die Hoffnung erweckt, daß die endliche Vernichtung der Republik in Sicht sei. Im Jahre 1799 brach der Krieg von neuem aus, und er dauerte, jene Hoffnungen immer wieder vereitelnd, mit nur vorübergehenden Friedensperioden bis 1815.

Der neue Feldzug ließ sich für Frankreich schlecht an; es erlitt von seiten der Österreicher und der Russen Rückschläge, und im Lande machte die Drohung einer royalistischen Erhebung zusammen mit einer Wiederbelebung des Extremismus die Position des Direktoriums immer unsicherer. Man hatte die Ideale der jungen Republik »Freiheit, Gleichheit, Brüderlichkeit« durch Korruption, Verwirrung und Chaos ersetzt und sich vor allem nur dank militärischer Erfolge halten können. Und als die bisherigen Siege in Niederlagen umschlugen, sah sich das Direktorium, moralisch und finanziell bankrott, ohne Kredit. Frankreich, das sich nach Beständigkeit im Lande und Frieden nach außen sehnte, erblickte in Bonaparte seine einzige Hoffnung; keine andere Persönlichkeit des öffentlichen Lebens besaß auch nur annähernd dieses Prestige. Bei seiner Rückkehr gingen er und das Land eine enge Bindung ein, und er war fest entschossen, dieser bei der nächsten günstigen Gelegenheit eine gesetzliche Form zu geben.

Napoleons politische Pläne schienen seinen Brüdern und Schwestern, als sie sich zu ihrem ersten gemeinsamen Anschlag auf Joséphine zusammentaten, von geringerer Dringlichkeit als die Zukunft ihres Familienlebens. Das nahe Verhältnis zu ihrer Schwägerin hatte sie in der Entschlossenheit nur bestärkt, dafür zu sorgen, daß sie aus der Sippe ausgestoßen werde. Diese unverminderte Feindseligkeit ist kaum zu verstehen, es sei denn, man geht davon aus, daß sie Joséphine und ihre Kinder als eine Bedrohung der ihnen, den Bonaparte, ganz allein zustehenden Geneigtheit und Gönnerschaft ihres Bruders ansahen.

Als aber Napoleon vor der überlegenen Verführungskunst Joséphines die Waffen streckte, war für seine Geschwister die Schlacht schon verloren, fast ehe sie begonnen hatte, und die Amateurstrategen traten den Rückzug an. Doch war es ein geordneter Rückzug, keine Flucht; sie gruppierten ihre Kräfte neu und warteten auf eine taktisch günstigere Gelegenheit.

Nachdem Bonaparte erst einmal seine häuslichen Angelegenheiten geregelt hatte, war er gerüstet, abermals als Retter des Vaterlandes zu handeln. Diese günstige Gelegenheit ergab sich ihm aus der wohlbekannten Tatsache, daß die Politik, durch Krieg nach außen von den sich verschlimmernden inneren Zuständen abzulenken, unausweichlich dahin führt, daß am Ende nicht die Politiker, sondern die Generäle über das Wohl und Wehe des Landes entscheiden.

Drei Wochen nach Bonapartes Landung in Frankreich im Oktober

1799 wurden hastig Pläne geschmiedet, um einer angeblichen terroristischen Verschwörung zu begegnen, die den Grund zu dem geplanten Staatsstreich liefern sollte. Am 18. Brumaire (dem 9. November) entschlossen sich die gegen jene »Verschwörung« Verschworenen, loszuschlagen.

Durch Truppen gedeckt, begab sich Napoleon in die gesetzgebende Versammlung und klagte Legislative und Regierung wegen ihrer Mißwirtschaft öffentlich an. Er geriet jedoch angesichts einer so großen Menge von Zivilisten aus der Fassung, und nur dank Lucien, dem Präsidenten der Fünfhundert, und den Grenadieren wurde die Schlacht gewonnen.

Allein, Bonapartes Mitverschwörer wurden grausam enttäuscht; weit entfernt, auf seinen Schultern zur Macht emporklimmen zu können, fanden sie sich jetzt selber als Leiter benutzt, dem Aufstieg Napoleons zu dienen. Das Direktorium war gestürzt, aber in dem an seine Stelle tretenden Konsulat war es Napoleon Bonaparte, der als Erster Konsul die Herrschaft über Frankreich antrat.

In der Verschwörung wie beim Staatsstreich selbst hatte die ausschlaggebende Rolle Lucien gespielt – was ihm sein Bruder nie gänzlich verzieh. Napoleon teilte die Meinung seiner Familie nicht, daß er der Erste unter Gleichen sei; wie sehr er auch den Seinen zugetan gewesen sein mag, so war er doch nicht so vernarrt in sie, daß er einen Bruder, geschweige denn einen Schwager neben dem Thron geduldet hätte.

Obwohl Murat, von Leclerc und sogar von Bacciocchi unterstützt, dem Ersten Konsul hervorragende Dienste geleistet hatte, indem er die Opposition durch seine Grenadiere davonjagte, wollte ihm Bonaparte immer noch nicht seine Schwester zur Frau geben, doch befand er sich gegen ihre Hartnäckigkeit bereits in einer Art Rückzugsgefecht.

Caroline erfuhr von dem Staatsstreich mitten in der Nacht durch ein donnerndes Pochen an der Tür Madame Campans, worüber sich das ganze Haus empörte. Man überbrachte eine Botschaft Murats, die mehr theatralisch als wahrheitsgemäß verkündete:

»Bonaparte und Murat haben Frankreich gerettet!«

Caroline glaubte der Aufschneiderei ihres Joachim. Sie hatte ihn ausgewählt als den Mann, der das Zeug in sich habe, zu den höchsten Höhen aufzusteigen, und hier war nun die Bestätigung ihres Urteils:

die Namen Bonaparte und Murat bei einem großen, geglückten Wagnis eng miteinander verbunden. Es schien nicht unmöglich, daß es eines Tages heißen würde: »Murat und Bonaparte ...!« Jetzt konnte sich nichts mehr ihrer Vermählung mit Murat in den Weg stellen!

Noch war Napoleon nicht bereit nachzugeben, und er beklagte sich heftig bei Madame Campan über Carolines Entschlossenheit, ihren eigenen Willen durchzusetzen. Er glaubte fest an »mariages de convenance«, bei denen Vermögen, die Zustimmung der Familie und Angemessenheit wichtiger waren als gegenseitige Zuneigung; er mißtraute dem, was er »vorübergehende Einbildungen« nannte. Man wolle ihn nötigen, und Caroline werfe sich an einen Mann weg, der die glänzende Zukunft nicht wert sei, die er, Napoleon, jetzt womöglich noch klarer vor sich sah.

Bitter vertraute er Madame Campan an, er habe andere Pläne gehabt. »Wer weiß, was für eine Heirat ich für sie nicht hätte arrangieren können! Die Zeit wird kommen, wo vielleicht souveräne Fürsten ihre Hand einander streitig machen würden. Sie ist eine dumme Gans und würdigt meine Stellung nicht.«

Wäre Napoleon fähig gewesen, im Herzen und im Kopf einer Achtzehnjährigen zu lesen, so hätte er, schlimmer noch, eine verborgene Untreue gegen ihn selbst und die Sippe entdeckt, die ihn bei seinem starken Familiensinn tief erschreckt hätte.

Verzweifelt suchte er die Lage zu retten und ging sogar so weit, die Bekanntgabe der Verlobung Carolines mit General Moreau zu veranlassen, einem seiner Hauptrivalen. Als aber Moreau, der sich an der Affäre mit Pauline die Finger verbrannt hatte, das indirekte Angebot einer anderen Schwester Bonapartes höflich ablehnte und dann auch noch Lannes, sein zweiter Kandidat, sich zurückzog, mußte Napoleon den Sieg Caroline überlassen. Sie verdankte das nicht zuletzt Joséphine, die für sie ihren Einfluß auf Napoleon geltend gemacht hatte. Voller Genugtuung darüber, daß wenigstens ein Mitglied der schrecklichen Familie ihr etwas Achtung und Zuneigung entgegenbrachte, hatte sie darauf bestanden, Caroline, »das Kind, das mein Herz adoptiert hat«, ihren Murat heiraten zu lassen.

Napoleon tröstete sich damit, daß sie einen tapferen Soldaten zum Mann bekomme.

»... aber bei meiner jetzigen Stellung genügt das nicht. Man muß dem Schicksal nachhelfen.«

Es war Carolines Schicksal, das sich hier entschied.

Napoleon war bei der Unterzeichnung des Ehevertrags zugegen, blieb aber, um sein Mißfallen zu bekunden, der Hochzeitsfeier fern, die im Beisein aller übrigen Familienangehörigen in Josephs Landhaus in Mortefontaine bei Paris stattfand. Murats Familie war nicht anwesend; er hatte sie von seiner Heirat erst am Tag vorher unterrichtet. Zu einem seiner Trauzeugen wählte er Bernadotte, womit er seinen neuen Schwager sehr fein daran erinnerte, daß es noch andere verdienstvolle Generäle gab.

Murats Anteil an dem Staatsstreich wurde mit dem Kommando der Konsulargarde belohnt, und so erschien er am Hochzeitstag in deren blauem, weißverbrämtem Waffenrock mit weißer Kaschmirweste und Reithosen, eine auffallend vernünftige Uniform, verglichen mit den ausgetüftelten Karnevalsuniformen, die er gewöhnlich trug und die Napoleon veranlaßten, ihn beißend den »Zirkusdirektor der Armee« zu nennen.

Louise Murat, eine der Töchter Carolines, hat in ihren »Souvenirs d'Enfance de la Comtesse Rasponi« eine Beschreibung ihrer Mutter nach einem zur Zeit ihrer Hochzeit gemalten Bildnis hinterlassen, auf dem sie noch jünger ausgesehen haben muß als eine Achtzehnjährige:

»Sie war eher klein als groß und ein wenig füllig. Ihre Haut war so blendend weiß, daß ihre Schultern im Abendkleid aussahen, als wären sie in weißen Atlas gehüllt. Meine Mutter hatte weder die regelmäßigen Gesichtszüge noch die Makellosigkeit der Linien, die ihre ältere Schwester, Pauline, auszeichneten, mit der sie so oft verglichen worden ist. Pauline glich einer griechischen Statue in höchster Vollendung, aber meine Mutter gefiel, obwohl weniger vollkommen, ebenso, ja vielleicht noch mehr wegen ihrer natürlichen Anmut, ihrer Liebenswürdigkeit und ihrer Eleganz. Sie hatte mandelförmig geschnittene, samtige Augen und einen sanften, gütigen Blick. Ihre Hände und Füße waren klein und von seltener Fehlerlosigkeit, sie waren wirklich das Schönste an ihr.« (Es war offensichtlich sprichwörtlich in der Familie, daß sich die Bonaparte durch kleine, schöne Hände und Füße, schlechte Handschrift und Mangel an musikalischer Begabung auszeichneten.)

Jeder, der Caroline kannte, hob die Feinheit ihres Teints hervor. Empfindliche Mängel ihrer Erscheinung waren ein im Verhältnis zu großer Kopf und der zu kurze Hals. Daher sah sie in älteren Jahren »oberlastig« aus. Doch damals war sie frisch und charmant, so daß Murat, als er sie nach zweijähriger Trennung wiedersah, sich glücklich pries, daß er treu an seiner Absicht festgehalten hatte, sie zu heiraten.

Als sich zeigte, wie mächtig Bonaparte geworden war, gab sich seine Familie Selbstbeglückwünschungen hin; es war für sie ganz natürlich, sich mit seinen Leistungen zu identifizieren und sich als Aktionäre des ihrem Bruder zugeschlagenen Frankreich anzusehen, betrachteten sich doch die Bonaparte zuallererst und vor allem als eine Familie.

Seine Schwestern begriffen die umfassende und weittragende Bedeutung der neuen Ordnung nicht so rasch wie die Brüder. Frauen neigen im allgemeinen dazu, politische Ereignisse sehr persönlich aufzufassen und hauptsächlich danach zu beurteilen, wieweit sie selbst, ihre Familie und ihre Bestrebungen davon berührt werden. Obwohl es Pauline völlig gleichgültig war, worum es politisch ging, war sie von den Geschwistern die einzige, die sich am Tage des Staatsstreichs um die Sicherheit ihres geliebten Bruders sorgte.

Als den wartenden Frauen der Familie die Nachricht vom Triumph Napoleons überbracht wurde, feierte Pauline seinen Sieg, indem sie, auf ihrem Lieblingsdiwan liegend, selbstzufrieden in den Spiegel blickte und ihr Gewand und den Kaschmirschal in noch anmutigere Falten ordnete. Sie und ihr Bruder hatten einen Gipfel des Ruhms berührt: War er der mächtigste Mann Frankreichs, so war sie ohne Frage die schönste Frau des Landes.

III. Kapitel

Madame Bacciocchi, Madame Murat

Es ist nichts Ungewöhnliches, daß große Familien einen geschlossenen Kreis bilden, in den selbst angeheiratete Ehemänner und Ehefrauen nur ungern zugelassen werden; die in den Kinderjahren und der Jugendzeit zwischen Geschwistern entstandenen Bindungen können bis ins hohe Alter bestehen und die Bande des Bluts sich als stärker erweisen als die der Ehe.

Elisa stand ihr Bruder Lucien zweifellos viel näher als ihr Gatte; auch war Bacciocchi nicht fähig, an ihren geistigen Bestrebungen so teilzunehmen und sie darin so zu unterstützen wie Lucien. Sie hätte lieber ihn statt Napoleon auf dem ersten Platz Frankreichs gesehen und war wie er enttäuscht, daß die wichtige, wenn nicht entscheidende Rolle, die er am 18. Brumaire gespielt hatte, nur mit dem Innenministerium belohnt wurde. Immerhin war es für sie selbst Befriedigung genug, ihm nahe sein und seine Interessen, Ambitionen und Zerstreuungen teilen zu können.

Während Bacciocchi zwischen Korsika und Marseille pendelte Elisa zu Lucien in die Grande Rue Verte (die heutige Rue de Faubourg St. Honoré), wo sie seinen Haushalt beherrschen konnte, da seine Frau Christine krank war und die meiste Zeit auf ihrem Landsitz in Plessis-Chamant verbrachte.

»Ich liebte damals meine Schwester Elisa zärtlich«, schreibt Lucien in seinen Erinnerungen. Es war eine Zuneigung, die sie für die liebevolle Sorge verdiente, mit der sie Christine während ihrer letzten Krankheit umgab, und für die mütterliche Art, wie sie sich nach Christines Tod um seine beiden kleinen Töchter kümmerte.

Vorübergehend verdrängte Rousseau das Elisa literarisch beherrschende 17. Jahrhundert, als Bruder und Schwester über Christines imposanter Grabstätte in einem sorgfältig angelegten Trauerhain in Plessis ihre Tränen gefühlvoll vereinten – wenn auch die romantische Szene etwas durch die Brille gestört wurde, die Lucien wegen seiner Kurzsichtigkeit tragen mußte.

Ein Engländer, der Lucien zwei Jahre später begegnete, schilderte ihn als einen Mann, der »in jeder Hinsicht Manieren und Haltung eines Gentleman mit dem Gesicht eines italienischen Juden« gehabt habe. Der Ex-Jakobiner Brutus Bonaparte, wie er sich selbst nannte, war noch jung und keck genug, daß er seinen erhabenen älteren Bruder mit »Jupiter« anzureden wagte. Auch Amt und Würden hatten in ihm kein stärkeres Verantwortungsgefühl erzeugt, und er war nach wie vor soviel Opportunist, um seine Stellung auch zum eigenen Vorteil auszunützen. Seine Gönnerschaft erstreckte sich insbesondere auf seine bevorzugten Vertrauten, die führenden literarischen Persönlichkeiten von Paris, die sich befriedigt zeigten, daß eine so mächtige Persönlichkeit wie der Bruder des Ersten Konsuls solches Interesse an ihnen nahm.

Lucien und Elisa legten sich ins Zeug, der Bruder als Schriftsteller und die Schwester als Schutzherrin der Künste. Sie war der festen Ansicht, daß es die einzige einer gebildeten und feinfühligen Dame würdige Tätigkeit sei, einen literarischen Salon aufzumachen und zu leiten. Trotz ihrer angegriffenen Gesundheit (sie litt schon damals an Magenbeschwerden und Rheuma) brachte sie die bemerkenswerte Energie auf, in ganz Paris umherzueilen, um sich den Ruf einer »salonnière« zu verschaffen.

Diese »Marquise de Rambouillet des 19. Jahrhunderts« zögerte nie, die Leute, deren Bekanntschaft sie zu pflegen wünschte, unmittelbar oder mittelbar zum Besuch ihres Salons aufzufordern. Sie betrieb das so nachdrücklich, daß Lucien ihr sogar die Wahllosigkeit ihrer Einladungen vorwarf, durch die sie die Exklusivität ihres gemeinsamen Kreises gefährde; er zog Zusammenkünfte einiger weniger Vertrauter den von Elisa begünstigten großen Empfängen vor, wo die Quantität die Qualität verdrängte. Schließlich gelang es ihm, Elisa zu seiner Auffassung zu bekehren. Dieser sein innerer Kreis setzte sich vornehmlich aus älteren Literaten zusammen. Obwohl Elisa, und später Caroline, sich mit Madame Récamier sehr anfreundeten, jener schönen Dame, deren eigener Salon ein Treffpunkt der Gegner des neuen Regimes war, lag Elisa nichts an Frauen, sondern nur an Männern mit hoher Intelligenz. Viele von ihnen waren mit dem »ancien régime« verbunden, was den Snob in ihr befriedigte. Der jüngste, begabteste und sprühendste war der Vicomte René de Chateaubriand, doch der führende Geist dieser intrigierenden Gruppe von Lyrikern und Dramatikern war Louis de Fontanes, der Chateaubriands Exil in London geteilt hatte.

Die zweiundzwanzigjährige Elisa führte den Vorsitz bei allen Zusammenkünften dieser Gesellschaft gegenseitiger Bewunderer, redete gewichtig über alles mögliche und hörte, auf einem Ruhebett liegend und sich kokett fächelnd, zu, wenn die Poeten aus ihren Werken vorlasen. Für Chateaubriand muß es ein prickelndes Erlebnis gewesen sein, im Haus des Bruders des Ersten Konsuls aus »Atala« und dem »Génie du Christianisme« jene Stellen vorzutragen, die er zuerst in seiner Londoner Dachstube einem Kreis von Emigranten vorgelesen hatte. Luciens Heim war eleganter und seine Menus zweifellos besser als die Hungerkost in London, aber dort war er wenigstens nicht gezwungen gewesen, mit höflicher Aufmerksamkeit zuzuhören, wenn sein Gastgeber, durch die Anwesenheit ihm weit überlegener Dichter keineswegs abgeschreckt, theatralisch seine eigenen schlechten Verse deklamierte.

Der Dame des Hauses war Chateaubriand für einen außerordentlichen Dienst, worüber er in den »Mémoires d'Outre-Tombe« befremdlicherweise schweigt, sehr zu Dank verpflichtet. Es ist Bourrienne, Napoleons ehemaliger Mitschüler und zeitweiliger Sekretär, der daran erinnert, daß Madame Bacciocchi eines Tages Napoleon aufsuchte und ihn bat, das kleine Buch zu lesen, das sie mitgebracht hatte.

Erst schob er es weg, als er aber hörte, daß der Verfasser Chateaubriand sei, versprach er, es zu lesen. Und als Elisa nun in ihn drang, Chateaubriands Namen aus der Emigrantenliste streichen zu lassen, wies er sogleich Bourienne an:

»Schreibt sofort Fouché, er soll seinen Namen löschen.«

Elisa mag den Wunsch gehegt haben, ihre Freundschaft mit Chateaubriand weiterzutreiben, dessen abenteuerliche Schönheit und romantische Melancholie auf Frauen äußerst anziehend wirkten, aber seine Liebesangelegenheiten blieben nie geheim. Es war Fontanes, mit dem sich ein so inniges Verhältnis entwickelte, daß er, solange sie lebten, für Elisa immer »voller Bewunderung und in einem Gemütszustand der Anbetung« war.

Laure Permon konnte nicht begreifen, weshalb sich der geistvolle und charmante Fontanes mit den feinen Umgangsformen ausgerechnet Elisa widmete. Vielleicht zogen ihn ihre Jugend, ihre Lebenslust und ihre dynamische Persönlichkeit an, vielleicht auch reizte ihn gerade ihre herbe Art. Es mag zynisch sein, auch an die Vorteile zu denken, die einem zurückgekehrten Emigranten, dessen Position keineswegs gesichert war, aus einer engen Verbindung mit einer Schwester Bonapartes erwuchsen.

Weder Pauline noch Caroline nahmen an Elisas Höhenflügen teil; Pauline ging in dem Kult um ihre eigene Person auf und gab sich leidenschaftlich der Vervollkommnung und Ausschmückung ihrer Erscheinung hin; Caroline war durch ihre Heirat in ihres Mannes Tatwelt versetzt worden.

Während Elisa ganz offensichtlich das Heft in der Hand hatte und Bacciocchi hinter ihr hertrottete, folgte Caroline, als junge Braut, gern Murats Führung; durch die Heirat waren alle ihre Träume verwirklicht worden, und ihr Glück ließ die düsteren Prophezeiungen ihres Bruders unsinnig erscheinen.

Übrigens muß Caroline in Madame Campans Unterrichtsstunden trotz allem gelegentlich aufgepaßt haben, denn die Diners, die sie in ihrem neuen Heim gab, in dem früheren Hôtel de Brionne im Cour des Tuileries, waren hinreichend bemerkenswert, den Beifall des Zweiten Konsuls, Cambacérès', zu finden, des Erzgourmets, der sich im wahrsten Sinne des Wortes durch seine Amtszeit hindurchaß. Die gut aussehenden Murat wurden in der neuen konsularischen Gesellschaft sehr bewundert, vor allem Caroline, die auf den vielen Bällen jenes Winters auf dem Parkett glänzte, während ihr General Murat, der »Nichttänzer« war, zärtlich mit den Augen folgte und stolz ihren Fächer und ihre kleinen Handschuhe hielt.

Caroline wiederum war stolze Zuschauerin, als Murat die von der Ägypten-Armee eroberten Fahnen zu derselben Stunde im Invalidendom niederlegte, da zu Ehren George Washingtons eine feierliche Zeremonie stattfand. Der Erste Konsul hatte soeben an die Konsulargarde und alle Truppen der Republik diesen Tagesbefehl erlassen:

»Washington ist tot. Dieser große Mann bekämpfte die Tyrannei. Er festigte die Freiheit seines Landes. Sein Andenken wird dem französischen Volk wie allen freien Menschen in beiden Hemisphären immer teuer sein, besonders den französischen Soldaten, die wie er und seine amerikanischen Truppen für Freiheit und Gleichheit kämpfen.

Deshalb ordnet der Erste Konsul an, daß alle Fahnen und Standarten der Republik zehn Tage lang Trauerflor tragen.«

Caroline war auch dabei, als Murat im Tuileriengarten die Konsulargarde besichtigte und ihr Bruder auf dem Marsfeld den Vorbeimarsch der gesamten Pariser Garnison abnahm. Ihre Flitterwochen aber endeten, als Napoleon nach Italien aufbrach, um dort die kritische militärische Lage zu beheben, und Murat zu sich beorderte, damit er den Befehl über die Kavallerie übernehme.

Selbst wenn es ihr Wunsch gewesen wäre, hätte sie ihren Gatten nicht begleiten dürfen. Damen, die um eine solche Erlaubnis nachgesucht hatten, wurden mit der lapidaren Antwort beschieden:

»Beispiel befolgen: Bürgerin Bonaparte ist in Paris geblieben.«

Tatsächlich aber hielt ein noch zwingenderer Grund als der Befehl ihres Bruders Caroline in Paris zurück.

»Caroline wird mich bald zum glücklichsten der Väter machen, wie sie mich zum glücklichsten der Gatten gemacht hat«, schrieb Murat in seinem kläglichen Stil seiner »anbetungswürdigen« Mutter.

Nicht immer hatten Frauen so triftige Gründe, zu Hause zu bleiben, wenn ihre Männer in den Krieg zogen, auch waren sie nicht immer so darauf versessen, zu ihnen zu eilen, wenn sich ihre Ehegatten im Winterquartier oder mit einer Besatzungsarmee häuslich einrichteten. Oft hatten sie gar keine Lust, Paris zu verlassen, das einen unwiderstehlichen Zauber auf sie ausübte und ihnen so viele, nicht immer unschuldige Zerstreuungen bot.

So zeigte auch Pauline keine Neigung, sich Leclerc zuzugesellen; er diente noch in der Rheinarmee unter General Moreau, dessen großartige Erfolge denen Bonapartes gleichkamen. Sie tröstete sich über die Abwesenheit ihres Gatten mit einem gewissen Lafon, einem Schauspieler der Comédie Française. Das Theater faszinierte sie, was sie übrigens mit anderen Bonaparte gemein hatte, und sie verbrachte in der Gesellschaft von Schauspielern und Schauspielerinnen mehr Zeit als mit den Damen und Herren der Umgebung ihres Bruders.

Caroline füllte ihre Zeit nützlicher aus; sie leistete Joséphine Gesellschaft und studierte die Berichte über Murats Erfolg. Napoleon rückte in das finster abweisende Mailand inmitten der Schwadronen seiner Kavallerie ein, aber für Caroline war der Sieg bei Marengo am 14. Juni, der die Lombardei den Franzosen zurückgewann, weniger ein Sieg Frankreichs als ein Triumph ihres Mannes, dessen hervorragende Führung der Kavallerie während der Schlacht ihm einen Ehrensäbel eintrug. Es war, wie Byron es mit ein paar erstaunlich schlechten Versen sagte:

While the broken line enlarging,
Fell or fled along the plain,
There be sure was *Murat* charging . . .

Selbst Bonaparte, der Murat, solange er nicht im Felde stand, für einen Narren hielt, mußte seinen Mut und seinen Elan im Kampf anerkennen. Nach Beendigung des Feldzugs und nach seiner Rückkehr nach Paris wurde Murat die Führung der Reserve-Armee in Dijon anvertraut, eine Verwendung, die er nichtsdestoweniger für einen General von seiner Bedeutung als zu gering ansah. Er suchte seinem Schwager ein gewichtigeres Kommando abzuschmeicheln und

Elisa Bacciocchi

Felix Bacciocchi

schrieb an ihn: »Mein Glück begann erst mit meiner Heirat, und Sie sind es, dem ich es verdanke« – womit er nicht gerade einen sehr taktvollen Weg einschlug, wußte er doch, daß Bonaparte bis zuletzt entschieden gegen diese Heirat gewesen war.

Bonaparte fand Murats Zudringlichkeiten lästig, auch begriff dieser nicht das ambivalente Verhalten seines Schwagers, der ihn einerseits mit Wohlwollen auszeichnete, wenn er ihn als Reiterführer brauchte, anderseits eisig reagierte, wenn ihn Murats Servilität anwiderte. Anfang 1801 wurde Murat von Dijon nach Italien geschickt und dadurch seiner geliebten Caroline noch weiter entrückt. Aber er war immer noch glücklicher als Leclerc, der in Deutschland versauerte und in der Armee nicht die Karriere machte, die er sich erhoffte.

Onkel Fesch, der sich als Familienchronist aufgetan hatte, schrieb an Murat:

»Leclerc würde Euch gern folgen: er möchte zur Armee in Italien. Er liebt den Ruhm. Aber ich hoffe, Ihr werdet das Haus Österreich zwingen, Frieden zu schließen, damit Ihr zurückkommen könnt, und Leclerc wird das Kommando über Korsika übernehmen.

Dann hätte ich jeweils einen Neffen an den beiden Punkten des Globus, wo ich gern mein Leben verbrächte, den Winter in Korsika und den Sommer in Paris, und wäre so immer bei meinen Nichten.«

Feschs Hoffnungen gingen nicht in Erfüllung. Seine beiden angeheirateten Neffen blieben, wo sie waren, obwohl Murat den Ersten Konsul weiter mit Briefen bombardierte, in denen er bat, nach Paris zurückkehren zu dürfen, und sei es nur für einen Tag oder eine Stunde, um Caroline zu besuchen. Aber er stieß jedesmal auf kalte Ablehnung.

Während sich ihr Mann in Italien ärgerte und grämte, genoß Caroline die nicht abreißenden Vergnügungen und Lustbarkeiten, die für sie noch immer so neu waren, besonders die Bälle. Vollzählig erschienen die Bonaparte zu dem Ball, den Madame Permon zur Vermählung Laures mit General Junot gab. Wie immer, war Pauline »la belle des belles«, während Caroline ihre »Rundlichkeit« unter schwarzem Samt verbarg.

Dann verbrachte sie wiederum Tage bei Joseph in Mortefontaine, und einmal versammelte sich dort die ganze Familie, um die Unterzeichnung des Vertrages Frankreichs mit den Vereinigten Staaten zu feiern, der noch heute in Kraft ist und dessen Präambel lautet:

»Zwischen der Französischen Republik und den Vereinigten Staaten von Amerika wie zwischen ihren beider Ländern, Provinzen, Städten und Ortschaften und zwischen ihren Bürgern und Einwohnern ohne Ausnahme sollen ein fester, unverbrüchlicher und universeller Frieden und wahre Freundschaft herrschen.«

Es war ein großartiges Fest. Der Saal- und Tischschmuck betonte die Freundschaft zwischen den beiden Ländern. Die drei Säle, in denen einhundertachtzig Gäste, darunter selbstverständlich Lafayette, zum Diner Platz nahmen, trugen für diesen Tag die Namen Lexington, Saratoga und Yorktown. Bonaparte erhob sein Glas zu Ehren der für die Unabhängigkeit der Neuen Welt gefallenen Franzosen, und Cambacérès brachte auf den Nachfolger Washingtons einen Trinkspruch aus. Ein Feuerwerk mit bildhafter Darstellung der Eintracht zwischen Frankreich und den Vereinigten Staaten, ein Konzert und Theateraufführungen folgten dem Festmahl. Und doch wurde trotz des Aufwands getuschelt, daß alles sehr unbeholfen ausgerichtet worden sei und daß die Bonaparte eben die Kunst von Empfängen noch nicht gelernt hätten.

Über allen Festlichkeiten aber stand für Caroline, so sehr sie die vielen Zerstreuungen auch genoß, die Pflicht, Murats Karriere zu fördern und ihrem Bruder zu zeigen, daß sie beide sein Vertrauen verdienten. Manchmal spielte ihr das Schicksal dabei in die Hände.

Als sie, im achten Monat schwanger, an einem Dezembertag des Jahres 1800, mit den anderen Damen der Familie in die Oper fuhr, detonierte in der Rue St. Nicaise, welche die Equipagen passierten, nicht weit von ihrem Wagen eine Bombe, die dem voranfahrenden Ersten Konsul gegolten hatte. Caroline allein, deren Zustand einen hysterischen Anfall wahrhaftig entschuldigt hätte, behielt kaltes Blut und zeigte Gelassenheit, was ihr den ausdrücklichen Beifall ihres Bruders einbrachte. Es erwärmte immer sein Herz, wenn jemand Mut bewies, und er begann jetzt in dem »häßlichen Entlein« Eigenschaften zu ahnen, die er bisher nicht vermutet hatte.

Die Gefahr, der Napoleon und Caroline entgangen waren, bewog Murat zu neuen dringenden Bitten, ihn nach Paris zurückzurufen, aber seine Briefe blieben ohne Antwort. Bonaparte machten die Schwierigkeiten genug zu schaffen, die ihm andere Familienangehörige verursachten. Luciens literarischer Zirkus hatte sich mit Politik befaßt, und die Beteiligung des jüngeren Bruders an den Intrigen seiner Freunde beschleunigten in Bonaparte einen Gefühlsumschwung gegen seine Familie und die Entwicklung einer Gemütsverfassung, die sich von der Stimmung in Mombello weit entfernte.

Eines Tages brach es im Gespräch mit dem Staatsrat Roederer, dem er vieles anvertraute, aus ihm heraus:

»Ich habe kein Kind und wüßte auch nicht, wieso es notwendig oder vorteilhaft wäre, eines zu haben. Ich habe keinen Familiensinn.« (Eine ungewöhnliche Behauptung aus dem Munde eines Mannes, der davon viel zuviel hatte.) »Am meisten fürchtete ich bei Marengo, daß mir, wenn ich fiele, einer meiner Brüder nachfolgen könnte.«

So war er nicht allzutief bekümmert, als ihm ein Geldskandal die Möglichkeit bot, Lucien als Innenminister zu entlassen. Freilich milderte er sofort den Schlag, indem er ihn zum Gesandten in Spanien ernannte. Als Gesandtschaftssekretär begleitete ihn Bacciocchi, dessen einziges Verdienst in Napoleons Augen darin bestand, daß er ihm keine Ungelegenheiten bereitete, außer daß die Mittelmäßigkeit dieses Schwiegersohns seine ehrlichen Bemühungen vereitelte, ihn zu befördern.

Nicht über Bacciocchis Abreise, sondern über den Verlust der Gesellschaft Luciens grämte sich Elisa so sehr, daß sie sogar in Joséphines Gegenwart in den Tuilerien ihre Tränen nicht zurückhalten konnte. An Joseph aber, der zu der in Lunéville mit den Österreichern über den Frieden verhandelnden Abordnung gehörte, schrieb sie wütend:

»Bonaparte macht sich selbst blind. Er liest und sieht nur mit den Augen seiner Polizei, seiner Frau und seines Sekretärs. In diesem Engpaß stecken wir jetzt. Es ist deine Sache, dem abzuhelfen.«

Das Jahr, das Elisa in Luciens Gesichtskreis verbracht hatte, war für sie ebenso nützlich wie erfreulich gewesen. In dieser Zeit war sie zu einer nicht zu übersehenden literarischen Gastgeberin geworden, und er hatte ihr zu der Begegnung mit Fontanes verholfen, dessen Gesellschaft und Bewunderung ihrer Person sie sehr zu schätzen wußte. Sie war glücklich, ihn an sich gebunden zu haben, denn der Tod verkleinerte den Zirkel betagter Gäste, mit dem sie sich umgeben hatte, immer mehr. Aber ihre rastlose Energie fand stets wieder einen neuen Ausweg. So gründete sie einen literarischen Kreis von Frauen und ersann für deren Zusammenkünfte ein fürchterliches Kostüm, das Laure Permons Heiterkeit erregte.

Daß jemand sie lächerlich finden könnte, kam ihr überhaupt nicht in den Sinn; gelassen ging sie ihren Weg, zufrieden mit sich selbst als der Wiederverkörperung einer »salonnière« des 17. Jahrhunderts und mit literarischen Berühmtheiten in ihrem Gefolge. War sie für Laure Permon eine »précieuse ridicule«, so zweifelte sie selbst nicht daran, eine »femme savante« zu sein.

Obwohl Elisa Lucien sehr vermißte, empfand sie über seine Abwesenheit nichtsdestoweniger eine gewisse Genugtuung, weil er sie nun nicht länger kritisieren konnte. Sie korrespondierte regelmäßig mit ihm und überließ ihrer Mutter die Aufgabe, Bacciocchi zu schreiben. Madame Letizia selbst bekannte Lucien, Elisa sei die einzige Tochter, die sie täglich besuche, was ihre Sorge um die jetzt wieder zerstreute Familie beschwichtigen helfe. Elisas eigener Brief an Lucien ist noch aufschlußreicher:

»Man braucht mir nicht zu raten, doch auch Zeit für meine Familie zu erübrigen, denn ich lasse keinen Tag vorübergehen, ohne Mama zu besuchen, ich habe sogar erreicht, daß sie mich sehr gern hat. Ich glaube, sie liebt mich nach Dir am meisten. Du wirst mir darin zustimmen, daß ich mir wirklich alle Mühe gegeben habe, soweit zu kommen.«

In Luciens Herz aber wollte Elisa den ersten Platz einnehmen, natürlich nach seinen Kindern. Was Bacciocchi betrifft, so schrieb sie leichtfertig:

»Mach mit ihm, was Du willst. Wenn Du glaubst, es wäre vorteilhaft für ihn, den Friedensfürsten [Manuel Godoy, spanischer Staatsmann und Liebhaber der Königin von Spanien] zu begleiten, so bin ich damit sehr einverstanden, solange er vorwärtskommt und wenn er, was wichtiger ist, Dir Ehre macht. Du weißt, wie sehr mir daran liegt, daß er beachtet wird.«

Dann aber bekam sie wohl einen Augenblick Gewissensbisse und drang stärker darauf, Bacciocchi zu fördern:

»Ich möchte, daß er sich, wenn es Krieg gibt, auszeichnet und die Aufmerksamkeit auf sich zieht. Ich weiß nicht, welcher Ruhmesdämon mich antreibt, aber ich kann Dir versichern, daß mein ganzer Ehrgeiz nicht über den Wunsch hinausgeht, er möge aus eigener Kraft bekannt werden.«

Hingegen hatte sie für Bacciocchi nur eine kühle Umarmung übrig, während sie Lucien tausend und abertausend Küsse sandte.

Wenn Elisa nicht Briefe schrieb oder ihre Freunde empfing, ritt sie oft aus, denn sie war eine vortreffliche Reiterin. Am Theater, das sie regelmäßig besuchte, nahm sie leidenschaftlich Anteil. Zu ihren Hauptzerstreuungen gehörte es, bei Liebhaberaufführungen, die alle Bonaparte so sehr mochten, mitzuwirken. Ihre Ansichten hatten sich gründlich gewandelt, seit Napoleon sie damals, als sie in St. Cyr war, trotz ihrer entsetzten Weigerung das erstemal in die Oper mitnahm:

»Zuerst hielt sie die Augen geschlossen, dann, als ich sie überredet hatte, sie aufzutun, war sie verwirrt, soviel Leute zu sehen. Es war also keineswegs ein Werk des Teufels oder was sonst sie sich vorgestellt hatte.«

Viel Zeit verbrachte Elisa auch bei Caroline, deren Niederkunft nahe bevorstand.

Einen bezaubernden Brief bekam Caroline von Joseph aus Lunéville:

»Es ist meine Hoffnung und mein sehnlicher Wunsch, daß wir im Frühjahr wieder alle beisammen sind und Du dann, so hoffe ich, wieder herumspringen kannst wie mit dreizehn. Man sagt, daß eine junge Mutter wieder Kind wird und es bleibt, bis sie schließlich die Jugend ihren Kindern vermacht. Aber bis dahin wird noch eine lange Zeit vergehen. Weißt Du, wenn Du in Mortefontaine das ›petit paquet‹, das Du neun Monate lang vor Dir hergetragen hast, auf den Rasen niedergelegt haben wirst, dann wirst Du glauben, wieder bei Madame Campan zu sein und für ein Mädchen Deines Alters einen sehr seltsamen Traum gehabt zu haben.

Kein Traum jedoch, meine liebe Caroline, ist die wahre, aufrichtige Zärtlichkeit, die ich für Dich und Dein Kind hege. Bestelle ihm, es soll seine Mutter küssen, die auch ich umarme.«

Als Caroline diese Zeilen erhielt, hatte sie ihr »petit paquet« schon niedergelegt: ihr Sohn, Achille, wurde am 21. Januar 1801 geboren. Vom ersten Augenblick an bestimmten ihn seine Eltern dazu, den leeren Platz in der Kinderstube des Hauses Napoleons auszufüllen, und stets schrieb Murat in den Briefen an seinen Schwager von dem Kleinen als »Euer Achille.«

In seiner Freude und Aufregung darüber, Vater geworden zu sein, ersuchte Murat von neuem Bonaparte, doch nach Paris zurückkehren zu dürfen, damit er seinen Sohn sehen könne. Aber auf alle Bitten erhielt er nur immer die gleiche Antwort, daß der Dienst der ehelichen und väterlichen Liebe vorgehe. Nicht nur sollte Murat bleiben, wo er war, ihm wurden dazu noch Vorwürfe gemacht, daß er der französischen Staatskasse nicht mehr Geld aus Italien schickte.

Murats flinke Feder füllte ganze Seiten, um darzulegen, daß das Land völlig ruiniert sei und er aus ihm mehr nicht herauspressen könne. Vielleicht war es ein Schuldgefühl darüber, daß er auch einiges für sein eigenes Konto herausgequetscht hatte, was ihn ergeben fortfahren ließ:

»Haben Sie mehr Vertrauen zu mir. Behandeln Sie mich nicht wie ein Kind. Ich weiß und versichere Ihnen, daß ich keines mehr bin. Was mich einschüchtert, sind Sie. Glauben Sie mir, daß Ihnen kein Mensch mehr verbunden ist als ich.«

Briefe dieser Art wurden selten beantwortet, aber als Murats Erbitterung darüber wuchs, daß Caroline in Paris verweilte, statt mit dem Kind zu ihm zu kommen, schrieb er wieder an Bonaparte und bat ihn, Caroline tüchtig auszuschelten; all ihr Herumgehaste von Vergnügung zu Vergnügung werde sie krank machen, und er werde seine liebe süße Caroline und Achille seine kleine Mutter verlieren.

Die Antwort kam von Fesch. Er verwies es Murat, daran zu zweifeln, daß es Caroline eine Freude wäre, ihn wiederzusehen, aber sie zittere vor der Stimme des Bruders, und dieser werde unwillig, wenn man sich seinen Anordnungen widersetze oder ihnen vorgreife. Sein, Murats, Brief habe sie sehr bekümmert; sie wäre schon nach Italien abgereist, nur sei Achille gerade geimpft worden.

»Bewahren Sie Ihre Ruhe, mein lieber Murat«, lautete Feschs trefflicher Rat an einen Mann, dessen Temperament das Gegenteil von Ruhe war. »Ich kenne Carolines Natur und weiß, wie sie sich benimmt. Sie ist Eurer Liebe wert, und nichts, nicht einmal Verleumdung, könnte ihr etwas anhaben.«

Welche Verleumdung meinte Fesch? Hing sie mit Murat zusammen oder mit Caroline selbst? Daß Murat in Italien wie ein Mönch lebte, ist unwahrscheinlich; nach einer verächtlichen Bemerkung Bonapartes mußte »Murat offenbar jede Nacht mit einer Frau schlafen, aber jedes Weib genügt ihm, ob es die Syphilis hat oder nicht. Wenn man so leicht zufriedenzustellen ist, dann findet man, was man braucht, überall!«

Nun, die von Napoleon so drastisch gekennzeichnete Natur Murats dürfte Caroline kaum übermäßig beunruhigt haben, hatte sie doch inzwischen selbst einigermaßen Gelegenheit gehabt, diese kennenzulernen. Auch war nicht anzunehmen, daß es zu einem Skandal gekommen war, weil Murat sich ein Vermögen angesammelt hatte, denn das war in der Armee allgemein üblich.

Hingegen nahmen die gemeinen Angriffe auf Bonaparte und seine Familie an Heftigkeit zu, und Maria Edgeworths Zeugnis beweist, daß viele dieser Verleumdungen in England fabriziert wurden: »In England gibt es viele auf den Konsul und seine Familie gemünzte Skandalgeschichten.« Der Vorwurf bloßer Sittenlosigkeit wich jetzt den weit gepfefferteren Anschuldigungen der Blutschande zwischen Brüdern und Schwestern:

> Who shames a scribbler? Break one cobweb through,
> He spins the slight, self-pleasing thread anew;
> Destroy his fib or sophistry in vain,
> The creature's at his dirty work again . . .

Diese in einem Land, das mit Frankreich im Krieg war, erfundenen oder in Umlauf gesetzten Skandalgeschichten wurden zweifellos als legitime Methode politischer Kriegführung angesehen, hatte doch der Erste Konsul in Frankreich genug Feinde, deren Nase die über den Kanal gewehten üblen Gerüche willkommen waren.

Zu den boshaftesten Skribenten gehörte ein Engländer, der sich »Der Plutarch der Revolution« nannte. Nun ließe sich denken, daß bei ihrer engen Verbundenheit mit Lucien Elisa Verunglimpfungen auf sich gezogen hätte. Aber nein, »Plutarch« konzentrierte sein Gift auf Caroline, zielte mit seinen gefährlichsten Pfeilen auf sie. Sie war ». . . daheim eine Despotin, eine Tyrannin ihrer Liebhaber und die Eitelkeit und Affektiertheit in Person. Freiheit führt sie im Mund, Gleichheit im Herzen und Brüderlichkeit im Strumpfband.«

Echte Ereignisse und Wahrscheinlichkeiten raffiniert durcheinandermengend, gelangte »Plutarch« zu dem Schluß, es sei während Bonapartes Feldzug in Ägypten geschehen, daß Caroline (damals, wie wir wissen, in Madame Campans Schule wohlaufgehoben) mit ihrem Bruder Lucien in wilder Ehe gelebt und von ihm ein Kind bekommen habe.

»Als Murat von der Dijon-Armee nach Paris zurückkehrte, mußte er feststellen, daß die skandalöse Prahlerei seines Schwagers Lucien mit einem blutschänderischen Liebesverhältnis mit Madame Murat in aller Munde war. Drei Duelle in zwei Monaten waren angeblich die Folge, und Luciens Entfernung vom Posten des Innenministers geht nicht auf seine pekuniären Verfehlungen zurück, sondern auf die berechtigte Empörung Murats.«

Die arme, hübsche, blutjunge Caroline, die sich liebevoll über die Wiege ihres Kindes beugt und nichts anderes im Kopf hat als Kleider und Bälle und all den Spaß, wonach ihre achtzehn Jahre verlangen, sie hatte nichts getan, was einen so verwerflichen Angriff verdient hätte.

Fesch ließ sich nicht weiter aus über Verleumdungen, sondern erinnerte Murat daran, wie jung Caroline sei und daß sie natürlich an allen Festlichkeiten anläßlich des Friedensschlusses mit Österreich, der jetzt in Lunéville unterzeichnet werde, gerne teilnehmen würde.

»Jedenfalls ist sie den ganzen Tag zu Hause, während die andern ihrem Vergnügen nachgehen, und pflegt die ganze Zeit ihr Kind. Ihr erwartet doch wohl nicht, daß sie es die ganze Nacht hindurch anschaut, während es schläft? Schreibt ihr sofort und gebt ihr Ruhe und Frieden wieder.«

Schließlich machte sich Caroline mit ihrem Söhnchen auf die Reise, um sich mit Murat in Florenz zu treffen, und Pauline schrieb ihm einen herzlichen Brief: es sei ihr zwar schmerzlich, ihre Schwester verreisen zu sehen, doch tröste sie sich mit dem Gedanken, daß es schließlich ganz natürlich sei, wenn sie ihren Mann treffen wolle. Obwohl Pauline und Murat einander sehr zugetan waren, zweifellos weil jeder im andern ein verwandtes Temperament spürte, waren beide nie auch nur im geringsten Gegenstand des Klatsches. Als Frauenverehrer hatte Murat für seine schöne Schwägerin eine zärtliche Schwäche, während sie sein prunkvolles Auftreten und seine kraftstrotzende Männlichkeit schätzte, die ihn so sehr von ihrem ruhigen, bedachten Leclerc unterschied.

In Florenz, wo Caroline im Mai eintraf, erwies ihr die dortige Gesellschaft große Aufmerksamkeit; man suchte sie auf, um aus Frankreichs Hauptstadt das Neueste zu hören und die letzten Pariser Moden zu sehen. Es war eine glückliche Zeit für sie, abgesehen davon, daß schon jetzt, nach anderthalb Jahren Ehe, wie Napoleon vorhergesagt hatte, zwischen ihr und Murat unvereinbare Temperamentsunterschiede fühlbar wurden, die infolge der häufigen erzwungenen Trennungen noch besonders deutlich hervortraten. Sie liebten einander noch leidenschaftlich, aber Caroline bekam immer mehr die in Murats Natur liegende Zügellosigkeit, die er nicht zu mäßigen vermochte, und gewisse andere Mängel zu spüren. Es schien ihr mehr denn je notwendig, Joséphine den Hof zu machen, um angesichts dieser Entwicklung ihrer Ehe eine Verbündete zu gewinnen, denn sie wurde sich jetzt klar darüber, wie sehr Murats charakterliche Fehler ihren Bruder reizten.

Joséphine erwiderte Carolines Annäherung, hinter der sie noch kein verstecktes Motiv vermutete, mit aufrichtiger Herzlichkeit:

»Meine liebe kleine Schwester, als ich von Plombières zurückkam, fand ich, zugleich mit einem hübschen Muschelschmuck, Deinen liebenswürdigen Brief vor. Dieser Beweis, daß Du an mich gedacht hast, hat mir wohlgetan, besonders weil er mir sagte, daß Du, meine reizende kleine Schwester, meine zärtliche Zuneigung zu Dir, Deinem guten, trefflichen Gatten und dem lieben kleinen Achille erwiderst. Glaube mir, daß Du niemals eine treuere und Dir so verbundene Freundin haben wirst wie Deine Schwester Joséphine.«

Als Murat endlich seinen sehnlichen Wunsch erfüllt sah und zum Oberbefehlshaber der Italien-Armee ernannt wurde, hatte er dies mehr Carolines als seiner eigenen Taktik zu verdanken; seine Beförderung bestärkte sie in der Überzeugung, daß ihre gemeinsamen Angelegenheiten bei ihr in den besten Händen lägen.

Bald nachdem sich die Murat in Mailand, dem Hauptquartier der Armee, eingerichtet hatten, fühlte sich Caroline wieder Mutter. Sie nahm das zum Vorwand, nach Paris zurückzukehren; es schien ihr vorteilhaft, sich darüber Gewißheit zu verschaffen, wie ihr Bruder jetzt über ihren Mann dachte. Aber nun wiederholte sich die alte Komödie: Murat bat, Caroline nach Paris begleiten zu dürfen, und wiederum lehnte Napoleon ab.

Murat mußte sich mit Feschs Versicherungen bescheiden, daß sich Caroline nicht überanstrenge, daß sie zwar Bälle besuche, aber nicht zu tanzen wage, und daß sie wohlauf und heiter sei.

In Paris erfuhr Caroline, daß Pauline wieder an Wechselfieber erkrankt gewesen war. Sie hatte sich davon erholt, beklagte sich aber weiterhin über ihre Gesundheit, was der ganzen Familie Sorgen machte, denn in keinem der Briefe, welche die Bonaparte damals untereinander wechselten, blieb Paulines Zustand unerwähnt.

Was Leclerc betrifft, so wurde er außer von seinen Sorgen um

Pauline von dem Verlangen verzehrt, dem Erfolg seiner Schwäger nachzueifern und zu einem Vermögen zu gelangen, wie sie es anhäuften. Verzweifelt sah er sich allenthalben nach Möglichkeiten um, sich zu bereichern, und das immer fieberhafter, weil seine Heirat ihn vor das unlösbare Problem gestellt hatte, mit Paulines Forderung nach dem Luxus Schritt zu halten, den sie ihrer Schönheit schuldig zu sein glaubte.

In seinen Erwartungen, nach Italien kommandiert zu werden, sah er sich enttäuscht, und so wandte er sich jetzt um Hilfe an Lucien in Madrid: »Wenn Sie irgendeinen Weg fänden, wie ich mein Vermögen vermehren könnte, wäre ich Ihnen sehr zu Dank verpflichtet.«

Obwohl es Lucien inzwischen zum Millionär gebracht hatte, dachte er nicht daran, für seinen Schwager auch nur einen Pfennig zu erübrigen, und Leclerc mußte sich notgedrungen mit dem Befehl über das Gironde-Beobachtungskorps und die Portugal-Armee begnügen, einem Kommando, von welchem er nicht reicher zurückkam, als er gewesen war. Er hatte offensichtlich nicht Murats Talent, die Orange auszupressen.

Während Leclercs Abwesenheit trieb es Pauline in ihrer Ruhelosigkeit von einem Haus zum andern – süchtig vor Selbstbewunderung und Verlangen, überall gesehen zu werden, außer in den Tuilerien, denn wenn auch die Erinnerung an Fréron verblaßt war, so nicht ihr Groll gegen Joséphine.

Mit Elisa machte sie gemeinsame Sache, denn beide hofften auf einen wirklich bedeutenden Posten für ihren Gatten; Elisa wollte, daß sich Bacciocchi auszeichne, um ihrer würdig zu sein, während Pauline wünschte, daß Leclerc im Hinblick auf ihre Ansprüche zu mehr Geld komme.

Der nahe bevorstehende Friedensschluß mit England bedeutete für Pauline nichts anderes als ein Wiederaufleben der Festlichkeiten, wie sie auf den Frieden von Lunéville gefolgt waren. Wahrscheinlich hatte sie nie von Saint-Domingue (San Domingo) gehört, jener Kolonie Frankreichs, über die es während der Revolution die Herrschaft verloren hatte; auch zog sie ihr Bruder über seinen Plan, die Insel zurückzugewinnen, nicht ins Vertrauen. Wenn sie über seine Absicht irgend etwas gehört hatte, so mag sie sich unklar gedacht haben, daß alles, was Reichtum versprach, eine gute Idee sei. Jedenfalls war sie sehr befriedigt, als sie erfuhr, daß Leclerc zum Generalkapitän von Saint-

Domingue und zum Oberbefehlshaber des Expeditionskorps ernannt worden war, das dorthin entsandt werden sollte.

Glückstrahlend sah sie der Zeit entgegen, wo sie den reichen Lohn, den Leclerc erlangen würde, für sich verwenden könnte. Dann jedoch mußte sie zu ihrer tiefen Bestürzung erfahren, daß sie nach dem Willen ihres Bruders, der von der Gattenpflicht anderer sehr ideale Vorstellungen hatte, Leclerc begleiten sollte. War es Napoleon wirklich und wahrhaftig ernst damit, wenn er darauf bestand, daß sie Paris, ihre Modistin und ihren geliebten Tand verlasse, nur weil er meinte, daß der Platz einer Frau neben ihrem Mann sei?

Pauline fühlte sich grausam mißhandelt, als sie sah, daß Napoleon hart blieb und auf seiner Entscheidung bestand, so daß sie sich mit einem kleinen Kind auf eine lange, gefahrvolle Seereise nach einer von aufrührerischen Negern bewohnten Insel begeben mußte.

Und was war mit ihrer Gesundheit? Caroline hatte nach Paris zurückkehren dürfen, nur weil sie ein Kind erwartete, was ganz normal war, während ihr, Paulines, Befinden anomal und chronisch schlecht war. Und wozu hatte ihr Napoleon ein Haus geschenkt, wenn sie nicht darin wohnen sollte?

Alle Einwände waren fruchtlos. Wie in der Affaire Fréron behielt auch jetzt das letzte Wort Napoleon.

IV. Kapitel

Saint-Domingue

Victor Leclercs Bestürzung über den Befehl, sich nach Saint-Domingue zu begeben, war nicht geringer als die Paulines, wenn auch aus ganz anderen Gründen. Er war sich der Risiken und Schwierigkeiten, die es zu überwinden galt, durchaus bewußt und weder darauf vorbereitet noch willens, die Verantwortung für die Wiederherstellung der französischen Herrschaft auf dieser Insel zu übernehmen, die ein Negergeneral, Pierre Dominique Toussaint l'Ouverture, an sich gerissen hatte. Indessen wurde ihm trotz aller Einwendungen nicht gestattet, von diesem Kommando zurückzutreten. Wenn er sich schließlich mit dem Unvermeidlichen abfand, dann wegen der ihm vorschwebenden Möglichkeiten, Ruhm und Geld zu gewinnen, vor allem Ruhm, denn danach dürstete ihn, wie jeden alten Soldaten der französischen Armee, am meisten.

Auch Pauline zeigte sich am Ende für eine Fata Morgana des Ruhms empfänglich. Darauf hingewiesen, daß ihre Position als Königin der Insel mit dem Rang Joséphines wetteifern werde, fügte sie sich nach vielem Geschwätz und Schmeicheleien der Anordnung ihres Bruders, was sich praktisch in Wagenladungen und gewaltigen Koffern voller Kleider ausdrückte.

In Brest tobte ein so schwerer Sturm vor dem Hafen, daß die Schiffe nach einer Woche, die man bereits an Bord verbracht hatte, immer noch nicht auslaufen konnten, und so ging Pauline wieder an Land. Dies war ein unheilverkündender Beginn des Unternehmens. Sich wieder einzuschiffen und die Küste entschwinden zu sehen, in der Gewißheit, auf unbestimmte Zeit Frankreich entrückt zu sein, ja zwei Monate hindurch überhaupt kein Land wieder zu Gesicht zu bekommen, das verlangte von einer Frau wie Pauline wirklichen Heldenmut.

Daß auf einem andern Schiff des Konvois auch Stanislas Fréron Saint-Domingue entgegensegelte, um dort das Amt des Vizekonsuls anzutreten – eine elende Stellung und sehr verschieden von der Verwendung, die er als Gatte Paulines wohl gefunden hätte – davon wußte Pauline nichts, denn Fréron hielt sich ritterlich von ihr fern.

Leclerc fand seine düsteren Ahnungen von Anfang an bestätigt; er sah sich vor einer Aufgabe, die über seine Kräfte ging. Bisher hatte er noch nie überragende Begabung bewiesen oder beweisen können, aber diese Tätigkeit auf Saint-Domingue erforderte sowohl administrative als auch militärische Fähigkeiten von hohen Graden und die Anlage zu listenreichem Taktieren, woran es ihm fehlte. Die sofortige Verhaftung und Deportation Toussaints nach Frankreich peitschte die Neger zu grausamem Widerstand auf, in dem der Vorteil zwischen beiden Seiten hin und her schwankte.

Leclercs Briefe und Depeschen an Napoleon und den Marineminister, der für die Kolonien verantwortlich war, berichten von Anfangserfolgen, die sich bald in Fehlschläge verwandelten, und dann von der Krankheit, die praktisch Leclercs Armee vernichtete und die Expedition zum Untergang verurteilte.

Wiederholt forderte Leclerc, während ihm die Beherrschung der Lage von Tag zu Tag mehr aus der Hand glitt, Männer an, um die

Lücken zu füllen, Ärzte, um die Kranken zu behandeln, Bekleidung für die Armee und Geld. Die Regierung schien ihn völlig aufgegeben zu haben; sie schickte ihm weder Ersatztruppen noch Geld, und wenn wirklich einmal Medikamente und Mehl kamen, dann war die Ladung bereits verdorben und mußte ins Meer geschüttet werden.

Immer wieder bat er dringend um Hilfe für sich und seine Armee. Schlimmer noch als die Mißachtung seiner Lage durch die Leute zu Hause und eine weit gefährlichere Drohung als die Neger war eine schleichende Krankheit:

»Ich habe befohlen, mir über die Krankheit zu berichten«, schrieb er voller Selbstbeherrschung, »und es scheint, daß sie das sogenannte Gelbe Fieber oder die Siamesische Krankheit ist. Sie beginnt entweder mit leichten Kopfschmerzen oder mit Schmerzen in den Eingeweiden und Schüttelfrost, sie kann aber auch plötzlich ausbrechen, doch von den Betroffenen entrinnt nicht ein Fünftel dem Tod.«

Die Krankheit war nicht ansteckend, sie brauchte es auch gar nicht zu sein, sie mähte ohnehin in die weiße Bevölkerung Saint-Domingues breite Lücken. Bald starben täglich einhundertsechzig Menschen, und binnen kurzem hatte Leclerc die Hälfte seiner führenden Offiziere verloren. Allein, es sollte noch schlimmer kommen:

»Außer dem als Siamesische Krankheit bekannten Übel haben wir das Amerikanische Gelbe Fieber, das hier zwei Monate vor der normalen Zeit auftrat, und wir werden unter seinen Verheerungen noch drei Monate zu leiden haben.«

Es blieb nichts übrig, als zu warten. Und die Armee und Leclerc warteten, und jeder blickte sich bange über die Schulter, um zu sehen, ob hinter ihm die heimtückische Krankheit schon ihre Geißel schwinge.

Napoleon ersetzte, was er an materieller Hilfe nicht gab, verschwenderisch durch Worte, wobei er stets den Ton anschlug, von dem er wußte, daß er am ehesten Widerhall fand:

»Die Nation wird Ihnen und Ihren ersten Generälen sowie den Offizieren und Soldaten, die sich ausgezeichnet haben, eine hohe Entschädigung gewähren. Führen Sie den Auftrag der Republik getreulich aus; sie wird Ihnen dankbar sein und Ihre besonderen Interessen wahrnehmen ...«

Hohle Worte für einen Mann, der zwei Monate Segelfahrt von Frankreich entfernt war und jeden Morgen mit dem Lagebericht die Meldung über Kranke und Sterbende erhielt. Keine Versprechungen von ein paar Handvoll Silber und von Ordensbändern für die Uniformen konnten die Krankheit aufhalten. Nur Ärzte hätten es vielleicht vermocht oder wenigstens die Leiden der von der Krankheit Niedergestreckten lindern können, aber es hätten erfahrene und tapfere Ärzte sein müssen, deren Moral stark genug war, den täglichen quälenden Anblick so vieler Sterbender zu ertragen. Ärzte wurden indessen nicht geschickt.

Am Rande der Verzweiflung, doch immer noch mit Würde und Mäßigung, ohne den Schwulst und die Übertreibung, wie Murat sie aufgewendet hätte, fuhr Leclerc fort zu mahnen:

»Ich weiß, daß die französische Regierung nicht die gleichen finanziellen Opfer bringen kann wie die Engländer, aber es gibt zwischen Sparsamkeit und Verschwendung eine Mitte, ohne die ein General immer hilflos ist.«

Gelegentlich, wenn er ein wenig Hoffnung geschöpft hatte, fielen Leclercs Briefe erfreulicher aus: er sei sehr angetan von Jérôme, der die Flottille begleitet hatte und jetzt auf dem Weg nach den Vereinigten Staaten war; er bringe alle die Eigenschaften mit, die für einen trefflichen Seeoffizier erforderlich seien. Und dann gab es Augenblicke, wo sein Stolz sich geltend machte und er Napoleon bat, nicht etwa zu glauben, er habe sich von den Ereignissen überwältigen lassen. Er werde sich stets der Lage gewachsen zeigen, wie ungünstig sie auch immer sei. Für Pauline hatte er nichts als Lob:

»Madame Leclerc und mein Kind befinden sich wohl. Im Hinblick darauf, wie grausam es für sie ist, in einem Land zu bleiben, wo sie nur Tote und Sterbende vor Augen hat, bat ich sie dringend, nach Frankreich zurückzukehren, aber sie wollte unter keinen Umständen einwilligen, denn sie müsse, sagte sie, mein Schicksal teilen, ob es gut oder böse sei.«

Und er schloß, sehr scheu: »Ihre Anwesenheit hier ist für mich sehr angenehm.«

Es war nicht überraschend, daß Pauline bei ihrer Ankunft erkrankte, aber sie überwand ihren Schwächezustand, nahm ihren ganzen Mut zusammen und paßte sich dem harten Leben in Saint-Domingue, auf das sie durch keinerlei frühere Erfahrung vorbereitet gewesen war, großartig an. Trotz allen Schwierigkeiten und Gefahren und dem Handicap ihres Temperaments suchte sie den unfehlbaren Rat ihres Bruders zu befolgen:

»Denke daran, daß Strapazen und Schwierigkeiten nichts sind, wenn man sie mit dem Gatten teilt und sie dem Vaterland nützen. Mache Dich durch Deine Zuvorkommenheit, Deine Freundlichkeit und durch untadeliges, nie unüberlegtes Verhalten beliebt. Es sind ein paar Koffer mit modernen Kleidern für Dich zusammengestellt worden; der Kapitän der ›Syrene‹ wird sie bringen. Ich liebe Euch sehr. Verhaltet Euch so, daß jeder um Euch glücklich ist, und zeigt Euch Eurer Stellung würdig.« (Fleuriot de Langle »La Paolina«).

Pauline tat, was in ihren Kräften stand, um dem Rat ihres Bruders zu folgen; sie versuchte die äußeren Formen normalen Lebens zu bewahren, indem sie Bälle und Konzerte gab und für die verlassenen Soldaten und ihre Frauen so etwas wie eine Pariser Atmosphäre schuf. Sie schickte auch kleine Geschenke nach Hause, schrieb aber traurig, sie bekomme so wenig Briefe. Doch jede Zeile von Napoleon stärkte ihren Mut und ihre Entschlossenheit, sich sein Lob zu verdienen, das für sie so überaus wichtig war.

Gewiß, ihr Bruder ermutigte sie, er liebte sie, er bewunderte ihren Stoizismus, aber er wäre nicht Napoleon gewesen, wenn er sie nicht ermahnend daran erinnert hätte, daß ein so geplagter Mann wie Leclerc alle Güte und allen Trost seiner Frau brauche, soviel sie ihm nur zu geben vermöge.

Als Leclerc, vor Erschöpfung und all dem Elend selber erkrankt, Napoleon auf dessen Verlangen über Paulines Gesundheitszustand berichtet hatte, mag dem Ersten Konsul ein wenig das Gewissen geschlagen haben, denn er wiederholte seine Versprechen einer glänzenden Zukunft:

»Was Sie betrifft, so sind Sie auf dem Weg, großen Ruhm zu erwerben. Die Republik wird Sie in die Lage versetzen, ein angemessenes Vermögen und die unveränderliche Freundschaft zu genießen, die ich für Sie hege.«

Und als Nachricht aus der Heimat fügte er hinzu, daß Elba mit Frankreich vereinigt worden sei und die Franzosen von Porto Ferraio Besitz ergriffen hätten. Eine Insel im Mittelmeer interessierte jedoch den Mann auf der Insel im Karibischen Meer, der hilflos zusehen mußte, wie das Gelbe Fieber um sich griff, herzlich wenig. Leclerc begann zu fühlen, daß er nicht mehr sehr lange auszuhalten vermochte. Bald beherrschte ihn nur mehr das Verlangen, Saint-Domingue zu verlassen, aber erst, wenn er es in Ehren tun könnte. Kein Traum von Ruhm und Vermögen lockte ihn mehr; nur der Wille, den schrecklichen Sommer von Saint-Domingue zu überleben, hielt ihn aufrecht. In einem Brief machte er Bonaparte seinen Standpunkt klar:

»Wenn der Mann, den Sie hierher schicken [um seinen Platz einzunehmen], nicht als Soldat und in der Verwaltung Erfahrungen hat, wenn er nicht ein Mann von Charakter ist, den es nach Ruhm mehr verlangt als nach Vermögen, dann wird unser Besitz der Kolonie in Frage gestellt sein.«

Prophetische Worte, die nicht beachtet wurden.

Im August 1801 meldete er, daß der Bürger Fréron am Gelben Fieber gestorben sei, und empfahl seine Witwe und seine Kinder der zweifelhaften Dankbarkeit der französischen Regierung:

»Er ist als armer Mann gestorben, und obwohl viel Schlechtes über ihn geredet worden ist, wage ich zu versichern, daß er sich als Volksvertreter bei der Italien-Armee stets als anständig und freundlich erwiesen hat. In der ganzen Zeit seiner Leistungsfähigkeit tat er alles, sich mir nützlich zu machen, und ich würde Wohltaten, welche die Regierung seiner Familie gewährt, als mir erwiesen ansehen.«

Leclerc äußerte sich als Ehrenmann und Herr, der er war; er muß von den Beziehungen zwischen Fréron und Pauline gewußt haben, aber Fréron war tot, und er selbst kaum noch am Leben. Er raffte sich aus seiner Mattigkeit auf, um die Verteidigung von Cap Haïtien, das von den Negern berannt wurde, persönlich zu leiten, und diesmal befahl er, daß sich Pauline mit Dermide zu den Schiffen zurückzuziehen hätte.

Sobald der Befehl überbracht worden war, sah sich Pauline von Damen umringt, die vor Angst und Schrecken durcheinanderschnatterten und sie anflehten, doch aufzubrechen. Sie erhielten indessen nur die stolze Antwort:

»Sie können gehen, wenn Sie wollen. Sie sind nicht die Schwester Bonapartes.«

Pauline durfte Leclercs Befehl abweisen, seine Soldaten konnten es nicht. Vier Grenadiere hoben sie ohne Umstände in ihrem Sessel auf, und eine kleine Prozession – Dermide rittlings auf den Schultern eines großen Soldaten und mit dessen Helmfedern spielend – bewegte sich zum Strand.

Pauline Bonaparte

Victor-Emanuel Leclerc

Als die Damen angstvoll zurückblickten, drang aus der Ferne das schrille Geschrei wütender Neger herüber, während der Feuerschein brennender Häuser den Himmel rötete, aber Pauline plauderte unbekümmert über ihr nächstes Konzert. Sie war gerade, immer noch in ihrem Sessel, in ein Boot gehoben worden, da kam ein Offizier herbeigestürzt und meldete, daß die Neger zurückgeschlagen worden seien, worauf Pauline herablassend gähnte, darum bat, wieder nach Hause getragen zu werden, und mit ein wenig gezierter Selbstzufriedenheit bemerkte:

»Ich wußte genau, daß ich nicht an Bord gehen würde.«

Ihr Mut wurde mit dem Lob ihres Bruders reichlich belohnt:

»Die Art, wie Pauline sich gehalten hat, freut mich sehr. Sie sollte den Tod nicht fürchten, denn an der Seite ihres Gatten inmitten der Armee sterben, hieße ruhmreich sterben. Alles Irdische schwindet schnell dahin, außer den Spuren, die wir in der Geschichte hinterlassen.«

Pauline kümmerte sich wenig um Geschichte, aber Historiker und Memoirenschreiber haben sich mit ihr und jener Spanne ihres Lebens sehr eifrig beschäftigt. Viele von ihnen wollen uns allen Ernstes glauben machen, daß Pauline an der Seite eines kranken und überbürdeten Gatten, der bis zum Äußersten alle Kräfte aufbot, um wenigstens den Schein eines Normalzustandes aufrechtzuerhalten, nur an ihr Vergnügen gedacht habe, und zwar an eine Art von Vergnügen, die ihr wenig Ehre macht. Es sei ihnen, so berichteten sie, als unbestreitbare Tatsache bekannt, daß Pauline ihren Gatten nach allen Seiten fröhlich betrog, nicht am wenigsten mit Negergenerälen, mit denen sie auf Rosenlagern bis zur Erschöpfung Orgien gefeiert habe. Sie habe in jeder Art sinnlicher Erregung geschwelgt, um es der Glut der Tropensonne gleichzutun, und ihre Verderbtheit sei ohne Grenzen gewesen:

»Oft genoß sie, ja befahl sie selbst zum Zeitvertreib das abscheuliche Schauspiel, wie verstümmelte Neger bei lebendigem Leibe geröstet oder von den treuen Verbündeten ihres Gatten, seinen spanischen Bluthunden, lebendig gefressen wurden.«

Darauf erwidert der gesunde Verstand:

»Um das Leben Leclercs und Pauline Bonapartes haben sich Legenden gewoben, die bei der Lage, in der sich die Armee befand, und in Anbetracht der Tatsache, daß sie immer den Anblick des Todes vor

Augen hatten, erlogen klingen. Es ist unmöglich zu glauben, daß sie ihre Zeit mit Belustigungen verbracht hätten, wenn jeder um sie im Sterben lag. Waren sie nicht zu jung, als daß sie unempfindlich hätten sein können? Und durch welches unerklärliche Wunder blieben sie von der verzehrenden Furcht vor der Seuche verschont, einer Furcht, die ebensoviel Opfer forderte wie die Seuche selbst? Wieso sollten allein sie den Einwirkungen des Klimas, ihrer Abgetrenntheit von der Heimat, der Kämpfe und der Gefahren für sie und ihr Kind entzogen gewesen sein?

Pauline gab Gesellschaften, empfing Gäste und hielt, wenn man schon auf dem Wort bestehen will, in Saint-Domingue eine Art Hof, aber sie tat damit nur ihre Pflicht als Gattin des Oberbefehlshabers. Wenn sie auch versucht haben mag, sich mit Vergnügungen zu betäuben, so erfüllte sie doch damit zugleich ihre Aufgabe, die Moral der Armee und der Bevölkerung aufrechtzuerhalten. Es war ihr nicht einmal erlaubt, Furcht zu verraten.« (Paul Roussier »Lettres du Général Leclerc«).

Wenn die Franzosen auf Saint-Domingue nach Gelegenheiten griffen, die ihnen einen Augenblick Vergessen brachten, so wußten sie fast sicher, daß sie am nächsten Morgen sterben würden. Das steigende Fieber schon im Blut, haschten sie nach geisterhaften Strohhalmen einer besseren Zeit und froherer Gedanken, aber Tausende von ihnen fanden nur die grimmige Wirklichkeit in ihrer Hand.

Und jetzt, da die Neger die Oberhand gewannen, beging die französische Regierung die sträfliche Torheit, auf ihren westindischen Besitzungen die Sklaverei wieder einzuführen. Das zog Leclerc den Boden unter den Füßen weg:

»Ich kann mir hier keinen falschen Schritt vorwerfen, Bürger Konsul, und wenn sich meine – anfangs sehr gute – Lage sehr rasch verschlimmerte, so sind die einzig Schuldigen die Krankheit, die meine Armee vernichtet hat, die überstürzte Wiedereinführung der Sklaverei auf Guadeloupe und die Zeitungen und Briefe aus Frankreich, die von nichts anderem reden als von der Sklaverei.«

Dann schrieb er seine persönliche Verteidigung nieder, die sein Testament werden sollte:

»Was mich betrifft, so habe ich Ihnen immer mit Hingebung gedient. Ich werde es weiter tun und ihre Befehle buchstäblich ausführen. Ich werde die gute Meinung, die Sie von mir haben, rechtfertigen, aber ich kann mich nicht entschließen, hier noch den nächsten Sommer über zu bleiben. Seit meiner Ankunft habe ich nichts gesehen als Brände, Aufruhr, Morde, Tote und Sterbende, und nichts vermag diese schrecklichen Bilder aus meinem Geist und meinem Gemüt jemals zu tilgen.

Ich kämpfe hier gegen die Schwarzen, gegen die Weißen, gegen das Elend und gegen den Mangel an Mitteln, sogar gegen meine Armee, die entmutigt ist. Wenn ich noch weitere sechs Monate unter diesen Umständen hinter mir habe, dann sollte ich wohl etwas Ruhe fordern dürfen.

Madame Leclerc ist krank, aber sie ist ein Vorbild an Mut und Ihrer als Schwester wahrhaft würdig.«

Fünf Tage nachdem Leclerc diesen Brief geschrieben hatte, stellte Dr. Peyre, der Chefarzt der Armee, bei ihm leichtes nervöses Fieber fest. Pauline und sein Stab drangen in ihn, sich etwas Erholung zu gönnen, aber er lehnte es ab, sich zu schonen, und so war es unausweichlich, daß ihn die Siamesische Krankheit ergriff, von der zu genesen er in seinem Erschöpfungszustand keine Aussicht hatte.

Gleichgültig gegen die Gefahr, sich selbst anzustecken, saß Pauline neben ihm im verdunkelten Zimmer, durch dessen Jalousiespalten die Sonne grausam eindrang und Schattenstreifen auf den Boden warf. Vielleicht plauderten sie über Italien und die kühlen Haine von Mombello und sehnten sich nach den schneegekrönten, über den Comer See sich emportürmenden Alpen, dorthin, wo sie ihre Flitterwochen verbracht hatten.

Pauline war Leclercs letzter Gedanke, wie sie so lange sein erster gewesen war. Er ließ seinen Stellvertreter im Kommando kommen und flüsterte seinen letzten Befehl, der zugleich sein letzter Dienst an Pauline war: sie und Dermide hätten nach Frankreich zurückzukehren. Dann starb Charles-Victor-Emanuel Leclerc, am 18. Brumaire, fast zwei Jahre nachdem er Napoleon mit zur Macht verholfen hatte. Bald danach ging die Insel Frankreich verloren.

Er wurde nicht auf Saint-Domingue begraben. Als sich eine Woche später Pauline mit Dermide auf der »Swiftsure« nach Frankreich einschiffte, nahm man auch den Sarg mit seinen sterblichen Überresten an Bord, und darin war ihm mitgegeben Paulines langes, glänzendes, dunkles Haar. Sie hatte es sich mit einer großartigen Gebärde abgeschnitten und ihm zu Füßen gelegt.

Auf der Rückreise nach Frankreich blieb sie in ihrer Kabine, schwach, leidend und von Kummer überwältigt, und als sie, im Januar 1803, an Land ging, war sie noch zu krank, um den Toten nach Montgobert begleiten zu können, zu ihrem Landheim, wo Leclerc bestattet werden sollte.

Ruhm war ihm versprochen worden, und das Versprechen wurde erfüllt. Er machte seine letzte Reise mit großem Gepränge, auf einem durch schwarzweiße Bemalung Marmor vortäuschenden, mit weißen Seidengirlanden und schwarzen Bändern umwundenen, von sechs Schimmeln in schwarzen Schabracken gezogenen Katafalk. Der Lorbeer war da, doch in ihn mischten sich Zypressen, und er lag nicht um seine Stirn, sondern auf seinem Sarg.

Pauline verkroch sich in Josephs neues Haus, in das Hôtel Marbeuf, in der Rue du Faubourg St. Honoré, um dort von ihrer Krankheit, ihrer Reise und ihrem Kummer zu genesen.

»Meine Schwester«, sagt Joseph in seinen Erinnerungen, »kam in Paris mit dem Keim der Krankheit an, die sie sich in Saint-Domingue zugezogen hat« – und rings um diese Krankheit war auf dem Treibsand von Gerüchten und versteckten Andeutungen ein riesiges Gebäude von Mutmaßungen errichtet worden.

Männer wie Fouché, der böswillige Polizeiminister, der eines jeden Geheimnisse zu kennen glaubte, und Lewis Goldsmith, der Erzverleumder der Bonaparte, zögerten nicht, Paulines Krankheit Ausschweifungen zuzuschreiben, denen sie sich in Saint-Domingue hingegeben habe.

Nach einer dieser Lügengeschichten nahm Pauline, sobald die Küste Saint-Domingues am Horizont versunken war, ihr Verhältnis mit einem General Humbert wieder auf, der nach Frankreich zurückbeordert worden war, weil Leclerc entdeckt habe, daß er der Liebhaber seiner Frau sei. Gewiß, Humbert war ein Schürzenjäger schlimmster Sorte, aber er wurde wegen Veruntreuungen und Erpressungen nach Hause geschickt, und überdies konnte festgestellt werden, daß er nicht einmal auf demselben Schiff wie Pauline gereist ist; aber das Gerücht wurde geglaubt.

Das Symptom, worauf sich Zeitgenossen stützten, war eine tiefe und häßliche Wundstelle, die eine Hand Paulines verfärbte und von der Fouché mit mehr Bosheit als medizinischer Kenntnis behauptete, sie »verriet ihre Unkeuschheit«. Die Mühe, die sie sich gab, den Fleck zu verbergen, wurde als unwiderleglicher Beweis angesehen, daß sie wisse, wo diese offene Stelle herrühre. Allein, es ist unwahrscheinlich, daß Pauline, wie leichtfertig und amoralisch sie auch war, Leclerc in Saint-Domingue hintergangen und sich selbstsüchtig auf Liebesaffären eingelassen hat, die nicht mehr als bloße Sinnenbefriedigung gewesen wären. Die Briefe ihres Gatten sind Beweis genug für ihr anständiges Betragen. Außerdem wäre es auf der kleinen Insel schwierig, wenn nicht unmöglich gewesen, eine Liaison vor ihm zu verbergen. Wie sie selbst einräumte, zeigte sich die wunde Stelle zuerst auf der Rückreise, und sie erschien und verschwand immer dann, wenn ihr Wille auf Widerstand stieß oder sie irgendwie enttäuscht wurde. Daß sie dieses zu verbergen suchte, erklärt sich hinreichend aus ihrem Abscheu vor jedem Makel ihrer Schönheit.

Trotz all dem wurde Pauline von Getuschel über ihre »unzulässige Krankheit« dauernd verfolgt, wenn es auch, sollte sie tatsächlich an einer Krankheit der behaupteten Art gelitten haben, schwerlich zu verstehen wäre, weshalb ihr Bruder Joseph dann die Zeit, als das Übel zuerst auftrat, hätte so genau festhalten, oder weshalb ihre Mutter wie alle andern Bonaparte sich über Paulines schwachen Gesundheitszustand ständig in aller Öffentlichkeit hätten besorgt zeigen sollen.

In neuester Zeit hat ein französischer Arzt Paulines Krankheit analysiert und ist praktisch zu dem gleichen Ergebnis gelangt wie Fouché und Goldsmith; andere Ärzte jedoch, die unter denselben ungünstigen Bedingungen arbeiteten, dem Handicap nämlich, daß es an einer genauen Beschreibung der Symptome fehlt, neigten zu der Ansicht, das Übel sei aus Hysterie entstanden; es habe sich um ein Ekzem nervösen Ursprungs gehandelt, was bei einer Person mit Paulines Temperament kein ungewöhnliches Leiden gewesen wäre.

Nach wieder einer andern französischen medizinischen Theorie von einigem Gewicht könnte sich Pauline auf Saint-Domingue ein tropisches Fieber geholt haben, eine periodisch auftretende Malaria, oder sogar eine leichte Form des Gelben Fiebers, wovon sie sich – eine der wenigen, die es überstanden – erholt habe, wenn auch mit einer erheblich geschwächten, schon durch Dermides Geburt beeinträchtigten Gesamtverfassung. Da sie überdies seitdem immer gegen klimatische Einflüsse empfindlich war, scheint die letzterwähnte Diagnose ziemlich einleuchtend, während ihre Besessenheit von der Sorge um ihre Gesundheit durch die auf Saint-Domingue ihr förmlich eingebrannte Furcht vor Krankheit psychologisch gesteigert worden sein mag.

Indessen, jede Annahme für oder gegen die »unzulässige Krank heit« hängt schließlich in der Luft, weil es weder nach der einen oder der andern Seite einen unwiderleglichen Beweis noch einen Bericht über eine etwaige Autopsie gibt, woraus sichere Schlüsse gezogen werden könnten.

Fest steht jedenfalls, daß Pauline mit zweiundzwanzig Jahren Witwe war und an einer Krankheit litt, die keiner Behandlung wich. Die Sicherheit, die sie durch ihre Heirat gewonnen hatte, war erschüttert, und ihre Zukunft lag im ungewissen. In ihrem Bett im Hôtel Marbeuf muß Pauline sich bang gefragt haben, was aus ihrem Leben werden solle.

V. Kapitel

1802

Mit dem Jahr 1802 hatte wieder Unordnung der Ordnung, Zwietracht der Eintracht und Untätigkeit dem Tatendrang Platz gemacht, und ein ausländischer Beobachter bemerkte, Frankreich sei neu gestärkt und über alle Maßen vom Geschick begünstigt aus der Revolution hervorgegangen. Die Reihe von Friedensverträgen, eingeleitet 1800 durch den Vertrag mit Amerika und gipfelnd in dem im April 1802 in Amiens geschlossenen Frieden mit Großbritannien, hatten die Stabilität der inneren Verhältnisse noch gefestigt.

Es war, als hätte in diesem »Wunderjahr des Friedens« die Taube den Hahn als nationales Sinnbild verdrängt: Friede mit Frankreichs Feinden, Friede mit der Kirche durch das Konkordat mit dem Papst, politischer Friede infolge allgemeiner Amnestie für die Emigranten und durch die Wahl Bonapartes zum Konsul auf Lebenszeit mit dem Recht, seinen Nachfolger selbst zu bestimmen.

Die Familie Bonaparte freilich schien von diesem allgemein vorherrschenden Geist des Friedens nicht berührt, und von ihren Zwistigkeiten blieb, auf Saint-Domingue allen weit entrückt, nur Pauline verschont. Napoleon wurde in seiner inneren Haltung gegen seine

Brüder von einer neuen Welle der Ernüchterung ergriffen, als Lucien aus Spanien zurückkehrte, wo er sich seiner Zeit und seiner Fähigkeiten zu eigenem Nutz und Frommen vortrefflich bedient hatte; er brachte nicht nur einen Friedensvertrag und die Abtretung Louisianas an Frankreich mit, sondern auch ein beträchtliches Vermögen und eine Geliebte, die Marquesa de Santa Cruz.

Diese Liaison insbesondere ärgerte den Ersten Konsul, weil er sich nachhaltig bemühte, der Gesellschaft eine dauerhafte moralische Lebensart einzupflanzen, und entschlossen war, der Dekadenz zu steuern, die der ungehemmten Freizügigkeit der Revolution gefolgt war.

Als Vorbilder gesellschaftlichen Benehmens für die ungeschlachte neue Hierarchie rief er die Aristokraten des Ancien régime zu Hilfe, die jetzt begannen, vorsichtig wieder im öffentlichen Leben aufzutauchen. Er war ihnen zwar als Emporkömmling herzlich zuwider, und sie blickten auf seine Parvenu-Umgebung mit verächtlicher Geringschätzung herab, waren aber doch neugierig, wie die konsularische Gesellschaft wohl beschaffen sei.

Der Übergang von der alten zur neuen Ordnung fiel ihnen nicht gar so schwer, weil Joséphine Bonaparte zu ihrer Welt gehörte. Ihr Charme und ihre graziösen Manieren waren für ihren Gatten bei seinen Bemühungen, den alten Geburtsadel mit dem neuen Schwertadel zu verschmelzen – was der Grundstein seiner Gesellschaftsordnung sein sollte – von unschätzbarem Wert.

Dies war unvermeidlich ein allmählicher Vorgang, da ja zum Beispiel der Befehl, weiße Satinkniehosen zu tragen, die ungehobelten und in ihrer Sprechweise nicht eben wählerischen alten Soldaten der Revolution nicht automatisch in Herren verwandelte, und weil über den Mangel an Bildung und Eleganz, den ihre Frauen auf Gesellschaften verrieten, die Blaublütigen nach wie vor heimlich kicherten.

Ihr höhnisches Lächeln nahm die Schwestern Bonaparte nicht aus, doch fühlten sich die Aristokraten des Faubourg St. Germain dadurch besonders vor den Kopf gestoßen, daß sie beinahe königliche Allüren annahmen. Über Paulines unbesonnenes Verhalten gingen sie hochmütig-verächtlich hinweg, während sie den Dünkel Elisas, die denn auch in der Pariser Gesellschaft nicht beliebt war, sehr übel vermerkten.

Luciens Rückkehr brachte ihr übrigens eine Enttäuschung, denn die einstige enge Verbindung mit ihm stellte sich nicht wieder ein, weil die Marquesa ihr von dem Platz, den sie früher in seinem Leben eingenommen hatte, sehr viel wegnahm. Trotzdem war es schmerzlich für sie, daß Napoleon Lucien zur Zielscheibe seines Unwillens machte, besonders wenn sie auch davon betroffen wurde.

»Ich liebe ihn nicht mehr wie einen Bruder«, schleuderte Lucien dem Staatsrat Roederer ins Gesicht, »und Joseph ist die Art, wie er uns behandelt, fast noch mehr leid als ich. Meine Mutter zittert jedesmal, wenn sie in die Tuilerien kommen soll, und Elisa muß bei jedem Besuch schlechte Späße über sich ergehen lassen und kehrt mit Tränen in den Augen zurück ... Bei Tisch werden wir irgendwohin gesetzt, sogar durcheinander zwischen die Adjutanten.«

Indessen zog sich Lucien selbst noch größeren Ärger zu, als er sich, der Marquesa de Santa Cruz überdrüssig, unsterblich in Madame Alexandrine Jouberthon verliebte, deren Mann günstigerweise mit Leclercs Expedition nach Saint-Domingue geschickt worden war.

Dieser Austausch einer Geliebten gegen eine andere allein war es nicht, was Napoleons Verdruß zum Zorn steigerte, sondern der Skandal, daß – 1802 – dem Liebespaar ein Sohn geboren wurde. Alexandrines Gatte war zwar so rücksichtsvoll, bald danach dem Gelben Fieber zu erliegen, so daß die beiden heiraten konnten, aber ein nur durch Eheschließung der Eltern legitimiertes Kind konnte als Erbe Frankreichs nicht in Betracht kommen:

»Ich lehnte es ab, Luciens zweite Heirat anzuerkennen, eine in jeder Hinsicht unschickliche und sehr unmoralische Heirat. Ihr Betragen erregte großen Anstoß, und ihr erstes Kind von Lucien wurde geboren, als ihr Gatte noch lebte.«

Napoleon war bereit, Lucien zu vergeben, wenn er sich von Alexandrine trennte; das aber lehnte Lucien ab, und er zog sich nach Plessis-Chamant in ein halbes Privatleben zurück. Sein Bruder fuhr fort, ihn zu umwerben, indem er ihn – ohne ihm allerdings ein öffentliches Amt anzubieten – mit Auszeichnungen überhäufte, zweifellos in der Hoffnung, er könnte ihn in eine Scheidung hineinschmeicheln. Doch Lucien blieb unzugänglich, auch gegenüber allen Anstrengungen der Familie, zwischen den beiden Brüdern eine Versöhnung herbeizuführen.

Nachdem Lucien ein Jahr auf dem Lande zugebracht hatte, ging er nach Italien in ein freiwilliges Exil, und bald folgte ihm seine Mutter, die mehr auf Napoleon böse war, weil er diesen Riß in der Familie herbeigeführt, als auf Lucien, der ihn verursacht hatte. Ebenso wie die Brüder und Schwestern Napoleons hatte sie bisher weder begriffen, welche Beweggründe sein Handeln bestimmten, noch verstanden, daß es für seine Autorität, wenn die Nation sie respektieren sollte, wesentlich war, daß vor allem die Familie sie anerkannte.

Weder Lucien noch Joseph zeigten sich auch nur im geringsten versöhnungsbereit. Gleichwohl schrieb Joseph später:

»Er war der Freund meiner Kindheit; ich wollte ihm nie Veranlassung geben, sich irgendwie und irgendwann über mich zu beklagen.«

Wenn indessen der Anschein von Wichtigkeit, den sich Napoleons Schwestern gaben, die Pariser Gesellschaft reizte, so ärgerte er selbst sich nicht weniger über Josephs anmaßendes Benehmen und seine lächerlichen Versuche, aus Mortefontaine ein zweites Versailles zu machen:

»Ich bin in Armut groß geworden, und auch er kam wie ich unter sehr bescheidenen Verhältnissen zur Welt.«

Die jüngeren Angehörigen unterwarfen sich Napoleon leichter. Leclercs ermutigende Berichte über die Fortschritte Jérômes in der Marine machten ihm Freude, und Louis heiratete die Frau, die er für ihn gewählt hatte: Hortense, Joséphines Tochter. Weder Napoleon noch Josephine schienen sich Gedanken darüber zu machen, daß Braut und Bräutigam sich gleichermaßen widerwillig fügten: er mit einer Maske vor dem Gesicht, weil er an das Mädchen dachte, das er gern geheiratet hätte, während sie einem andern Mann nachweinte.

Einen einzigen Augenblick des Glücks gab es vielleicht bei dieser durchaus unglücklichen Trauung, als unmittelbar nach der Feier Murat, der endlich nach Paris hatte zurückkehren dürfen, plötzlich seine Caroline vor den Priester führte und ihn bat, ihnen zu ihrer bürgerlichen Ehe den kirchlichen Segen zu erteilen – ein Verlangen, zu dem Joachim einen etwas ungeeigneten Zeitpunkt gewählt hatte, denn Caroline erwartete sichtlich ihr zweites Kind.

Trotz der fortgeschrittenen Schwangerschaft nahm Caroline an dem Dankgottesdienst zur Feier der Verkündung des Konkordats teil, reizend anzuschauen in ihrem in »broderie anglaise« schön gearbeiteten Umstandskleid aus leichtem indischem Musselin über einem rosaseidenen Untergewand und auf dem wohlfrisierten Kopf einen mit rosa Federbüscheln garnierten Hut.

Diese Feier in der Kathedrale war eine der großartigsten und eindrucksvollsten seit der Revolution. Noch ganz außer Atem berichtete darüber seinen englischen Lesern das »Gentleman's Magazine«:

»Das durch die Glasmalerei der Fenster gedämpft einfallende Licht, die erhabene Größe des Gewölbes, die leuchtende Pracht der Wandteppiche, darüber die leicht wehenden Fahnen und unten die riesige Versammlung in reichen mannigfachen Kostümen, und die feierliche Musik der beiden von Méhul und Cherubini geleiteten Orchester: dies alles zusammen war ein berückendes Schauspiel.«

Eine Engländerin, Anne Plumptre, mischte sich unter die Menge vor Notre-Dame und schnappte gemurmelte Äußerungen der Bewunderung auf, als die prächtige Karosse des Ersten Konsuls vorbeifuhr, von acht Pferden gezogen und von acht Dienern in dunkelgrüner, reich mit Gold bestickter Livree aus dem Sattel gelenkt, eskortiert von den Adjutanten zu Pferde und der Konsulgarde. Ein Seufzer der Befriedigung ging durch die Menge: endlich erkennen wir Frankreich wieder.

Wenn dieser Tag von der Kanzel emphatisch »der Tag« genannt wurde, »der Frankreich mit Europa und sich selbst versöhnt«, so schien das in der Tat eine treffende Bezeichnung.

Es war vielleicht zweckdienlich, daß die Predigt derselbe Erzbischof hielt, der bei der Krönung Ludwigs XVI. in Reims gepredigt hatte, stellte sich doch bei diesem großartigen Anlaß Bonapartes Königswürde, die er tatsächlich besaß, zum erstenmal eindringlich dem Volke dar. Seine wachsende Autorität wurde besonders von den vielen in Paris anwesenden Fremden bemerkt, die an Ort und Stelle die Vorteile ermessen konnten, die Frankreich durch die Rückkehr zum Erbfolgeprinzip, durch den Austausch der Bourbonen gegen die Bonaparte, der alten Ordnung gegen die neue gewonnen hatte.

Tausende fremder Besucher waren nach Paris zusammengeströmt, als der Friede wieder Auslandsreisen ermöglichte: Russen, Amerikaner, die sich als »gute Leute und natürliche, treffliche Republikaner« sehr empfahlen, und Engländer, die auf die Sehenswürdigkeiten versessen waren, vor allem aber den Mann zu Gesicht bekommen wollten, der noch vor kurzem »der Menschenfresser« und der »korsische Tyrann« gewesen war. Gerade die Engländer wurden überall in Paris mit ausgesprochener Höflichkeit behandelt, und bald griff eine Anglomanie um sich wie in den Tagen Ludwigs XVI.

Als sich Charles James Fox in der Öffentlichkeit zeigte, rief er rasenden Beifall hervor. Er wurde bei einer Aufführung von Racines »Phädra« erkannt, worauf sich alle Zuschauer von den Plätzen erhoben und riefen: »Fox! Fox!« – zum Kummer der Schauspielerin, die an diesem Abend das erste Mal auftrat und die Ehren mit ihm teilen mußte.

Fox gehörte zu denen, die zu einem Lever und dem an den Morgenempfang sich anschließenden Diner in die Tuilerien eingeladen wurden. Hier bemerkte er in den unteren Räumen Büsten von sich und von Nelson – ein zufälliges Zusammentreffen oder diplomatische Höflichkeit. Bonaparte achtete Fox sehr:

»Ich empfing ihn oft. Von seinen Fähigkeiten wußte ich durch seinen Ruf; bald erkannte ich seinen vornehmen Charakter, sein gutes Herz, seine weiten, großmütigen, freisinnigen Ansichten. Er war eine Zierde der Menschheit; ich liebte ihn.«

Nach Fox' wohlerwogener Meinung war Bonaparte »ein von seinem Erfolg und seiner erstaunlichen Erhebung zu hohem Rang ziemlich berauschter junger Mann«.

Nicht alle Reisenden hatten wie Fox die Gelegenheit, mit dem Ersten Konsul in persönliche Berührung zu kommen. Sie mußten sich damit begnügen, bei Truppenschauen und Paraden von weitem nach ihm zu starren. Das allgemeine Urteil über ihn war nicht günstig; seine Erscheinung machte keinen Eindruck. Ein englischer Besucher ging so weit, zu äußern: »Seine Gesichtszüge verraten eine gewalttätige Natur und sind gekennzeichnet durch den Ausdruck dunkler, wilder Leidenschaften.«

Auch Joséphine bekam ihr Teil ab: einige Gäste meinten, ihr Salon – ihr »drawing room« – sei kalt und geschmacklos, und sie selbst könne auch durch den Gebrauch von Rouge den Altersunterschied zwischen sich und ihrem Gatten nicht verbergen. Niemand hat sich über die Schwestern geäußert. Pauline war freilich im Jahre 1802 auf Saint-Domingue, Caroline verbrachte damals viel Zeit in Italien, und Elisa hielt sich an ihren eigenen Kreis.

Fanny Burney, Madame d'Arblay, die, mit nur einem Hausmädchen, bescheiden in Passy lebte, beobachtete Bonaparte bei einer Truppenschau und fand, er habe eher wie ein Gelehrter als wie ein Krieger gewirkt; aus seinen ergreifenden Gesichtszügen habe durchdringender Ernst, ja Traurigkeit gesprochen. Sie war überrascht, daß er »keineswegs das Aussehen hatte, das man von Bonaparte hätte erwarten sollen, sondern das eines fleißigen, grübelnden Mannes« und nichts an sich von einem Befehlshaber mit verwegenem Mut.

Wenn die fremden Gäste nicht Schlange standen, um den Ersten Konsul anzugaffen, wandten sie sich den Sehenswürdigkeiten zu, die meisten dem mit der Siegesbeute aus Italien angefüllten Louvre. Viel besucht wurden auch die Theater; die Oper wurde geringschätzig beurteilt, nicht aber das Ballett. Sie bewunderten die Gärten des Tivoli und des Frascati, fanden Versailles leer und heruntergekommen, den Petit Trianon in eine Taverne verwandelt und verurteilten einhellig das Palais-Royal. Henry Redhead Yorke geißelte es folgendermaßen:

»Eine Brutstätte widerlicher Laster, die Verhöhnung aller Tugend und Entweihung jeder Religion – eine höllische Senkgrube der Sittenfäulnis, ein Aussätzigenspital inmitten einer großen Stadt, das die ganze Gesellschaft erniedrigt und verderbt hat, eine Höhle von Kupplern, Prostituierten, Spielern und von Ausschweifungen und Begierden jeglicher Art.«

Ein respektablerer Brennpunkt der Besichtigungen war das neue Haus der Murat, in das sie damals einzogen, das prächtige Hôtel Thélusson, dessen Ausstattung Fesch – seit dem Konkordat zur Kardinalswürde erhoben – überwacht hatte und die ihm alle Ehre machte. Um es mit vornehmem Geschmack einzurichten, war nicht gespart worden, denn aus Murats italienischen Plünderungen war reichlich Geld vorhanden.

Es war ein herrliches Gebäude, besonders schön die edle, große Treppe und ein Rundraum, den vielarmige, von Marmorstatuen in den Nischen gehaltene Leuchter erhellten. Am meisten aber wurde Carolines Schlafzimmer bewundert. Es war elegant und reich. Grüner Sammet mit goldenen Motiven verkleidete die Wände, und es war groß genug, vier Kanapees, vier Armsesseln und vier Sesseln Platz zu gewähren wie dem vergoldeten Bett in einem Alkoven auf einer Estrade. Die grünsamtene Steppdecke war um ein großes goldenes Monogramm mit einem Muster von Palmblättern und Sternen bestickt. Spiegel entlang den Wänden und Spiegeltüren warfen das Licht großer Kandelaber zurück. Alle Möbel waren nach ägyptischen oder griechischen Modellen in einer Kombination von Mahagoni, Marmor und Bronze gearbeitet.

Die Villa der Murat in Neuilly, die sie vor kurzem zu ihrem Landhaus in La Motte-Sainte-Héraye erworben hatten, gefiel weniger; man fand die Außenwände armselig und häßlich und die flache Umgegend einfach scheußlich.

Bald nach seiner kirchlichen Vermählungsfeier begab sich Murat nach Italien zurück, während Caroline wegen der bevorstehenden Geburt ihres Kindes in Paris blieb.

Wie üblich war es Fesch, der die Ankunft des Babys bekanntgab, eines Mädchens: Letizia. Sie wurde der Abgott ihres Vaters. Sie war ein kräftiges Kind, das der Mutter schwer zu schaffen gemacht hatte, die nach der Geburt völlig erschöpft war. Was Achille betraf, so schmollte er und wollte von dem Schwesterchen nichts wissen, aber Caroline hatte andere Probleme im Kopf als die Launen des Jungen.

Diesmal nämlich waren Murats Unterschlagungen zu offenkundig, als daß man darüber hätte hinwegsehen können. Er wurde nach Paris zurückbeordert, um Rede und Antwort zu stehen. Aber er bekam es mit gewohnter Gewandtheit fertig, sich mit einem temperamentvollen Wortschwall aus allen Anschuldigungen herauszureden. Um seine Rehabilitierung zu vollenden, gab Caroline zu Ehren ihres Bruders ein glänzendes Fest. Ihr Talent als Gastgeberin und ihre Organisationsgabe machten auf Napoleon großen Eindruck, und er beglückwünschte sie herzlich zu dem Erfolg. Murat aber durfte, von aller Schuld völlig reingewaschen, nach Mailand zurückkehren.

Vor seiner Abreise spielte er bei einem heiteren Zwischenfall, der jedoch leicht sehr böse hätte ausgehen können, eine entscheidende Rolle. Die Geschichte trug sich in Bièvre zu, dem hübschen, kleinen Landsitz bei Paris, den Napoleon Laure Permon und Junot zur Hochzeit geschenkt hatte.

Laure brannte darauf, das neue Heim ihrer lieben Freundin Carolinie zu zeigen, und lud deshalb zu einer Jagdgesellschaft ein; die beiden Damen sollten den berittenen Jägern im Wagen folgen und sich mit ihnen im Wald zu einem Picknick treffen. Als die Herren davongaloppiert waren, ließ Laure ein junges Pferd, Coco mit Namen, vor einen leichten Einspänner schirren, und die beiden jungen Frauen – in ihren hochtailligen Musselinkleidern und Basthüten, dazu Laures kastanienbraunes Haar und matthelle Haut in reizendem Kontrast zu Carolines blonden Locken und rosigem Gesicht, anzuschauen wie ein köstliches Gemälde – fuhren fröhlich los.

Um das Pferd zu flotterer Gangart anzutreiben, wippte ihm Laure die Peitsche um Flanke und Schultern. Doch Coco, der nie im Geschirr gegangen war, nahm diese Behandlung übel, er fiel in Galopp und begann schließlich durchzugehen. Als die Fahrt immer schneller wurde, lachte Caroline fröhlich und fragte Laure, ob sie denn überhaupt kutschieren könne.

Als Laure gestand, daß sie noch nie ein Gespann gelenkt habe, übernahm Caroline die Zügel, doch nun war Coco so wild geworden, daß er auf eine alte, steil abfallende Sandgrube zuraste, ohne daß auch nur ein Baum in der Nähe gewesen wäre, der ihren Sturz hätte aufhalten können.

Selbst als das Wägelchen immer gefährlicher hin und her schwankte und es keine Rettung mehr für sie zu geben schien, bogen sich die beiden vor Lachen, bis sie hinter sich in einer Staubwolke, tief über den Hals seines Pferdes gebeugt, einen Reiter heransprengen sahen, als wären alle Teufel der Hölle hinter ihm her.

»Das ist Murat!« schrie Caroline.

Er hatte sich, weil er Carolines Gesellschaft kurz vor seiner Abreise auch nicht eine Minute entbehren wollte, von der Kavalkade getrennt und war zum Gutshaus zurückgeritten, um seine Frau zu geleiten. Dort erfuhr er von den besorgten Dienern von der Torheit der beiden jungen Damen, ließ sich nur noch schnell zeigen, welche Richtung sie eingeschlagen hatten und machte sich mit dem ganzen Feuer des glänzenden Kavallerieführers, der er war, daran, ihnen zu folgen.

Als er schließlich das Gefährt mit dem durchgehenden Coco eingeholt hatte, umritt er es, der eigenen Lebensgefahr nicht achtend, in voller Karriere, schwenkte vor Coco herum und brachte ihn mit allem zusammengefaßten Mut und der Kraft der Verzweiflung hart am Rand des Abgrunds zum Stehen.

Sobald der Wagen wieder auf festem Boden war, hob General Murat seine Frau herunter, erstickte ihr Lachen mit Küssen, stellte sie auf die Füße und zog ihr zärtlich die Handschuhe ab, um abwechselnd ihre Finger zu küssen und ihre kleinen Hände sanft zu tätscheln.

Zu Laure gewandt, sagte er streng: »Ich hoffe, Junot läßt Sie sein Mißfallen mit mehr Klapsen als Küssen fühlen.«

Dieses Abenteuer erscheint nicht unter Murats kriegerischen Heldentaten; es muß aber als einer seiner größten Reitersiege gezählt werden.

Allzubald drängten sich ernste Erwägungen in Carolines Leben. Die Nachrichten, die seit Murats Rückkehr nach Mailand aus Italien kamen, waren nicht beruhigend; er geriet bereits in politische Schwierigkeiten, und Caroline sagte sich, sie müsse zu ihm eilen, um zu verhüten, daß er sich in noch mehr Ungelegenheiten verstrickte. Dabei verließ sie Paris, wo jetzt die Festlichkeiten ihren Höhepunkt erreicht hatten, nur sehr ungern. Am heitersten und farbigsten waren die Gesellschaften in Malmaison, wo die Gäste, wenn es auch noch nicht so genannt wurde, den Hof Madame Bonapartes bildeten:

Laure d'Abrantès, die selbst zu den jungen Damen dieses »Hofes« gehört hatte, erinnert sich:

»Sie waren wie ein Korb frischer Blumen. Alle waren jung und die meisten hübsch, und es war eine Freude, diese reizende, weiß gekleidete Schar zu sehen, wie sie alle, mit Blütenkränzen im Haar so frisch wie ihre glücklichen Gesichter, fröhlich in den Salons tanzten, durch die der Erste Konsul mit den Männern schlenderte, mit denen er das Geschick Europas erwog.«

Frauen hatten an der gesellschaftlichen Renaissance natürlich wesentlichen Anteil; ihre Wünsche waren es, welche die Wiederbelebung des noch vor kurzem sterbenskranken französischen Luxusgewerbes beträchtlich förderten. Zu den Bällen, Diners, Landausflügen und Liebhaberaufführungen bedurfte jede Frau, die daran teilnahm, der Dienste eines Coiffeurs, eines Schuhmachers, eines Blumenbinders, eines Parfumeurs und eines Fächermachers. Sie verbrauchte Tausende von Metern Seidenatlas, Krepp, Samt und Tüll, und ihr Heim mußte ebenso reich geschmückt sein wie sie selbst, so daß es die Handwerker viel Mühe kostete, die an ihre Kunstfertigkeit gestellten Anforderungen zu erfüllen.

Der junge John Trotter, der Charles James Fox als Sekretär nach Paris begleitet hatte, legte Zeugnis ab für den Fortschritt und die Verfeinerung, die seit der Revolution allenthalben Platz gegriffen hatten:

»Selbst Benehmen und Kleidung der Einwohner haben die republikanische Grobheit und Stillosigkeit überwunden und einen besseren Geschmack angenommen, nicht einen so weibischen und gezierten wie unter dem alten Regime und nicht einen so nachlässigen wie in der republikanischen Zeit. Es ist unmöglich, die allgemeine Freundlichkeit und Höflichkeit nicht zu bemerken, die alle Klassen durchdringt und überall die Wege des Lebens ebnet.

In der Gesellschaft sind die Franzosen äußerst angenehm, und die Frauen scheinen, was Eleganz, Lebhaftigkeit und Scharfsinn betrifft, dazu gedacht, das Leben des Mannes zu einem glückseligen Traum zu machen, von dem umfangen er zu seinen Füßen Blumen entdeckt und wo ihn immer ein Hauch von Duft umschmeichelt.«

Die Gesellschaft war aber nicht nur reicher geworden an Takt und artigeren Manieren. Wie das Gewerbe, so blühte auch die Landwirtschaft auf, und damit kehrte die Kunst der Tafelfreuden wieder, die während der Revolution, als die Bauern die Bodenbestellung vernachlässigten, fast gänzlich geschwunden war. Die Ansprüche der verfeinerten Zunge zu befriedigen, schickte jeder Landstrich Frankreichs seine Leckerbissen nach Paris: Périgord seine Foie gras und Trüffeln, Bresse sein Geflügel, Nougat kam von Montélimar, und die Weingärten der Bourgogne, um Bordeaux, des Languedoc und der Champagne wetteiferten darin, den Tisch mit ihren besten Jahrgängen und Lagen zu versorgen.

An der Tafel Cambacérès', der den Tisch vor seinem Platz muldenförmig hatte aussägen lassen, um es bei seiner Leibesfülle bequem zu haben, servierten fünfzig bis sechzig Lakaien in blauer, goldverschnürter Livree vier Gänge, jeden mit sechzehn bis achtzehn verschiedenen Speisen. Wunderwerke der Konditorei zierten die Tafel: Harfen, Lyren, weinberankte Lauben, venezianische Gondeln, Athener Ruinen und Kriegstrophäen – alles in köstlichem weißem Zukkerwerk auf Nougatsockeln geformt und mit Girlanden aus gesponnenem Zucker oder in grüner Mandelmasse kunstreich gestalteten Palmen geschmückt.

Zu einem gesellschaftlichen Mittelpunkt jedoch wurden die Gastmähler des Zweiten Konsuls nicht, weil an seiner Tafel keine Unterhaltung davon ablenken durfte, sich in das Wesen der Speisen zu versenken und sie gebührend zu würdigen, obwohl in anderen Häusern die Konversation voller Charme und Grazie war. Nach Carême, dem großen Gastronomen, der zehn Jahre lang die Küchen Talleyrands regierte, waren dessen Tischgesellschaften »ausgezeichnet durch die Zierde der Klugheit und den Schmuck der Würde«; der beinahe ewige Außenminister Frankreichs war freilich unter dem »Ancien régime« zum Mann geworden und der vornehmste Vertreter des »süßen Lebens«.

Einfacher ging es im Heim des amerikanischen Gesandten, Robert Livingston, zu, der für seine Offenheit im Umgang und die Schlichtheit seiner Kleidung wie für den Anstand und die Würde, mit denen er seine Republik vertrat, besonderes Lob erntete. Er gab sich völlig ungezwungen und natürlich, und obwohl er nicht den Stil der hohen Würdenträger des Konsulats pflegte, galt der Kreis, der sich in seinem Hause traf, als geselliger denn irgendein anderer. Leider konnte sich Livingston selbst wegen seiner Schwerhörigkeit an der Unterhaltung nur wenig beteiligen.

In den Pariser ausländischen Gesellschaftszirkeln bewegte sich die Konversation vor allem um das neue Regime. Während die Damen eifrig die Moden und die letzten Schöpfungen des allmächtigen Coiffeurs Hippolyte erörterten, waren die Herren weit mehr interessiert, ihre Meinungen über die möglichen Folgen der Wahl Bonapartes zum Konsul auf Lebenszeit auszutauschen.

Wenn diese Wahl für die Nation auch ein tiefer Eingriff war, so erregte sie doch nicht so sehr unmittelbares Interesse wie in Bonapartes eigener Familie, für welche die Nachfolgefrage von großer Bedeutung war und eine Menge Spekulationen hervorrief, weil jeder seine eigenen Ansprüche für bevorrechtigt hielt.

Es war jetzt offenbar, daß Joséphine, selbst wenn sie sämtliche Heilquellen Europas trockentrank, keine Kinder mehr bekommen würde. Dachte nun Napoleon weiterhin nicht daran, sich scheiden zu lassen – auf wen würde dann seine Wahl des Nachfolgers fallen? Daß dies jemand sein könnte, der nicht zur Familie gehörte, schied als undenkbar aus, aber ihre ernsthafte Befürchtung war, daß er seinen Adoptivsohn Eugène de Beauharnais zum Erben seiner Herrschaft bestimmen könnte.

Bei der sehr großen Bedeutung der Seniorität in der korsischen Tradition war Joseph der natürliche Nachfolger, aber er hatte nur zwei Töchter, und daß er noch weitere Kinder haben könnte, schien unwahrscheinlich. Außerdem würde er, als der ältere, vermutlich Napoleon nicht überleben.

Lucien hatte sich selbst ausgeschlossen, und so blieben nur Louis und Jérôme. Im Augenblick war die Frage offiziell in der Schwebe und keineswegs spruchreif, nicht aber in den Köpfen der Familie. Caroline und Murat fuhren fort, Napoleon Achille aufzudrängen, überzeugt, daß sein Anrecht nicht übergangen werden könne.

VI. Kapitel

Fürstin Borghese

Pauline war an dem Nachfolgeproblem persönlich nicht interessiert; im Gegenteil, es nahm eine Zeit vorweg, da ihr geliebter Bruder nicht mehr am Leben sein würde, ein Gedanke, dem sie sich verschloß. Sie hatte auf der Rückreise nach Paris keinen andern Wunsch als sich auszuruhen, ihre Kräfte wiederzugewinnen und das Grauen und das Leid, das sie durchlebt hatte, aus ihrem Gemüt zu verscheuchen.

Sie blieb mehrere Monate in Josephs Haus, ohne jemanden zu empfangen oder zu besuchen, bis die Erinnerungen an Hoffnungslosigkeit und Verzweiflung allmählich verblaßten und sie langsam zum Leben zurückfand. Nun wandte sie sich wieder dem zu, was früher ihr Daseinsinhalt gewesen war: ihrer Schönheit und deren Umrahmung. Sie scheint mit keinem Wort auf das Jahr zurückgekommen zu sein, das sie auf Saint-Domingue hingebracht hatte, doch ist es ihr, weil seine Folgen an ihr haften blieben, sicherlich nie völlig aus dem Bewußtsein geschwunden.

Nach Laure d'Abrantès hatte ihre Schönheit während des Aufenthaltes in den Tropen beträchtlich gelitten. Sie sei blaß, ja verwelkt zurückgekommen; wer sie vorher nicht gekannt habe, könne sich einfach nicht vorstellen, wie schön sie früher gewesen sei.

Fouché hingegen, der nie zögerte, sich über die Schwestern seines Herrn ungeschminkt zu äußern, und beispielsweise Elisa ohne Umschweife als hochmütig, reizbar, heftig, ausschweifend und verzehrt von Liebe und Ehrgeiz schilderte, meinte, daß Pauline sogar frischer und glänzender ausgesehen habe als vorher:

»Das war eine unerwartete Folge der Krankheit, von der sie mit allen Schätzen Äskulaps kuriert wurde, jenen fremdartigen Blumen gleich, die, wenn sie gedüngt werden, noch schöner und in leuchtenderen Farben blühen!«

Heute ist es nicht leicht, das Besondere der Schönheit Paulines zu erfassen, denn keines ihrer Bildnisse bestätigt ihren Ruf, eine der schönsten Frauen ihrer Zeit gewesen zu sein. Alle ihre Porträts zeigen den gleichen geschmeidigen Körper, denselben erlesen geformten Mund und die gleichen schönen Augen, aber ihr einzigartiger Zauber, das Verführerische ihres Ausdrucks und ihre Anmut, ihre Haltung, ihr Gang, die Art, wie sie den Kopf wendete – all dies, was ihre Zeitgenossen hinreißend fanden, hat den Anstrengungen der Maler getrotzt, es auf die Leinwand zu bannen.

Mit seiner Skulptur Paulines als »Venus Victrix« hat Canova die Linien ihrer Gesichtszüge zugegebenermaßen ins Klassische gesteigert, wenn er auch um ihre Lippen ein irdisches Lächeln spielen ließ, das an die »seltsamen Gedanken, phantastischen Träumereien und außergewöhnlichen Leidenschaften« der Gioconda erinnert.

Fast alle schönen Frauen sind auf ihre Schönheit eingebildet; es ist also kleinliche Krittelei, wenn man Pauline ihre unverdrossenen Bemühungen vorwirft, sich ihre Schönheit und die Bewunderung, die sie erregte, zu erhalten. Wenn sie sich diesem Kult hingab, so lauerte dahinter das nagende Bewußtsein, daß alle Schönheit sterben muß. Wäre Leclerc noch am Leben gewesen, so hätten sich unter seinem Einfluß in ihr möglicherweise ernstere Interessen geregt und entwikkelt, aber er war tot, und nun mußte seine Witwe eine Bestandsaufnahme ihrer neuen Lage machen.

Sie fand sich hinreichend wohlhabend; Leclerc hatte schließlich genug Geld angesammelt, sie gut versorgt zurückzulassen, und von Napoleon bekam sie ansehnliche Geldgeschenke. Bezeichnenderweise war das erste, was sie nach dem Erwachen neuen Lebenswillens tat, daß sie sich die luxuriöse Equipage kaufte, von der sie immer geträumt hatte. Aber das allein genügte nicht. Sie konnte nicht ständig bei Joseph leben, und als das Nachbarhaus, das Hôtel Charost, zum Verkauf angeboten wurde, erwarb sie es; die günstige Gelegenheit, ein eigenes Heim zu gründen, lockte verführerisch.

Der Besitz eines Hauses und eines Wagens machte ihr solche Freude, daß damit der Heilungsprozeß fast abgeschlossen war. Wenn schon so jung Witwe, dann wollte sie wenigstens eine fröhliche sein. Schließlich gehörte alles Leben den Lebenden und war dazu da, gelebt zu werden. Fortgesetztes Trauern würde ihr den »kleinen Leclerc« auch nicht zurückbringen. Und bald stak sie wieder tief in wichtigen, ihre

Tage ausfüllenden Besprechungen mit den geschmackvollsten Möbeltischlern von Paris, mit den Brüdern Jacob, den Sekretär- und Vitrinenschreinern, mit der Porzellanmanufaktur in Sèvres und mit Biennais, der feines Gold- und Silbergeschirr entwarf. Und nun, da sie ihr Witwenkleid ablegte, war es auch höchste Zeit, bei Mademoiselle Lolive, Mademoiselle Beuvry, Madame Germond und natürlich bei Leroy Kleider und Hüte und spinnwebzarte Wäsche zu bestellen.

Louis-Hippolyte Leroy spielte im Leben der Frauen der napoleonischen Zeit und lange danach eine sehr bedeutende Rolle. Er kannte alle Geheimnisse der großen Damen; er wußte in jedem Fall, wem zuliebe sie durchsichtige, mit feinen »point d'Angleterre«-Spitzen besetzte Négligés bestellten, und welchen ihr Gatte eine Szene machte, wenn seine, Leroys, Rechnungen eintrafen. Pauline hatte jetzt keinen Gemahl, der gegen ihre Extravaganzen hätte protestieren können, aber sie besaß einen untrüglichen Sinn dafür, was Dinge eigentlich nur kosten durften, und so gab sie oft Aufträge an Leroys Konkurrenten, weil diese billiger waren.

Wirklich ersetzen freilich konnte ihn niemand, denn als Damenschneider war er geradezu ein göttliches Wesen. Er ließ sich mit Hilfe der Maler David und Debucourt von Statuen griechischer Götter und Göttinnen inspirieren. Aus ihren Skizzen klassischer Vorbilder entwickelte er seinen Empire-Stil, der das Empire überdauerte, die lange, anmutige, prächtig bestickte Tunika, die kurzen Puffärmel, die unter den Achselhöhlen verlaufende Taille und das so tiefe Décolleté, daß vom Busen viel dem winzigen Mieder entschlüpfte, was eigentlich hätte darin versteckt bleiben sollen.

Seinen unvergleichlichen Ruf verdankte Leroy Joséphine. Als die Comtesse de Beauharnais noch zu den leicht zweifelhaften Sternen am Rande der Gesellschaft des Directoire gehörte, kreuzte ihr Weg den des einstigen Friseurs. Fortan stiegen sie zusammen in die große Welt auf, sie zu der ziemlich unsicheren Stellung der Gemahlin des mächtigsten Mannes Frankreichs, er zu der Position des absoluten, unbestrittenen Diktators der Mode.

Als die älteren Brüder Paulines bemerkten, daß sie die Fäden ihres Lebens wieder aufnahm und daß einer davon zu Lafon führte, begannen sie sich nach einem Ehemann für sie umzuschauen, denn es war vorauszusehen, daß sie, ihren eigenen Einfällen überlassen, alle nur möglichen Torheiten begehen würde.

Pauline hatte, wie stets, ihre eigenen Ideen, und ihre augenblickliche hieß Camillo Borghese. Sie war ihm zuerst in Josephs Haus begegnet, war sehr angetan von ihm und sah ihn danach zu wiederholten Malen wieder. Wie gut sie ihn jedoch wirklich kannte, ist immer eine offene Frage geblieben.

Fürst Borghese war achtundzwanzig Jahre alt, Träger eines der vornehmsten Namen Italiens und unermeßlich reich. Als sehr junger Mann war er ein glühender Revolutionär gewesen und sogar in die französische Armee eingetreten. Mit seinem hohen Wuchs, dem üppigen gewellten schwarzen Haar und Backenbart war er eine ausgezeichnete Erscheinung, und sein aristokratisches Air machte ihn »in jedem Salon zu einer willkommenen Bereicherung«.

Napoleon war Borgheses Aussehen gleichgültig, aber er erfaßte die Bedeutung einer Ehe, die in seiner Politik, die Italiener zu beschwichtigen, ein Aktivposten sein würde, und so begrüßte er die Gelegenheit, endlich eine seiner Schwestern seinen politischen Zielen dienstbar machen zu können. Die französische Aristokratie hielt Pauline wegen der Möglichkeit, sich mit einer blaublütigen Familie zu verbinden, für sehr glückbegünstigt, während es seltsamerweise die Italiener waren, die meinten, Borghese handele für seine Person sehr vorteilhaft, wenn er eine Bonaparte eheliche.

Borghese war von Pauline gefesselt, doch höchst beunruhigt, als die Rede aufs Heiraten kam. Indessen hatte auch er wie Mr. Bingley seinen Freund Darcy [Gestalten aus dem berühmten zeitgenössischen Roman von Jane Austen »Pride and Prejudice«], und zwar in dem Chevalier Angiolini, einem italienischen Diplomaten. Dieser war in Italien Joseph Bonaparte begegnet. Sie hatten sich angefreundet, und so gelangten sie bald einmütig zu der Ansicht, daß Borghese für Pauline ein idealer Partner wäre. Es dauerte nicht lange, und Angiolini hatte herausgefunden, daß die beiden sehr ineinander verliebt waren. Er meinte, sie würden ein glückliches Paar werden, und bekam es schließlich fertig, Borghese zu einem Heiratsantrag zu überreden.

Pauline war auch diesmal so darauf versessen, rasch geheiratet zu werden, daß sie das Dekret ihres Bruders, eine Witwe müsse zehn Monate warten, bevor sie sich wiederverheirate, in den Wind schlug. Deshalb wurden sie und Borghese, Ende August 1803, in Mortefontaine in aller Stille getraut, ohne daß Napoleon davon unterrichtet worden wäre, obwohl die übrigen Familienmitglieder zugegen waren – außer Elisa, die wieder ein Kind erwartete. (Ihre Hoffnung, dieses Kind nicht wieder zu verlieren, wurde enttäuscht; ihr Sohn blieb nur einen Monat am Leben.)

Elisa hatte sich zum Trost über den Verlust von Luciens Gesellschaft und seines Heimes, in dem sie gelebt hatte, ein großes neues Haus gekauft, das mitten im Faubourg St. Germain gelegene Hôtel Maurepas. Sie war befriedigt, als Bacciocchi endlich zum Obersten befördert wurde, und konnte dank regelmäßigen großzügigen Zuwendungen Napoleons alte und viele neue Freunde in einem, wie sie meinte, ihr angemessenen Stil empfangen, während sie der Kauf eines Landhauses bei Neuilly mit ihren Schwestern gleichstellte.

Die allgemeine Auffassung, daß die Schwestern aufeinander neidisch gewesen seien und daß sie viel ihrer Zeit darauf verwendet hätten, sich auf Kosten der anderen Vorteile zu verschaffen, läßt sich kaum begründen. Selbstverständlich gab es zwischen ihnen gewisse Rivalitäten, doch auch nicht mehr, als natürlich war. Aber ihre Interessen und Fähigkeiten wie ihre Lebensziele waren zu verschieden, als daß sie einander ernstlich ins Gehege gekommen wären. Tatsächlich verband sie gegenseitige Zuneigung, wenn sich auch Pauline und Caroline näherstanden als beide der älteren Elisa; als hübsche Frauen ohne großen Altersunterschied hatten sie mehr Gemeinsames.

Pauline konnte ihre Heirat Napoleon nicht lange verheimlichen. Er war über die Nichtbeachtung seiner Anordnung so ungehalten, daß er ihr unmittelbar nach der Ziviltrauung im November mitteilte, sie habe sofort nach Rom abzureisen, und dieser Aufforderung alle jene vertrauten familiären Ermahnungen über richtiges Betragen anschloß:

»Mache durch Güte und Höflichkeit gegen jeden auf Dich aufmerksam. Es wird von Dir mehr erwartet als von irgend jemand anderem. Vor allem passe Dich den Bräuchen des Landes an; setze nie etwas herab, und sage nicht: ›Wir machen das in Paris besser‹. Liebe Deinen Gatten, bereite ihm ein glückliches häusliches Leben und sei nicht leichtsinnig oder launenhaft. Du bist vierundzwanzig, und es ist Zeit, daß Du reif und vernünftig wirst.«

Allein, so eifrig Pauline auch bemüht gewesen sein mag, dem Rat ihres Bruders zu folgen – sehr bald bemächtigte sich ihrer in Rom Enttäuschung. Nicht einmal die Schönheit der Stadt und die Herrlichkeiten des Palazzo und der Villa Borghese konnten sie mit einem

Ort versöhnen, von dem sie fand, daß er in jeder Hinsicht weit hinter Paris zurückbleibe. Sie zeigte sich keineswegs von ihrer besten Seite und holte sich über ihren Onkel Fesch, der sie offenbar verklatscht hatte, einen Verweis. Obwohl Napoleon gegen Feschs Mitteilungen einwandte, er glaube nicht die Hälfte von dem, was er ihm hinterbracht habe, ließ er ihn an Pauline eine Zurechtweisung übermitteln:

»Sagen Sie ihr, daß sie nicht mehr so schön ist wie sie war, und daß sie es in ein paar Jahren noch weniger sein wird, daß sie aber ihr ganzes Leben lang gut sein und Achtung erwecken sollte. Sie möge sich anstelle ihrer gegenwärtigen schlechten Aufführung, derentwegen sie selbst in den lockersten Kreisen von Paris schief angesehen werden würde, einer gesellschaftlichen Haltung befleißigen, die ihres Ranges würdig sei.«

Pauline muß sich durch einen solchen Rüffel mißhandelt gefühlt haben. Sicherlich wußte ihr Bruder nicht, wie schwer das Leben für sie geworden war. Weder konnten Camillos Vorzüge, sein Adel und sein Reichtum, seine Mängel ausgleichen, noch vermochte seine Gegenwart sie damit zu versöhnen, daß sie von ihren Familienangehörigen und von Paris getrennt war und unter den Augen einer strengen Schwiegermutter in einer Provinzstadt leben mußte.

Der arme Borghese wurde von Lamartine für alle Zeiten eingeordnet als ein Mann, »dazu geboren, sich und anderen Freude zu machen, nicht aber, zu herrschen, ein weibischer Mann, ein nachsichtiger Ehegatte und ein farbloser Fürst«.

In diesen ersten Monaten seiner Ehe war Borghese offenbar nicht ganz so nachsichtig. Schon bevor das junge Paar aus Paris abreiste, beklagte er sich bei Angiolini über seine Frau, worauf ihn sein Freund mit einem vernünftigen Rat zu beruhigen suchte:

»Meiner Meinung nach kommt eine Menge Verdruß daher, daß Sie noch zu sehr verliebt sind. Geben Sie Pauline einen Sohn, und Sie sind dem Ziel, mit ihr glücklich zu sein, ein gutes Stück näher.«

Das eben war der Haken. Borgheses Zeitgenossen behaupteten verächtlich, daß er gar nicht imstande gewesen sei, diesen Wink zu befolgen. Aber ist nicht Angiolini, sein engster Freund, ein verläßlicherer Zeuge als nach Bosheit schmeckender Klatsch? Da Angiolini seinen Rat jahrelang wiederholte, muß er gewußt haben, daß es nicht Borgheses Möglichkeiten überstieg, ihn zu befolgen, auch hätte andernfalls Camillo in den Heiratsvertrag nicht eine eigene Klausel eingefügt, durch welche die Interessen der aus der Ehe hervorgehenden Kinder geschützt werden sollten, noch hätte er später seinen Freund, als dessen Frau ein Kind erwartete, mit den sehnsüchtigen Worten beglückwünscht: »So etwas kann mir nicht widerfahren; dazu sind wir zu weit voneinander entfernt. Auch ich ließe mich sehr gern ›Vater‹ nennen.«

Vom Klatsch abgesehen, deuten alle tatsächlichen Umstände darauf, daß Borghese für Pauline unzureichend gewesen sein mag, keinesfalls aber außerstande, ein Kind zu zeugen, und daß es in Anbetracht der schweren Geburt Dermides und Paulines dauernden Kränkelns sehr wohl ebenso an ihr gelegen haben kann, wenn die Ehe mit Borghese kinderlos blieb.

Zweifellos empfand Pauline, nachdem der erste Reiz verflogen war, Camillo gegenüber eine Art physischer Abneigung; zu der seelischen gegenseitigen Anpassung aber, die zu einem einigermaßen harmonischen Zusammenleben notwendig ist, waren beider Charaktere in vieler Hinsicht zu ähnlich. Sie teilte seine Vorliebe für üppigen Luxus, und weil es »Borgheses Hauptbeschäftigung« war, »jede Mode mitzumachen, bemerkt zu werden und seine Erscheinung dauernd bewundert zu finden«, waren er und Pauline in ihren Anstrengungen, die öffentliche Aufmerksamkeit an sich zu fesseln, einfach Rivalen.

In wenigen Monaten war Pauline der römischen Gesellschaft und Camillos müde. Sie war intelligent und schlagfertig, er ein Tölpel mit geringer Bildung. Wie ungenügend ihre eigene Erziehung auch gewesen war, so hatte sie doch fünf Jahre an der Seite Leclercs gelebt und empfand daher den Unterschied zwischen einem Mann mit Kultur und einem, der nichts davon besaß, sehr wohl. Camillo langweilte sie im Salon und enttäuschte sie im Schlafzimmer. Trotz Angiolinis optimistischen Versicherungen, daß alle ihre Mißhelligkeiten im Grunde nichts als Streitigkeiten zwischen Liebenden seien, sagte sich Pauline sehr bald, daß ihre Heirat ein Irrtum war.

Nicht einmal, daß ihre Mutter zu ihr nach Rom gekommen war, noch das Wohlwollen des Papstes, noch die eifrige Freundlichkeit, mit der die Römer sie aufgenommen hatten, konnten daran etwas ändern. Wieder einmal erschien auf ihrer Hand der Wundfleck, und sie beklagte sich über das römische Klima, das für sie unerträglich sei, was zutreffend gewesen sein mag, wenn sie sich in Saint-Domingue tatsächlich mit Malaria infiziert hatte. Bei ihrem schlechten Gesundheitszustand und ihren gereizten Nerven bat sie schließlich Napoleon, nach Paris zurückkehren zu dürfen, aber ihre Bitten erfuhren die gleiche Aufnahme wie die Murats: Napoleon weigerte sich entschieden, ihr zu erlauben, daß sie ihren Mann und ihre Pflichten als Ehefrau im Stiche ließ. Ihr Platz sei in Rom, und dort habe sie jetzt vorderhand zu bleiben.

Caroline war glücklicher daran. Sie war kurz vor Paulines Heirat nach Mailand zurückgekehrt und hatte dort am 16. Mai 1803 ihr drittes Kind zur Welt gebracht, den zweiten Sohn. Daß sie ihn nach dem in Ungnade gefallenen Bruder Lucien nannte, war so etwas wie eine Geste der Unabhängigkeit.

Es wäre höchst angenehm gewesen, die Frau des Oberbefehlshabers in Italien zu sein und wieder in einem Palast zu wohnen, hätte sich nicht Murat dauernd mit den Zivilbehörden in den Haaren gelegen. Draufgängertum mag auf dem Schlachtfeld eine wünschenswerte Eigenschaft sein, paßt aber schlecht zu einem Verwalter; je überstürzter Murat handelte, in desto größere Verlegenheiten verwickelte er sich. Das wurde Caroline zusehends klar, und sie sagte sich, daß nur ihre Anwesenheit in Paris in der Nähe ihres Bruders Murat davor bewahren könne, ihre gemeinsame Zukunft aufs Spiel zu setzen. Ebenso wichtig wie zu atmen war für sie herauszufinden, mit welchen Gedanken sich Napoleon trug, und was in den Kabinettsberatungen beschlossen wurde. Wieder in Paris, würde sie imstande sein, ihre eigenen Methoden zu verfolgen, ohne durch Murats Talent, die falschen Entscheidungen zu treffen und sich aller Leute Feindschaft zuzuziehen, gehindert zu werden.

So machte sie sich abermals auf den Weg zu einer dieser endlosen Fahrten durch das halbe Europa. Doch reiste sie infolge ihres beinahe königlichen Ranges diesmal bequemer, in einer mit sechs Pferden bespannten Kutsche, und wurde in jeder Stadt, in der sie rastete, fast so ehrerbietig empfangen wie eine Souveränin. Kein Wunder, daß ihre an sich niemals geringen Vorstellungen von ihrer eigenen Bedeutung noch beträchtlich gesteigert wurden, bis sie in Paris ankam.

Verborgen hinter dem Äußeren einer hübschen, leichtsinnigen Frau, entwickelte sich Carolines Intelligenz rasch. Die Heirat hatte ihre bis dahin gebundenen Kräfte freigemacht, und ihr Verstand war durch die Berührung mit Männern von Format, denen sie in der Gesellschaft dauernd begegnete, geschärft worden. Sie war klug genug, nicht eine Kultur vorzugeben, die sie nicht besaß, und überließ die Intellektuellen und Literaten gern Elisa; aber ihr vortreffliches Gedächtnis erlaubte ihr, sich über jedes Thema zu unterhalten, das sie einmal hatte erörtern hören. Ihr natürliches scharfes Urteilsvermögen und ihre praktische Übung darin leisteten ihr bessere Dienste, als ihr die reine Schulbildung, die sie verschmäht hatte, hätte nützen können.

Sie fand sich in dem wachsenden Bewußtsein ihrer Kräfte bestätigt, als sie merkte, daß sie ihren Bruder zu beeinflussen vermochte, und als jetzt ziemlich sicher war, daß sie durch die Stärke ihrer Persönlichkeit erreichen konnte, was sie wünschte, erweiterte sich der Bereich ihrer Ambitionen, »es kam der Appetit beim Essen«.

Möglich, daß ihr gar nicht bewußt wurde, wie ehrgeizig sie war, und daß die Worte ihres Bruders auch auf sie zutrafen: »Ich habe keinen Ehrgeiz, oder wenn doch, dann ist er mir so eingeboren, so innig mit meinem Dasein verbunden wie das Blut, das in meinen Adern fließt, oder die Luft, die ich atme.«

Caroline genoß den Willenskampf mit ihrem Bruder, aber den mit ihrem Gatten fand sie allmählich erschöpfend und sinnlos; sie war noch jung und anmaßend genug, um ihre Methoden in jedem Fall für besser zu halten als seine.

Zum Ziel hatte sie sich Murats Betrauung mit dem ungeheuer wichtigen Posten des Gouverneurs von Paris gesetzt, aber es stand für sie fest, daß Joachim, wenn er an den heiklen Verhandlungen teilnahm, die notwendig waren, diese Ernennung zu sichern, durch seine leichte Erregbarkeit und seine Plumpheit alles verderben würde. Deshalb legte sie ihm diplomatisch nahe, in sein Heimat-Departement Lot zurückzukehren und die dortigen Wahlen zur Gesetzgebenden Versammlung zu beaufsichtigen – ein Vorschlag, den er wegen der Möglichkeit begrüßte, seine Familie wiederzusehen, vor allem seine Mutter, an der er zärtlich hing. Die kleinen Gemeinden La Bastide-Fortunière und Mongesty, wo seine Eltern, Brüder und Schwestern lebten, waren begeistert, in dem berühmten General den Joachim Murat wiederzufinden, den sie gekannt hatten. Er machte sich nie wichtig, wenn er mit seinen alten Freunden beisammen war, sondern gab sich herzlich und vertraut und faßte die Dorfschönen unters Kinn, wie er es als junger Soldat getan hatte.

Carolines Diplomatie erwies sich als ausgezeichnet. Als er mit einer großen Mehrheit nach Paris zurückkam, fand er sich zum Gouverneur von Paris sowie zum Kommandanten des Ersten Militärbezirkes und zum Kommandeur der Nationalgarde ernannt. Allerdings mußte er bald entdecken, daß in seiner neuen Stellung die Schwierigkeiten die Würden überwogen.

Bonaparte konnte seine Position als Erster Konsul nicht sichern, ohne auf Widerstand zu stoßen. Auf den Anschlag in der Rue St. Nicaire folgte eine royalistische Verschwörung, in die General Moreau verwickelt war. Bei dem gewaltigen Ansehen, das Moreau als Soldat genoß, konnte man es nicht wagen, über ihn eine schwerere Strafe zu verhängen als Gefängnishaft, wohingegen seine Mitverschworenen erschossen wurden. Nach seiner Entlassung ging er ins Exil und blieb für das Regime eine ständig drohende Gefahr. Bonaparte hatte allen Grund, sich bittere Gedanken zu machen; noch in späteren Jahren nagte die Erinnerung an ihm: hätte Moreau Caroline geheiratet, so wäre er fest an die Sippe gebunden worden, aber Caroline hatte es, eigensinnig wie immer, anders gewollt: »Sie hat kein Verständnis für meine Stellung.«

Seine Bitterkeit wuchs, als Murat sich dem summarischen Verfahren gegen den Herzog von Enghien und seiner Verurteilung zum Tode entgegenstellte. Der junge Bourbonenprinz war entführt und unter dem Vorwand der Mitschuld an dem royalistischen Komplott nach Paris gebracht worden.

Die förmliche Verantwortlichkeit für den Prozeß und das von vornherein feststehende Urteil lastete auf Murat als dem Kommandanten der Festung Vincennes, wo Enghien in Haft gehalten wurde. Er und Caroline waren sich klar darüber, daß es seinem Ruf für immer schaden könnte, wenn er in die Affäre verwickelt würde. Murat bewies in diesem Fall mehr politischen Scharfsinn als der Erste Konsul und tat sein Möglichstes, diesem zur Vernunft zu raten, doch fiel er angesichts der Drohung Bonapartes um, er werde ihn aller Ehren entkleiden und in seine Berge zurückschicken. Sein Toben und auch seine Krankheit nützten ihm nichts. Vor die Aussicht gestellt, alles zu verlieren, was er sich erlangt hatte, beugte sich Murat dem Befehl und bestätigte damit Bonapartes Urteil über ihn, vor dem Feind ein Löwe, wenn nicht am Feind aber ein Weib zu sein.

Mit dem Befehl, die Kommission für das Verfahren gegen Enghien zu bilden, hörte Murats Verantwortlichkeit auf. Es war Savary, der

Vollstrecker vieler schmutziger Aufträge Napoleons, der seinen Adjutanten den Feuerbefehl geben ließ, als die Farçe der Gerichtsverhandlung vorüber war. Die moralische Verantwortung aber konnte Murat nicht von sich abschütteln.

Am 21. März 1804 stand Louis de Bourbon, Duc d'Enghien, beim flackernden Licht einer Laterne einem Erschießungskommando gegenüber. Die Gruppe feuerte, und als er fiel, war sein Gesicht nicht mehr zu erkennen. Murat war nicht zugegen, aber er erfuhr, daß die Salve Enghiens Gesicht zur Unkenntlichkeit verstümmelt hatte, und er vergaß es nicht.

Die Anzettelung und Enthüllung von Komplotten erleichterten den allmählichen Übergang zur Monarchie. Daß sie kommen werde, darüber gingen schon seit langem Gerüchte um. Sie war durch die Errichtung des Konsulats auf Lebenszeit unumgänglich geworden; das durch diese Stellung und Würde erzeugte Klima verlangte danach, daß Bonaparte dringend einen Titel annahm und eine neue Dynastie gründete. Selbst die glühendsten Revolutionäre mußten zugeben, daß ohne Bonaparte Frankreich nichts war, und trotz ihrem Widerwillen gegen monarchische Einrichtungen reizte der Gedanke an ein Kaiserreich unwiderstehlich ihre Phantasie. Eines stand fest: war die Monarchie auch eine alte Einrichtung – mit Bonapartes Großtaten und Errungenschaften würde sie in neuem Gewand erstrahlen. Und was die Masse des französischen Volkes anging, so war sie von der Vorstellung durchaus angetan, daß es wieder einen Hof mit hohen Würdenträgern und prunkvollen Zeremonien geben würde, brächte er ihnen doch vieles von dem zurück, was sie im stillen immer schmerzlich vermißt hatten. Ihre Erwartungen wurden für eine lange Zeit gerechtfertigt.

VII. Kapitel

Kaiserliche Hoheiten

Am 18. Mai 1804, einem Freitag, begab sich der Senat, geleitet von einem Kavallerieregiment, geschlossen nach St. Cloud und rief Napoleon Bonaparte zum Kaiser der Franzosen aus. Auf Cambacérès' lange, feierliche Ansprache erwiderte er mit Festigkeit und Würde:

»Ich nehme den Titel an, von dem Sie glauben, daß er zum Ruhm der Nation beiträgt. *Ich hoffe, daß Frankreich niemals die Ehrungen bereuen wird, mit denen es meine Familie auszeichnen will.* Was immer geschehen mag, mein Leben wird von dem Tag an nicht der Nachwelt angehören, an dem ich nicht mehr die Zuneigung und das Vertrauen der ganzen Nation verdiene.«

Die Wahl der Worte war bedeutsam. In diesem entscheidenden Augenblick seiner Laufbahn hätte er die Familie noch zurückweisen und seine Dynastie allein auf Verdienst gründen können. Trotz seinem Groll gegen einige ihrer Mitglieder und seiner Unzufriedenheit mit andern konnte er sich nicht dazu entschließen. Es hätte nicht nur dem Erbfolgeprinzip widersprochen, das er mit allen ihm innewohnenden Gefahren übernommen hatte, sondern auch seiner eigenen Traditionsgebundenheit, seiner persönlichen Überzeugung und seinen Neigungen. Durch seine Handlung verpflichtet, lieferte sich Samson mit gefesselten Händen und Füßen den Philistern aus.

Der erste kaiserliche Amtsakt zog die Schnüre ein wenig fester. Joseph Bonaparte wurde zum Grand Électeur, Louis Bonaparte zum Konnetabel von Frankreich ernannt. Beide und ihre Frauen wurden zu Prinzen und Prinzessinnen mit dem Titel Kaiserliche Hoheit erhoben. Lucien, der Verbannte aus eigenem Willen, und Jérôme, der sich durch die unautorisierte Verheiratung mit einer jungen Amerikanerin, Elizabeth Patterson, die Gunst seines Bruders verscherzt hatte, wurden übergangen, ebenso die Mutter und die Schwestern des Kaisers.

Bei dem Familien-Diner zur Feier der Gründung des Empire ließ Napoleon boshafterweise keine Gelegenheit vorübergehen, Julie und Hortense mit ihren neuen Titeln anzusprechen, was Elisa und Caroline, die tief gekränkt waren, weil ihr Bruder sie von der Verteilung der Würden ausgeschlossen hatte, nur noch mehr aufbrachte.

Caroline goß krampfhaft ein Glas Wasser nach dem andern in sich hinein, als wollte sie ihren verwundeten Stolz und ihre Demütigung hinunterspülen. Was hatten ihr alle Anstrengungen genützt, sich bei Joséphine und Napoleon einzuschmeicheln? Wenn ihr schwesterliches Verwandtschaftsverhältnis ihm nicht genügte, sie so auszuzeichnen wie ihre Brüder, dann forderten es Murats Dienste. Beherrschter, doch nicht weniger verärgert, saß Elisa während des ganzen Mahls steif und stumm da.

Pauline nahm an diesem quälenden Festessen nicht teil. Die echte Prinzessin, die Fürstin Borghese, mühte sich in Rom ab, die Erlaubnis zur Rückkehr nach Paris zu erlangen. Auch Napoleons Mutter war nicht Zeugin der Apotheose ihres Sohnes. Sie zog es vor, in dieser glorreichen Stunde seines Schicksals in Rom bei dem Bruder zu bleiben, der ihm Trotz geboten hatte.

Der nächste Tag sah eine der alten Herrlichkeiten Frankreichs wiedererstehen, als achtzehn der bedeutendsten Generäle zu Marschällen von Frankreich ernannt wurden, darunter Joachim Murat, obwohl er zu den dienstjüngsten Generälen gehörte. Doch die ihrem Gatten erwiesene Ehre hinderte Caroline nicht, später am Tag zusammen mit Elisa ihren Bruder aufzusuchen und ihm eine Szene zu machen, von der berichtet worden ist, sie sei einer Furie würdig gewesen.

Napoleon pflegte mit Vergnügen zu bemerken, daß er mit Caroline immer eine regelrechte Schlacht auszufechten habe. Diesmal aber trug sie den Sieg davon, und es wurde im »Moniteur« amtlich bekanntgegeben, die Schwestern des Kaisers und ihre Ehegatten seien mit dem Rang von Prinzessinnen und Prinzen bekleidet worden, und die Schwestern hätten den Titel Kaiserliche Hoheit erhalten. Seine Mutter war bezeichnenderweise abermals übergangen worden: sie blieb Madame Bonaparte, Mutter des Kaisers. Erst ein Jahr später wurde sie Madame Mère mit dem Titel Kaiserliche Hoheit.

Vermutlich hatte Napoleon von vornherein beabsichtigt, seinen Schwestern den kaiserlichen Rang zu verleihen, aber der Versuchung nicht widerstehen können, sie zu necken und sie dahin zu bringen, daß sie ihm schmeichelten und darum bettelten. Ebenso wahrscheinlich wollte er ihnen auch die subtile Lehre erteilen, daß künftig jede Ehre, jede Auszeichnung und jede Gewährung eines Vorteils allein in seiner Hand liege.

Damit aber hatte er sich auch diesmal verrechnet, denn jemandem aus freiem Willen etwas geben ist eine Sache, dazu genötigt werden eine andere. Die Erfahrung hätte ihn lehren können, daß er, wenigstens soweit Caroline in Betracht kam, ein schlechter Psychologe war und daß in der Regel sie ihren Kopf durchsetzte. Als er jetzt den aufdringlichen Wünschen seiner Schwestern nachgab, schuf er einen Präzedenzfall und machte sich hinkünftig für Forderungen verwundbar, die immer dringender wurden und immer höher ausgriffen.

Nachdem nun die Schwestern vorläufig beruhigt waren, wandte

er sich, der neue Kaiser, wichtigeren Dingen zu. Bereits nach vierzehn Monaten unsicheren Friedens war es mit England wieder zum Krieg gekommen, und da es auf dem europäischen Kontinent keinen Fleck Boden gab, wo Franzosen und Engländer hätten aufeinandertreffen können, beschloß Bonaparte, den Krieg nach der Insel selbst zu tragen. Dazu begann er in Boulogne ein gewaltiges Feldlager aufzuschlagen und eine Invasionsflotte von Prahmen zu versammeln. Ganz offensichtlich hatte er seine Worte von 1798 vergessen: »Der richtige Augenblick, diese Invasion vorzubereiten, ist vorbei, vielleicht für immer.«

Pauline schienen Kriege wie Friedenszeiten gleich wenig wichtig, außer dem Krieg der Nadelstiche, den sie jetzt mit Camillo führte. Ihr neuer Rang einer Kaiserlichen Hoheit beeindruckte sie im Augenblick nur insoweit, als sie dadurch einen zusätzlichen Stachel in die Hand bekam, den sie gegen Borghese anwenden konnte. In dem Maße, wie seine Unzulänglichkeit immer mehr an ihren Nerven zerrte, wuchs auch die Spannung zwischen ihnen. Umgeben von Mutter, Onkel und Schwiegermutter fand Pauline auch keine Gelegenheit, anderweitig Trost zu suchen. Ein unbefriedigender und unangenehmer Ehemann, eine langweilige Gesellschaft und ein Bruder, der ohne die geringste Anteilnahme fortfuhr, sie daran zu erinnern, daß ihr Platz an der Seite ihres Gatten sei und daß sie, wenn sie ohne ihn nach Frankreich zurückkehre, die Zuneigung des Kaisers verliere, all das zusammen machte Pauline wirklich krank, so daß sie sich manchmal wünschte, noch Madame Leclerc mit einem bescheidenen Einkommen zu sein statt Ihre Kaiserliche Hoheit, die Fürstin Borghese, mit Millionen.

Da es das wichtigste war, erst einmal ihre Gesundheit wiederherzustellen, also vor allem aus dem unerträglichen römischen Klima wegzukommen, reisten die Borghese unter hochherrschaftlichem Aufwand nordwärts in die Toscana; Dermide blieb in einer der Borghese-Villen in Frascati in der Obhut seiner Kinderfrau zurück.

Von Pisa, das sie schön und angenehm fand und wo sie die Heilquellen aufsuchte, reiste Pauline weiter nach Florenz. Hier posierte sie Canova zu dem jetzt weltberühmten Marmorbildwerk. Während man in der Gesellschaft Anstoß daran nahm, daß die Schwester des Kaisers buchstäblich mit einem Minimum an Verhüllung einem Bildhauer Modell saß, oder vielmehr ruhte, war Pauline der Ansicht, daß sie von Gestalt genauso schön sei wie von Angesicht und daß die Vollkommenheit ihres Körpers ein ebenso großes Kunstwerk sei wie irgendeines in einem Museum. Und wieviel größere Freude spende doch der Anblick beseelter Form als der Blick auf eine leblose! Schönheit war ein Geschenk, das man teilen, nicht horten sollte. So sparsam sie auch manchmal mit dem Geld umging, mit ihrer Person war sie immer freigebig.

Den Hang, beim Geldausgeben genau zu rechnen, hatte sie mit ihrer Mutter gemeinsam. In Lucca mit seinen Bädern, dem nächsten Kurort, den Pauline aufgesucht hatte und wohin Madame Letizia ihr gefolgt war, bereitete es beiden große Befriedigung, sparsames Wirtschaften praktisch zu betreiben. Daß über ihre Knauserei beim Metzger, beim Bäcker und beim Kerzengießer im Ort weidlich geredet wurde, scherte sie nicht; Madame Letizia nicht, weil sie sich immer vorbildlich aufführte, und Pauline nicht, weil für sie außer dem Willen ihres Bruders nur der eigene Wille galt. Pauline war, sosehr Elisa auch dagegen protestierte, ohne Frage Madame Letizias Lieblingstochter; in Gesellschaft ihrer Mutter benahm sie sich untadelig, denn ihr war sie aufrichtig ergeben.

Das regelmäßige Leben, die gute Luft und die Heilbehandlung in Lucca, das sie liebgewann, bewirkten, daß sich Paulines Gesundheitszustand und Gemütsverfassung tatsächlich besserten und sie sogar Camillos Gegenwart ertragen konnte, ja, in Briefen an Murat wohlwollend über ihn schrieb. Doch verdunkelten plötzlich böse Nachrichten die sonnige Szene.

Dermide, dem der erste Atemzug in Italien so schwergefallen war, wurde es leicht, den letzten zu tun. Er war plötzlich erkrankt, und der Tod so schnell gefolgt, daß ihn Pauline, auch wäre sie sofort zu ihm geeilt, nicht mehr lebend wiedergesehen hätte. Krankheit und Tod waren Pauline eine Zeitlang verheimlicht worden, weil sie einen Rückfall erlitten und ihre Umgebung gefürchtet hatte, diese Nachrichten könnten für ihre Gesundheit schwere Folgen haben.

Man kann Pauline nicht vorwerfen, sie habe ihren Sohn vernachlässigt, denn sie hatte ihn in guten Händen zurückgelassen. Aber sie selbst machte sich Vorwürfe; sie war vielleicht eine gedankenlose, doch nie eine schlechte Mutter gewesen. In einem Anfall von Kummer machte sie die gleiche großartige, wenn auch theatralische Geste wie für Leclerc und schnitt sich das Haar ab, um es dem Kind in den

Sarg zu legen. Pauline war nicht unnatürlich; hierfür ist ein Brief, den sie später Lucien schickte, aufschlußreich. Sie liebe seine Kinder, so schrieb sie ihm, als wären sie ihre eigenen; leider werde sie selbst wahrscheinlich keine mehr haben können.

Auf ihre Bitte, nach Frankreich zurückkehren zu dürfen, um der heiligen Pflicht zu genügen, Dermide an der Seite seines Vaters zu bestatten, konnte es nur eine Antwort geben, obwohl sich Napoleon über ihren Opportunismus wohl keinen Augenblick täuschen ließ. Aber sie hatte durch ihr schickliches Verhalten in der letzten Zeit einige gute Noten verdient. So brach denn Pauline, so traurig auch der Anlaß war, froh nach Paris auf, nach der Stadt, in der Bonapartes Schwestern tatsächlich nur einige wenige Jahre ihres Lebens verbrachten, obwohl sie sich immer dorthin zurücksehnten, sobald sie von ihr entfernt waren.

Der einzige unangenehme Umstand, der geeignet war, Paulines Freude darüber zu trüben, daß sie ihre alten Gewohnheiten wieder aufnehmen konnte, war die Anwesenheit Camillos; aber sie hatte jetzt den bequemen Ausweg gefunden, ihn zu ignorieren und den untröstlich Umherirrenden sich selbst zu überlassen. Wieder einmal in Paris versammelt, gaben sich Elisa, Pauline und Caroline der Aufregung über die bevorstehende Krönung hin, und jede fand eine angenehme Beschäftigung darin, ihren Haushalt mit ihrem neuen Stand in Einklang zu bringen. Ein Almosenier, zwei Hausgeistliche, eine Ehrendame, Hofdamen, ein Kammerherr, Stallmeister, ein Intendant, ein Privatsekretär, ein Leibarzt, Vorleser — alles in allem an die zwanzig bis dreißig Personen, führten die Bedeutung der Schwestern des Kaisers vor aller Augen.

Die gewaltigen Mehrausgaben wurden durch Geldzuwendungen ihres Bruders bestritten, der dafür von ihnen verlangte, ein großes Haus zu führen und mit verschwenderischer Gastfreundlichkeit für Zerstreuung zu sorgen, denn Frankreich sollte die erste der europäischen Nationen sein, zu ihm sollte man emporblicken und es nicht nur wegen seines kriegerischen Ruhmes, sondern auch als Königin üppigen Wohllebens und festlichen Frohsinns beneiden.

Es fiel den Bonaparte nicht schwer, diesem kaiserlichen Wunsch nachzukommen, hatten sie doch von ihrem Vater den Hang geerbt, sich schön zu kleiden und großartig aufzutreten. Sogar ihre Mutter hatte ihnen trotz ihrem sorgsamen Umgang mit Geld eingeimpft, daß man stets gut angezogen und im Geldausgeben als wohlhabend erscheinen solle, selbst wenn man dies notfalls zu Hause wieder einsparen müsse.

Die Krönung und die sie begleitenden Festlichkeiten boten ihnen eine herrliche Gelegenheit zur Prachtentfaltung, weil die zu dem großen Ereignis von Jean Baptiste Isabey, dem Hofmaler, entworfenen und von Leroy angefertigten Gewänder äußerst prunkvoll waren: Eine Schwelgerei in kaiserlich purpurnem Samt, leuchtend weißem Satin und verschwenderischer Goldstickerei, die überall das Sinnbild des Kaiserreichs zeigte, die goldenen Bienen, welche die bourbonischen Lilien verdrängt hatten. »Erst wenn die Lilien ganz von den Bienen umgeben sind, wird man ihren wahren Duft spüren«, bemerkte Philipp Guedalla.

Von sämtlichen Marschällen Frankreichs war vermutlich nur Murat mit seiner Leidenschaft für auffallende Kleidung über seinen Umhang und Rock von weißem, mit goldenen Bienen besticktem Samt und über seine Spitzenhalsbinde glücklich. Napoleon selber lachte über seinen purpursamtenen Rock, den er zu dem feierlichen Umzug trug, mit dem spanischen Schulterkragen, bestickt mit den allgegenwärtigen Bienen, und dem schwarzen Samtbarett mit acht Reihen Diamanten und zwei von einer Diamantagraffe zusammengehaltenen weißen Federn – eine Tracht, die »im Stil zwischen Renaissance und Torero schwankte.« Bei der Krönungszeremonie selbst nahm sich sein langer, über und über mit goldenen Akanthusblättern bestickter und mit Goldfransen gesäumter Umhang von weißem Seidenatlas, der die Halbstiefel überdeckte, eher wie ein sorgfältig erdachtes Nachthemd aus als wie das Gewand eines Kaisers.

Die Frauen waren glücklicher daran mit ihren anmutigen Kleidern aus weißer Seide französischer Herkunft mit den langen, goldbestickten Ärmeln und der »chérusque«, dem kleidsamen Maria-Stuart-Spitzenkragen, und den langen Hofumhängen.

Die Bürger von Paris seufzten vor Wonne über den Genuß, der ihnen bevorstand. Noch nie war ein Herrscher Frankreichs in Paris gekrönt worden, und noch nie war ein Papst eigens herbeigekommen, ihn zu salben. Die Schwestern des Kaisers teilten die Vorfreude der Pariser nicht. Sie waren bestürzt, besonders Elisa und Caroline, als sie erfuhren, daß sie Joséphines Schleppe tragen sollten. Unvorstellbar, daß sie, geborene Bonaparte, für eine Beauharnais-Kaiserin diesen Magddienst verrichten sollten! Wieder setzten sie Napoleon mit einem Temperamentsausbruch zu, der eher zu Fischweibern paßte als zu Kaiserlichen Hoheiten. Doch sie verrieten mit ihrem Sichsträuben nur, daß sie vom Wesen der monarchischen Institution, die den Souverän selbst seinen nächsten Verwandten unerbittlich entrückt, keinen Begriff hatten.

Eine im Purpur geborene Prinzessin zweifelt nicht einen Augenblick daran, daß sie gegenüber der Gemahlin des Souveräns den zweiten Platz einnimmt. Dieser Rang in der Hierarchie ist ihr von Geburt an zugewiesen, und sie wird sich, welche persönlichen Gefühle sie auch hegen mag, in der Öffentlichkeit stets untadelig benehmen; sie weiß, daß sie, wo die Gemahlin des Souveräns vorangeht, dieser zu folgen hat. Elisa, Pauline und Caroline weigerten sich indessen hartnäckig, dieses unabänderliche Gesetz anzuerkennen, womit sie sich als die Parvenus erwiesen, für die die Welt sie hielt.

Napoleon war über den verständnislosen Eigensinn seiner Schwestern mit Recht ungehalten. Er wußte sehr wohl, daß er mit der Annahme der Souveränität alle zu ihr gehörenden traditionellen Pflichten akzeptiert hatte. Er bat seine Schwestern ja nicht, die Schleppe der Joséphine de Beauharnais, sondern die des kaiserlichen Mantels zu tragen, der nicht ein Stück Samt war, sondern ein mystisches Symbol; an den Quasten dieses Mantels hingen ihr eigenes Schicksal, ihre eigenen Würden, ja ihr ganzes Dasein.

Die Krönung brachte den schlimmsten Wesenszug der Familie an den Tag. Joseph führte ein prahlerisches Unabhängigkeitstheater auf und vermied gerade noch einen Bruch mit seinem jüngeren Bruder, während Madame Letizia bei Lucien in Rom und dann auf der Heimreise unschlüssig trödelte, so daß sie erst drei Wochen nach der Krönung in Paris eintraf. Die Geschwister des Kaisers und selbst seine Mutter faßten die Privilegien, die er ihnen gewährte, beinahe als ihr ererbtes Recht auf, sträubten sich aber mit Händen und Füßen gegen die Verpflichtungen ihres neuen Standes.

Schließlich wurde ihnen jedoch klargemacht, daß sie zu gehorchen hätten oder ihren eigenen Weg gehen könnten wie Lucien und Jérôme. Der Jüngste gab allerdings bald zu erkennen, daß er die kaiserlichen Fleischtöpfe den häuslichen Gemüseschüsseln vorzog; er ließ sich von seiner amerikanischen Frau scheiden und heiratete die Dame der Wahl seines Bruders: Katharina von Württemberg.

Am Ende fügten sich die Schwestern notgedrungen, nachdem sie den Kompromiß erreicht hatten, die Schleppe der Kaiserin nicht »tragen«, sondern nur »emporhalten« zu müssen. Aber sie rächten sich, indem sie ihre Aufgabe so ungeschickt wie nur möglich ausführten, mit der Wirkung, daß die Kaiserin vom Gewicht der Schleppe fast niedergezogen wurde – woraus symbolisch die feste Entschlossenheit sprach, Joséphine den Kaisermantel eines Tages völlig von der Schulter zu zerren.

Murat trug in der Prozession die Krone der Kaiserin, wie gebannt von den im fahlen, durch die hohen Fenster von Notre-Dame gedämpften Wintersonnenlicht blinkenden Edelsteinen. Als Caroline die hohe Gestalt ihres feierlich einherschreitenden Gatten betrachtete, mag sie sich wohl gedacht haben, wieviel schöner sich diese Krone auf ihrem Haupt statt auf Joséphines ausnähme.

Sie allein hatte übrigens eine überzeugende Entschuldigung dafür, die Schleppe nicht tragen zu können, war sie doch wieder guter Hoffnung. Später sagte sie, das Gewicht des purpursamtenen, hermelinbesetzten Mantels sei kaum zu tragen gewesen. Aber zu ihrer Unpäßlichkeit gesellte sich verbissener Zorn, weil sie nun wußte, daß ihr Kind, ob Knabe oder Mädchen, keine Aussichten auf eine Nachfolge und kaiserliche Würden haben werde.

Die Nachfolgerfrage, die seit der Errichtung des Konsulats auf Lebenszeit die Familie bewegt hatte, war mit der Gründung des Empire dringend geworden. Daß es keinen unmittelbaren Thronerben geben werde, stand jetzt fest, aber der Kaiser hatte ebensowenig wie der Erste Konsul die Absicht, einen seiner Brüder seine Nachfolge antreten zu lassen. Sein Wunsch, den Sohn Louis' und Hortenses zu adoptieren, stieß bei Louis auf unerwarteten Widerstand aus dem Grunde, weil er wegen der Gerüchte über Napoleons Beziehungen zu seiner Stieftochter krankhaft empfindlich war. Caroline war an dem ihm zu Ohren gekommenen Getuschel, sein Kind könnte in Wahrheit von Napoleon stammen, nicht ganz unschuldig, obwohl sie beide wußten, daß für eine derartige Behauptung jeglicher Beweis fehlte. Aber auch den übrigen Familienmitgliedern war die Adoptionsidee unwillkommen; zwar hatte der kleine Napoleon-Louis auch bonapartisches Blut in den Adern – ob nun von Louis oder von Napoleon, kümmerte sie nicht –, aber er war auch ein Beauharnais! Der Kampf in der Familie ging weiter und reizte Napoleon zur Wut:

»Ich werde ein Gesetz erlassen, das mich wenigstens zum Herrn meiner eigenen Familie macht!«

Dies blieb ein Wunschtraum. Der Herr Frankreichs war er, der Herr Europas konnte er werden und fast der Herr der Welt – nie jedoch der Herr seiner Familie.

Aller Ungewißheit wurde am Tag vor der Krönung ein Ende gesetzt durch die Bekanntmachung, daß die Kaiserwürde auf die legitimen Nachkommen Napoleons oder, wenn er kinderlos starb, auf die Josephs oder Louis' vererbt werden solle. Lucien und Jérôme sowie ihre Nachkommenschaft wurden ausgeschlossen, ebenso die Schwestern und deren Nachkommen.

Der Ausschluß der Schwestern des Kaisers war zu erwarten gewesen, weil in Frankreich seit 1317 das Salische Gesetz herrschte. Elisa hatte zu dieser Zeit keine Kinder, und es lag ihr wahrscheinlich mehr daran, ein Kind großzuziehen, als in der kaiserlichen Nachfolge genannt zu werden. Und Pauline hatte ihren Sohn verloren, und die Aussicht, noch einmal Mutter zu werden, war gering.

Caroline hatte zwei Söhne und eine Tochter, und das vierte Kind war unterwegs, während Murat zu den hervorragenden Persönlichkeiten eines Imperiums gehörte, dessen Existenz bewies, daß Begabung und Tüchtigkeit zu den höchsten Würden führen konnten. Achille war seinen Eltern mindestens so teuer wie Napoleon-Louis den seinen, und Caroline hielt sein Anrecht, obwohl ihn Napoleon nicht vorgezogen hatte, mindestens für ebenso begründet wie den Anspruch des Sohnes ihres Bruders Louis.

So wenig sich Napoleon mit dem Gedanken abgab, einen seiner Brüder zu seinem Nachfolger zu machen, so fest war sein Entschluß, daß das französische Kaiserreich nicht die Apanage eines der Söhne Murats werden sollte. Murat mochte ein Held sein, er mochte hervorragende Dienste geleistet haben und eine glänzende Zukunft vor sich sehen, aber er war ein Narr. Und damit schien, wenigstens im Augenblick, die Sache abgetan. – Nicht jedoch für Caroline! Als leidenschaftliche Schachspielerin dachte sie immer mehrere Züge voraus, und noch war der letzte Zug nicht getan, der letzte Bauer nicht ins Spiel gebracht.

Allen persönlichen Kummer und Ärger, womit die Schwestern sich trugen, verdrängten die der Krönung folgenden großartigen Festlichkeiten der Pariser Gesellschaft, auf denen Caroline als Gattin des

Militärgouverneurs der Hauptstadt eine prominente Figur war. Sie hatte in der Tat wenig Grund, sich über ihre gegenwärtige Stellung zu beklagen, so sehr sie auch wegen der Zukunft hadern mochte. Sie war Ihre Kaiserliche Hoheit Prinzessin Caroline Murat, jung, schön, umschwärmt und sich ihrer Fähigkeiten klar bewußt.

Schon seit einiger Zeit hatte sie bemerkt, daß Joséphines Einfluß auf ihren Bruder schwand, und so war sie dazu übergegangen, ihre ganze Aufmerksamkeit einzig und allein Napoleon zuzuwenden. Mit einem glücklichen Spürsinn dafür begabt, was ihm gefiel und ihr sein Lob eintrug, nahm sie ihr neues Metier als Prinzessin sehr ernst, widmete sich der Aufgabe, jede Einzelheit der für den kaiserlichen Hof festgelegten Etikette zu beherrschen, und erlegte ihrem Haushalt eine strenge Disziplin auf; es gab aber auch noch andere Möglichkeiten, sich die Bewunderung und Dankbarkeit ihres Bruders zu sichern.

Nach der Geburt des vierten Kindes im März 1805, eines Mädchens, das den Namen Louise erhielt, zogen die Murat in die womöglich noch prächtigeren Räume des Elysée-Palastes, und das bot Caroline eine treffliche Gelegenheit, ihrem Bruder zu helfen. Die Zeit, als er noch versucht hatte, Joséphine treu zu bleiben, lag weit zurück, aber seine flüchtigen Affären wurden durch seine unbedingte Forderung behindert, daß an seinem Hof die Regeln des Anstandes zumindest nach außen einzuhalten seien. Natürlich verlangte das gerade von ihm den größten Takt, und er zögerte noch immer, seine Liebschaften unter das eheliche Dach zu tragen, auch wenn dieses einen Palast bedeckte.

Hier schaltete sich Caroline ein. Im Augenblick war es eine schöne Hofdame, der Napoleons Neigung galt; sofort zeichnete Caroline sie besonders aus und gab ihrem Bruder einen Wink, daß er im Elysée eine geeignete »maison de rendezvous« fände, noch dazu mit Murat als besonderer Abschirmung. Dabei brauchte sie nicht im entferntesten zu befürchten, daß ihr Mann mit einer offenkundigen Untreue Bonapartes im Elysée prunken würde, denn sie beide wußten, daß sie dem Kaiser einen höchst nützlichen Dienst erwiesen, der nicht unbelohnt bleiben würde und es auch nicht blieb. Murat wurde zum Großadmiral ernannt, obwohl ein Reiter als Seemann ebenso absurd war wie ein Seemann zu Pferde, was Murat auch noch unterstrich, als er den ihm ehrenhalber verliehenen Titel ernst nahm und sich in

Angelegenheiten der Marine zu stürzen versuchte, mit dem Erfolg, daß er sich den gewohnten Verweis holte.

Folgenschwerer als das Techtelmechtel mit der schönen Hofdame war Carolines Entschluß, ihrem Bruder eine junge Frau namens Eléonore Denuelle über den Weg zu schicken, die in der Geschichte des Empire eine Rolle von entscheidender Bedeutung spielen sollte. Sie gebar dem Kaiser sein erstes Kind und rief damit eine wahre Kettenreaktion hervor. Hätte ihn Caroline nicht mit Eléonore bekannt gemacht, so hätte er möglicherweise nie gewußt, daß nicht er die Ursache der Kinderlosigkeit seiner Ehe mit Joséphine war, und sich nie von Joséphine scheiden lassen, noch wäre er unter den europäischen Höfen auf die trügerische Jagd nach einem legitimen Erben gegangen. Er hätte wie Odysseus vom Krieg nach Hause kommen und an der Seite einer alternden Frau mit ihr alt werden können. So aber änderte Carolines Eifer, sich mit ihrem Bruder gutzustellen, den Lauf der Weltgeschichte. Das ist ein »Wenn« der Geschichte – Tatsache aber ist, daß Napoleons nächster Schritt ebenso überraschend wie unerwartet kam und auch Caroline ihn nicht hatte vorhersehen können.

Im März 1805 wurde der Kaiser gebeten, die Krone Italiens anzunehmen, eine Einladung, der zu folgen er gnädigst geruhte. So kamen unter französische Herrschaft: die Lombardei, die Herzogtümer Modena und Parma und die ehemaligen päpstlichen Legationen Bologna und Ferrara. Um diese Staaten im Namen Frankreichs zu verwalten, wurde Eugène de Beauharnais zum Vizekönig ernannt, und als der Kaiser am 18. März in vollem Ornat dem Senat verkündete, daß er die Krone Italiens angenommen habe, ließ er gleichzeitig wissen, daß er das Fürstentum Piombino seiner Schwester Elisa als Regentin übergebe.

Zweiter Teil

VIII. Kapitel

Fürstin von Lucca

Die Überraschung darüber, daß Elisa erwählt worden war, über einen Staat zu herrschen, selbst wenn er so klein war wie Piombino, war allgemein. Übrigens täuschte die geringe Ausdehnung des Territoriums und die Einwohnerzahl über die wahre Bedeutung Piombinos; es war reich an unerschlossenen Bodenschätzen und strategisch wichtig, denn es beherrschte die Meerenge zwischen der Toscana und Elba, von wo aus britische Kriegsschiffe und berberische Seeräuber dreist das italienische Festland bedrohten, und der Kaiser hatte versprochen, Piombino binnen kurzem das weit größere und wertvollere Gebiet von Lucca anzugliedern. Beide Staaten bildeten zusammen eine geschlossene Abwehrzone gegen Angriffe von der See.

Caroline war aufs äußerste gekränkt; sie konnte nicht begreifen, durch welche Leistungen Elisa oder Bacciocchi diese Herrschaft verdient hatten. Es schien lächerlich, Murats echte Verdienste zu übersehen, und was sie selbst betraf: »Ich bin vom gleichen Stoff wie meine Schwester und schätze meinen Wert so hoch wie ihren.«

Elisas Dienste waren nicht ganz so unwichtig, wie Caroline meinte. Als literarische Gastgeberin hatte sie viele Schriftsteller und Intellektuelle, die eine ständige Quelle der Unzufriedenheit sein konnten, für ihren Bruder gewonnen. Ihre Energie und ihre Organisationsgabe waren nicht unbeachtet geblieben, und sie hatte sich Napoleons Wertschätzung erworben, wenn sich auch sein kühles persönliches Verhältnis zu ihr nicht geändert hatte.

Indessen war die Rolle einer Pariser »salonnière« für eine Schwester des Kaisers keine genügende Auszeichnung. Pauline gehörte durch ihre Heirat der europäischen fürstlichen Hierarchie an, und Carolines Bestimmung war mit dem Schicksal ihres Mannes verbunden, der alle Aussichten hatte, auf dem Schlachtfeld an Figur noch zu wachsen, während Bacciocchi ein solcher Aufstieg wohl für immer verschlossen war. Anderseits würde er stets zur Verfügung stehen, in einem Staat die Aufgaben zu erfüllen, die nur ein Mann verrichten kann, während Elisa, wenn auch von französischen Beratern umgeben, das eigentliche Regierungsgeschäft ausüben würde.

Es befriedigte Elisa ungeheuer, einen Tätigkeitsbereich erhalten zu haben, der den Gaben, die sie zu besitzen glaubte, angemessen war. Sofort beschäftigte sie sich mit allen aus ihrer neuen Stellung erwachsenden Problemen und machte sich mit den politischen Verhältnissen in Piombino und Lucca in langen Erörterungen mit deren Vertretern und den für die italienische Verwaltung verantwortlichen französischen Ministern bis in alle Einzelheiten vertraut.

Trotz dieser vor ihr liegenden glänzenden Aussichten schob sie jedoch die Abreise von Paris hinaus, vielleicht weil sich in ihr etwas dagegen sträubte, die Stadt, in der sie die letzten sechs Jahre gelebt hatte, zu verlassen, um das Bekannte gegen das Unbekannte einzutauschen, ohne daß sie dabei aber an ihrer Fähigkeit, die ihr anvertrauten Staaten zu regieren, auch nur im geringsten gezweifelt hätte. Bacciocchi fuhr nach Italien voraus. Dort trafen sich die beiden in Mailand, um der Krönung Napoleons zum König von Italien beizuwohnen, ehe sie zur eigenen Krönung nach Lucca weiterreisten.

Wenn sich auch die Zeremonie im Mailänder Dom nicht in so glänzendem Rahmen wie die in Notre-Dame abspielte, war doch Elisas Stellung wesentlich bedeutender. Diesmal wurde nicht von ihr verlangt, die Schleppe der Kaiserin zu tragen; jetzt hatte sie selbst einen Thron nächst Joséphine inne, die ihrerseits zur Rechten Napoleons saß. Ihre Kaiserliche Hoheit Fürstin Elisa hatte sich, begleitet von ihrem gesamten Gefolge, von Kämmerern, Hofdamen und der Ehrendame, unmittelbar vor der Kaiserin in den Dom begeben. Sogar Bacciocchi war bei dieser Gelegenheit ausgezeichnet worden; er durfte das Symbol der Gerichtsbarkeit tragen.

Am 14. Juli 1805 waren Elisa und Felix Bacciocchi, Fürstin und Fürst von Piombino und Lucca, selbst die Hauptpersonen eines Staatsaktes. An diesem Tag hielten sie in ihrer von sechs rotbraunen Pferden gezogenen Staatskarosse feierlichen Einzug in ihre Stadt Lucca, Felix im schmucken Ornat eines französischen Prinzen, Elisa in einer Robe von weißem Satin mit reicher Goldstickerei, die allerdings wenig geeignet war, ihr knochiges Décolleté zu verbergen.

Die Feierlichkeit der Inthronisation war sehr prächtig, doch der Tag unglücklich gewählt. Erst kurze 18 Jahre waren seit der Erstürmung der Bastille vergangen, und neues Fürstenwesen war ein Hohn auf den Fall der Zwingburg und die glorreiche Revolution!

Während Elisa, in ihrem Glück schwelgend, durch die Straßen Luccas fuhr, waren ihre Schwestern in Paris weniger froh. Caroline war krank, so krank, daß sie sogar dem Fest fernblieb, das in Neuilly zur Krönung des Kaisers zum König von Italien stattfand, und Pauline litt unter Beschwerden, deren Ursache ein tuberkulöser Prozeß in der Brust gewesen zu sein scheint.

Ihre Gefühle für ihren Gatten waren aber im Augenblick freundlicher, vielleicht weil sie oder er dem Kaiser leid getan und er Camillo als Major der Armee nach Boulogne beordert hatte. Pauline war so froh, seiner Gesellschaft ledig zu sein, daß sie ihm den Rang einer Kaiserlichen Hoheit und den Titel eines französischen Prinzen verschaffte. Es mache ihr große Freude, sagte sie, zu hören, daß der Kaiser mit ihm zufrieden sei, denn sie habe nie an seiner Befähigung – zum Soldaten – gezweifelt.

Camillo jedoch waren jetzt über seine Ehe die letzten Illusionen geschwunden. Aus Boulogne schrieb er bitter seinem Freund Angiolini: »Ich werde mich nicht mehr damit befassen Frauen zu erobern, außer mit Geld.«

Elisa hatte in Lucca ihre Staatsroben weghängen lassen und sich an die Aufgabe gemacht, ihr Fürstentum zu erobern. Vor allem mußten die Gewalten zwischen ihr und Felix, der sich über seine Stellung ohnedies nichts vormachte, säuberlich und bestimmt voneinander getrennt werden. Erst im Artikel VI des Erlasses, durch den Elisa als Fürstin von Piombino und Lucca eingesetzt wurde, tauchte auch sein Name auf, und dann nur als der des Gemahls der Fürstin Elisa mit Rang und Titel eines Fürsten von Piombino. Dieser Passus mutet fast wie ein nachträglicher Einfall an, steht er doch nach den Bestimmungen über die fürstlichen Abkömmlinge, deren Vater Felix immerhin wäre.

Er hatte militärische Übungen zu befehligen, Vorbeimärsche abzunehmen und gewissermaßen als Stempel für all das zu fungieren, was seine Gemahlin anordnete. Elisa selbst übernahm schlechthin alle übrigen Regierungsgeschäfte. Es spricht sehr für Bacciocchis Bescheidenheit oder sein sanftes Temperament, daß er seine Unterordnung pflichtschuldig hinnahm und kein Verlangen verriet, die ihm von seiner Frau gezogenen Grenzen zu überschreiten.

Elisa war entschlossen, zu zeigen, daß sie demselben Stamm entsprossen war wie ihr Bruder und in der Verwaltung ihres kleinen Bereichs ebenso tüchtig sei. Bald wurde, wie sie selbst zugab, Arbeit ihre beherrschende Leidenschaft. Sehr zum Ärger ihres Bruders ahmte sie nicht nur seinen Fleiß nach, sondern auch seine Art, sich zu geben und zu reden, seine Barschheit und seine Zornesausbrüche. Trotz ihrer angeborenen oder angenommenen furchterregenden Persönlichkeit muß auch Elisa etwas vom Charme der Bonaparte besessen haben, sonst hätte sie nicht so viele Freunde gewinnen und behalten können.

Von dem Augenblick an, da sie selbst Herrscherin geworden war, änderte Elisa ihre Haltung gegen ihren Bruder. Sie mag ihn nicht mehr geliebt haben als er sie, aber eigene Regierungserfahrung lehrte sie seine Probleme besser verstehen. Sie beschloß sehr bald, sich ihm ergeben unterzuordnen, wie leicht ihren Briefen zu entnehmen ist, die sich von denen ihrer Schwestern ergötzlich unterscheiden. Pauline schrieb an Napoleon stets als Schwester an den Bruder, Caroline als Herrscherin an den Herrscher, Elisa jedoch als Untertanin an den Oberlehnsherrn.

Sie machte es sich zur Richtschnur, sich auf seine Entscheidungen zu berufen, nicht weil sie sich für unfähig gehalten hätte, selbst zu entscheiden, sondern weil sie gemerkt hatte, daß Fügsamkeit der größte Schutz für ihre Souveränität war. Gnädigst ließ sie sich dazu herab, einzuräumen, daß ihr Bruder Eigenschaften besaß, die denen der übrigen Bonaparte einschließlich der ihren überlegen waren. Unablässige Pflege der Beziehungen zum Kaiser und Unterordnung unter seine Interessen waren ihre Parole; sie suchte sogar sich bei Lucien ins Mittel zu legen und bat ihn, seine Frau aufzugeben, um sich mit Napoleon zu versöhnen – eine Einmischung, die zum Bruch mit diesem dereinst so geliebten Bruder führte.

Elisa brachte zu der Aufgabe, ihre kleinen Staaten mit dem gleichen großartigen System öffentlicher Ordnung auszustatten, das ihr Bruder in Frankreich eingeführt hatte, eine Energie mit, die ungewöhnlich anmutet, wenn man bedenkt, daß ihre Gesundheit nie die beste war. Sie bestand darauf, zu jeder Einzelheit gehört zu werden, weil es ihrer arroganten Meinung nach sonst niemanden in Lucca gab, der so befähigt gewesen wäre und ein solches Urteilsvermögen besessen hätte wie sie. Selbst wenn man den Vorteil ihrer Erziehung in St. Cyr zu Ordnung und Methode berücksichtigte, ist es verblüffend, wieviel Verwaltungsarbeit, förmliche Repräsentation und Unterhaltung Elisa in 24 Stunden hineinstopfen konnte.

Natürlich beanspruchten Verwaltung und Politik viel von ihrer

Zeit; trotzdem befaßte sie sich nachdrücklich damit, Industrie und Landwirtschaft ihrer beiden Staaten zu entwickeln. Öffentliche Arbeiten wurden in großem Stil in Angriff genommen, die Sümpfe Piombinos trockengelegt, die Hafeneinrichtungen verbessert und die Befestigungen verstärkt, so daß der Seeräuberei Einhalt geboten werden konnte, wenn auch nichts der britischen Vorherrschaft im Mittelmeer Schach zu bieten vermochte. Brücken und Straßen wurden gebaut, Nutzholz gefällt und Bodenschätze erschlossen, und gleichzeitig förderte Elisa Luccas Gerbereien, Raffinerien sowie Seiden- und Seifenfabriken – Gewerbe und Industrien, die unter ihrer Regierung einen außerordentlichen Aufschwung nahmen.

Als sie die begehrten Gebiete von Massa und Carrara ihrem Lehen angliederte, setzte sie sofort die Marmorbrüche von Carrara wieder in Betrieb und sorgte dadurch für vermehrte Beschäftigung und erhöhte Einkünfte. Von der Bildhauerakademie, die sie in Carrara gründete, wurden nach ganz Europa Skulpturen ausgeführt, in der Hauptsache natürlich und unvermeidlich Büsten und Statuen des Kaisers. Die Marmor-Miniaturen der Venus Victrix von Canova, deren eine sich in Paulines früherem Pariser Heim befindet, kamen zweifellos aus Carrara, aber sie warfen nicht jenes Problem auf, das sich dem Direktor der Akademie stellte, als er daranging, einen Auftrag für eine Statue Carolines auszuführen. Die bei ihm bestellten zwölf Büsten von ihr machten keine Schwierigkeiten, aber für eine Statue hatte er in Carrara nur zwei Vorbilder an der Hand, eine Amazone und die Venus von Medici. Besorgt schrieb der Akademiedirektor an Elisa: »Diese beiden Statuen sind nackt, und ihre Pose kann nicht die einer Großherzogin sein.«

Ja, auch Caroline war endlich Souveränin.

Sobald Elisa Fürstin von Lucca geworden war, stand für Caroline fest, daß sie einen gleichen Rang haben müsse, und sie tat alles, um ihren Anspruch bei ihrem Bruder durchzusetzen. Sie und Murat reisten ihm in das Lager von Boulogne nach, und ihr Aufenthalt dort führte dazu, daß Murat mit einem Erkundungsauftrag nach Deutschland geschickt und danach stellvertretend mit dem Befehl über die Grande Armée in Straßburg betraut wurde.

Aus Paris berichtete Caroline ihrem Mann über alles, was sich dort zutrug, unter anderem, daß der Kaiser ihr nahegelegt habe, statt allein in Neuilly zu bleiben, nach St. Cloud zu kommen, bei Pauline zu wohnen, die sich dort erholte, und jeden Tag bei ihm zu essen. Joséphine verhielt sich merklich kühl, denn sie sah, daß Caroline jetzt alle Aufmerksamkeit auf ihren Bruder richtete, was für sie, Joséphine, um so bitterer war, als sie an Caroline aufrichtige Zuneigung verschwendet hatte. Wütend aber wurde die Kaiserin, als die Murat zu erreichen vermochten, daß für den bevorstehenden Krieg nicht ihr Schwiegersohn, Louis, sondern Murat zum Befehlshaber der Kavallerie bestimmt wurde.

Ihre Zornesausbrüche wurden Caroline von Pauline hinterbracht; wenn Joséphine wütend war, verlor sie jede Besonnenheit, und Pauline war immer froh, etwas berichten zu können, was ihre Schwägerin in schlechtem Licht erscheinen ließ, so zum Beispiel diese Äußerungen Joséphines:

»Es habe sie [Joséphine] nicht überrascht, daß die Murat es so eilig gehabt hatten, nach Boulogne zu fahren, um den Kaiser zu umschmeicheln, und daß sie durch ihre Schmeicheleien alles Gewünschte erreicht haben. Murat und Madame Murat seien dem Kaiser sicherlich sehr zugetan, aber sie seien beide auch sehr schlau, und Murat erhalte durch seine Leisetreterei vom Kaiser alles, was er wünscht.«

»Du siehst daraus«, schrieb Caroline an ihren Mann, »daß sie eifersüchtig sind auf das, was der Kaiser für uns zu tun geneigt ist. Gib also gut acht auf Dich, denn die Kaiserin, Louis und ihre ganze Familie werden Dir niemals verzeihen, daß Du das beste Kommando erhalten hast, das es gibt.

Als ich sie [Joséphine] gestern abend verließ, fragte ich sie, ob sie mir gestatte, am nächsten Tag zu ihr zu kommen und mit ihr zu essen. Da antwortete sie mir mit höhnischem Lächeln: ›Aber wie denn, kannst Du denn nicht sowieso alles tun, was Du willst?‹

Seit meinem letzten Gespräch mit dem Kaiser in Boulogne, während dessen er mir, wie Du weißt, empfahl, mich mit ihr gut zu stellen, erweise ich ihr die größte Achtung und tue, was ich kann, sie bei guter Laune zu halten, und das alles ohne Vertraulichkeiten. Eben das ärgert sie am meisten, weil sie sieht, daß sie über mich nichts dem Kaiser hinterbringen kann, was ihn verdrießen könnte.«

Caroline schloß diesen aufschlußreichen Brief mit einer Warnung:

»Ich werde Dich alles wissen lassen, was ich erfahre, aber nur, wenn ich die Briefe durch einen Deiner Adjutanten schicken kann, denn ich möchte diese Dinge nicht einem Kurier anvertrauen. Die Kaiserin tut alles, unsere Absichten herauszufinden, und wenn sie einen unserer Briefe in die Hand bekäme, würde sie nicht zögern, ihn dem Kaiser zu zeigen, um uns noch mehr zu schaden. Verhalte Dich also in jedem Gespräch mit dem Kaiser so, als wüßtest Du nichts von all dem.«

Der Wiederausbruch des allgemeinen Krieges im Jahre 1805 bedeutete für Paris, daß aus der Stadt wie mit einem Zauberschlag die Männer verschwanden, ein Vorgang, der sich die ganze napoleonische Zeit hindurch wiederholte und jede Fröhlichkeit und Festlichkeit hektisch steigerte, denn alle wußten, daß die, die heute noch anwesend waren, morgen vielleicht für immer gegangen sein würden. Kehrten sie auf kurze Zeit in die Hauptstadt zurück, um ihre Wunden auszuheilen oder irgendeinen Auftrag auszuführen, so wurden diese lebenslustigen und ordengeschmückten Soldaten von den der männlichen Gesellschaft unerträglich beraubten Damen doppelt freudig willkommen geheißen. Einige Monate tanzten, schwatzten, lachten und liebten sie, ehe sie wieder verschwanden, um die Daunenbetten gegen den harten Boden des Biwaks, den Zauber seidiger Liebkosung gegen die Rauheiten des Lagers zu tauschen.

Der österreichische Feldzug von 1805 war kurz und erbittert. Murat zeigte in seinen Schlachten großen Mut und Elan – zur Genugtuung Carolines, der diesmal die bescheidenen Freuden von Neuilly mit ihren Kindern genügten. Aber sie war entzückt, als der Kaiser sie bat, auf der Hochzeit Eugènes de Beauharnais mit der bayerischen Prinzessin Augusta im Januar 1806 in München die Familie zu vertreten. Diese Auszeichnung schmeichelte Caroline – bis sie entdeckte, daß ihr die strenge Etikette des bayerischen Hofes in der Rangfolge nur einen bescheidenen Platz zuwies; doch weder Wutanfälle noch Gekreisch noch vorgeschützte Krankheit verfingen bei ihrem Bruder, sie mußte ihren Platz einnehmen, welcher es auch sein mochte.

Tatsächlich hatten die Murat in letzter Zeit Boden verloren. Murat war für den eigenmächtigen Abschluß eines Waffenstillstandes, der den Kaiser um die Früchte eines Feldzugs gebracht hatte, zur Rechenschaft gezogen worden und so töricht gewesen, sich über Eugènes Heirat gar zu deutlich zu äußern. Kühn schrieb er an Napoleon:

»Als Frankreich Sie auf den Thron erhob, glaubte es, in Ihnen ein Oberhaupt des Volkes, ein plebejisches Oberhaupt zu finden, ausgestattet mit einem Titel, der Sie über alle Souveräne Europas stellen sollte; keineswegs aber gedachte es, die Monarchie Ludwigs XIV. mit all dem mißbräuchlichen Unfug und der Anmaßung alter Höfe zu erneuern. Sie indessen umgeben sich mit dem alten Adel, Sie bevölkern mit ihm die Salons der Tuilerien; er glaubt sich in seine alten Rechte wiedereingesetzt und betrachtet sich dort mit mehr Berechtigung zu Hause als er meint, daß Sie es seien. Für diese alten Adeligen sind alle Ihre Waffenbrüder und vielleicht auch Sie selbst nichts als Emporkömmlinge, Eindringlinge, Thronräuber.

Heute nun beabsichtigen Sie sich durch die Heirat Eugènes mit dem königlichen Haus von Bayern zu verbinden, und mit allem, was Sie tun, werden Sie nur Europa zeigen, welch großen Wert Sie auf das legen, was uns allen fehlt: die erlauchte Geburt.

Sie huldigen Machttiteln, die nicht die Ihren sind, die den unseren widerstreiten: Sie geben Frankreich und diesen Souveränen zu erkennen, daß Sie die Fortdauer einer alten Dynastie verkörpern wollen. Allein, wenn Sie regieren, dann deshalb, weil Frankreich keine alte Dynastie haben will; und was die andern Souveräne betrifft, so wird ihnen Ihre Dynastie, glauben Sie mir, immer als neu erscheinen.«

Diese sehr treffenden Bemerkungen trugen Murat die hochmütige Antwort ein:

»Monsieur le Prince Murat, ich weiß, wie ergeben Sie mir sind, erkenne Ihre Tapferkeit uneingeschränkt an, und ich sehe Sie stets voller Vertrauen an der Spitze meiner Kavallerie, aber hier handelt es sich nicht um eine militärische Operation, sondern um einen politischen Schritt, und ich habe mir ihn gründlich überlegt. Diese Heirat mißfällt Ihnen? Nun gut, mir paßt sie, und ich halte sie für einen großen Erfolg, für einen Erfolg, der dem Sieg von Austerlitz gleichkommt.«

Trotz seiner Kritik an Parvenu-Königen war Murat sehr glücklich, als er, einige Monate später, mit dem Titel eines Großherzogs von Cleve und Berg belehnt wurde, einem aus dem Rheinland herausgeschnittenen Gebiet. Gleichzeitig wurde Joseph zum König der beiden Sizilien, Pauline zur Herzogin von Guastalla und kurz darauf Louis zum König von Holland ernannt.

Während ihre Brüder und Schwestern in die Regierungskunst eingeführt wurden, ging Elisa, die ihnen schon ein Jahr Praxis voraus hatte, gelassen ihren Pflichten nach. Unter anderem unternahm sie eine Besichtigungsfahrt nach Elba mit seiner, wie sie meinte, sehr lieblichen Landschaft. Ihr Bericht über den Besuch der Insel mutet in Hinsicht auf die späteren Ereignisse wie eine Ironie des Schicksals an:

»Die Elbaner stimmen alle darin überein, daß ihnen kein größeres Glück widerfahren könnte, als unter einem Herrn vereinigt zu sein und unter den väterlichen Gesetzen Eurer Majestät zu leben.«

Eine gewöhnliche Frau wäre unter dem Gewicht der Arbeit, die Elisa auf sich geladen hatte, zusammengebrochen, aber ihre Tatkraft schien grenzenlos. Außer ihren öffentlichen Pflichten steckte sie viel Zeit und noch mehr Geld in die Ausstattung ihrer Paläste in Piombino, Lucca, Massa, Viareggio an der Küste und Bagni di Lucca, wo sie häufig die Thermalbäder benutzte; aber die Perle von allen war Marlia, ihr Landsitz außerhalb Luccas, zu dem die herrlichsten Gärten gehörten, darunter ein Englischer Garten und ein Freilichttheater.

Elisa hatte weder ihr Interesse an Liebhaberaufführungen verloren, noch hielt sie es für unvereinbar mit ihrer fürstlichen Würde, selbst aufzutreten; am hervorragendsten fand sie sich in der Rolle der Phädra in Racines gleichnamiger Tragödie. Wenn jemand Anstalten machte, sie zu kritisieren, konnte sie entgegnen, daß die Verbreitung französischer Kultur unter den Italienern zu ihren Aufgaben gehöre. Sie war eine erbarmungslose Schutzherrin der Künste; keine kulturelle Tätigkeit entging ihrer Aufmerksamkeit. Sie stiftete literarische und musikalische Preise, präsidierte gelehrten Gesellschaften und Bildungsstätten und erlaubte sogar freundlicherweise Felix, nach dem Vorbild der Académie Française eine Académie Napoléon zu errichten. Die Zahl der von ihr gegründeten kulturellen Einrichtungen ist erstaunlich: zwei große Bibliotheken, eine medizinische Akademie, an der Universität Lehrstühle für französisches Recht und französische Geschichte, Gemeindeschulen für Knaben und Mädchen und das »Institut Elisa« für die Erziehung von Mädchen aus guter Familie, das ihr besonders am Herzen lag.

Es war nicht verwunderlich, daß ihr Hof in Lucca sowohl für seine Gelehrsamkeit und Bildung als auch dafür bekannt wurde, daß an ihm die strengste Etikette herrschte, denn die Schwestern Napoleons taten sich etwas zugute darauf, kaiserlicher als die Kaiserin zu sein. Felix glänzte stets in einer weißen Uniform oder im Blau und

Gold eines französischen Generals mit Diamanten auf seinen Epauletten, der Kette des Goldenen Vlieses und dem Stern des Großen Adlers der Ehrenlegion. Er stolzierte durch die Salons wie der leutselige Rayonchef eines Warenhauses, während Elisa, bedeckt mit Kameen und Diamanten und mit der letzten Modeschöpfung Leroys angetan, auf ihrem Thron saß; aber all diese Pracht konnte die so sehr von der Anmut Paulines abstechende Eckigkeit ihrer Bewegungen nicht verbergen. Im Privatleben wich die Steifheit von ihr, während Felix, der sich in der Öffentlichkeit gegen seine Gemahlin mit angemessener Ehrerbietung verhielt, sie im Familienkreis behandelte, als wäre sie eine gewöhnliche Sterbliche.

Auf ihn mag es auch zurückzuführen gewesen sein – als einzigen Einfluß, den er ausübte –, daß am Hof von Lucca bei Vergnügungen und Festlichkeiten die Musik vorherrschte. Entweder war es seine Leidenschaft für das Geigenspiel oder Elisas Vorliebe für die Gesellschaft mit Musikern, die sie mit der Familie teilte, was Lucca zu einem bedeutenden musikalischen Mittelpunkt machte. Ihr Hofkapellmeister hieß Puccini, ein Name, der durch seinen Enkel Giacomo weltberühmt werden sollte. Spontini widmete ihr seine Oper »La Vestale« und Paisiello eine Kantate und eine Oper »Proserpina«, wofür er mit einer Goldmedaille belohnt wurde. Das bedeutendste Mitglied ihrer musikalischen Umgebung war Paganini; er wurde ihr Hofvirtuose, aber seine anderen, weniger öffentlichen Pflichten wurden möglicherweise noch höher geschätzt.

In den vielen Jahren, die er in Lucca verbrachte, war Paganini fruchtbar als Komponist; er schrieb mindestens eine Sonate für Solo-Violine zu Ehren seiner Schutzherrin und, zu Ehren ihres Bruders, eine Sonate für Violine und Orchester, bekannt als »die Napoléon«. Elisa lauschte seiner Musik auf einem Diwan liegend, wie sie einst Chateaubriand gelauscht hatte, als er »Atala« vorlas, aber wieviel romantischer war die Stimmung unter dem gestirnten Himmel der italienischen Nacht auf der Terrasse ihrer Villa in Marlia oder in ihrem auf das Meer hinausblickenden Palast in Massa. Jetzt brauchte sie sich nicht selbst zu fächeln, das taten für sie ihre Damen und Pagen.

Paganini wurde eine höchst wunderliche besondere Auszeichnung zuteil: Elisa machte ihn zum Hauptmann der fürstlichen Leibwache. Vielleicht aber war diese Ernennung gar nicht so seltsam, wenn man seine wichtigste Funktion bedenkt. Und er gab Bacciocchi Geigenstunden, die Felix dafür entschädigt haben mögen, daß er Elisas vertraute Nähe dann und wann entbehren mußte.

Elisas Genugtuung über sich selbst erreichte ihren Gipfel, als sie endlich ein Kind zur Welt brachte – eine Tochter, Napoleone –, das die gefährlichen ersten Monate überlebte. Kurze Zeit danach besuchte Angiolini Bagni di Lucca und schrieb über seine Eindrücke an Borghese:

»Von der ganzen kaiserlichen Familie kannte ich die Fürstin Elisa am wenigsten, zu meinem großen Bedauern, denn ich fand sie geistreicher und gebildeter, als ich erwartet hatte. Ihr Benehmen und die Art, wie sie etwas tut, gleichen denen des Kaisers, und ich würde mich sehr wundern, wenn nicht auch ihr Charakter dem seinen ähnelte. Seit ihrer Niederkunft ist sie mollig geworden, ihr Teint ist vortrefflich, kurz, sie ist hübsch geworden.«

Angiolini war ein höflicher Mensch, denn kein anderer hat Elisa je so beschrieben, wenn auch niemand so weit ging, die Behauptung des Unterhausabgeordneten des 19. Jahrhunderts vorwegzunehmen, der kategorisch feststellte, alle willensstarken Frauen seien häßlich.

Es entsprach Elisas Neigung, war aber auch ihre Pflicht, französische Moden zur Schau zu tragen und so den französischen Handel zu fördern, aber sie mußte sich für den Einkauf in Paris auf ihre Ehrendame, Madame de Laplace, verlassen, die grundsätzlich mit solchen Aufträgen betraut wurde. Deren Gatte, der hervorragende Astronom und Mathematiker, war auch Senatspräsident, so daß ihre persönlichen Verpflichtungen sie nötigten, die Hälfte des Jahres in Paris zu verbringen – ein nützliches Bindeglied zwischen Elisa und der Hauptstadt wie eine ergebene Berichterstatterin über die Vorgänge in der kaiserlichen Familie und die neuesten Moden.

Am folgenreichsten war wohl, daß sie sich hämisch über die Äußerungen des Kaisers freute. Das Kriecherische in den Briefen von Madame de Laplace ist bis ins Komödienhafte gesteigert, doch verleiteten die Schmeicheleien, mit denen sie die drei Schwestern überschüttete, alle dazu, an ihre eigenen Legenden zu glauben. Immer wieder legte Madame de Laplace Elisa die Huldigung ihrer Ergebenheit, Achtung und Untertänigkeit zu Füßen:

»Mein einziger Trost darüber, Madame, daß ich so weit weg von Ihnen bin, liegt darin, daß ich hervorragende Männer, die in Ihnen ein Vorbild sehen, dauernd Ihr Lob singen höre. Ein Minister, der bei Tisch neben mir saß, sagte mir, der Kaiser habe zu ihm bemerkt, der beste seiner Minister sei die Fürstin von Lucca.«

Eine weitere süße Brosame wurde von Caroline aufgelesen. Sie erzählte Madame de Laplace, wie der Kaiser die Klugheit gelobt habe, mit der Elisa regiere. Caroline fügte dem Bericht der Madame de Laplace hierüber einige Worte hinzu, um ihrer Schwester zu versichern, wie glücklich sie diese Äußerung des Kaisers gemacht habe. Neid spricht daraus sicherlich nicht; die Teilnahme an allem, was Elisa betraf, klingt echt. Sie half ihr im besonderen mit Anregungen zur Ausstattung des »Instituts Elisa« mit Lehrkräften.

Madame de Laplace begegnete der kaiserlichen Familie oft auf Gesellschaften, oder sie machte bei Napoleons Angehörigen Besuch, um über Elisa zu berichten und Nachrichten für sie zu sammeln:

Caroline habe sich von Gérard porträtieren lassen; der Hof siedle von Saint-Cloud nach Fontainebleau über; Jérôme (jetzt König von Westfalen) befinde sich sehr wohl und lasse seiner lieben Schwester zärtliche Grüße übermitteln; seine neue Gattin, Prinzessin Katharina, brenne darauf, ihre Schwägerin kennenzulernen (denn Elisa war zu beschäftigt, als daß sie sich zur Hochzeit nach Paris hätte begeben können); Madame Letizia sei unpäßlich gewesen, es gehe ihr aber wieder besser, und sie, Madame de Laplace, sei beauftragt, freundliche Grüße zu überbringen; auch Pauline sei (natürlich) wieder krank gewesen, doch sie fühle sich jetzt etwas besser; bei einem Essen nach einem Konzert in den Tuilerien habe Caroline in rosafarbener, silberbestickter Seide und mit einem Stirnband mit Türkisen blendend schön ausgesehen.

Stets machte Madame de Laplace sorgfältige Notizen über Carolines Toiletten, ihre Haartracht, ihre geselligen Veranstaltungen und berichtete darüber getreulich Elisa. Die rosa Kleider, die Caroline bevorzugte, standen ihrer blonden Schönheit gut, aber Madame de Laplace war so taktvoll, für Elisa Weiß zu wählen, das zu ihrer braunen Gesichtsfarbe besser paßte. Eifrig machte sie ihre Herrin darauf aufmerksam, daß jetzt, um den Stirnreif nicht zu verdecken, Blütenschmuck nur noch seitlich im Haar getragen werde, und als der Hof für die Kaiserin von Österreich Trauer anlegte, übernahm sie es ohne weiteres, für Elisa Trauerkleidung zu bestellen, und beeilte sich, ihr mitzuteilen, daß für die Zeit der tiefen Trauer schwarzer Blumenschmuck getragen werden könne, nicht aber in der Zeit der Halbtrauer.

Allein in einem Monat schickte Madame de Laplace zwei Ballkleider, einen Überrock, ein Galakleid und vier weitere Kostüme nach Lucca, außerdem eine Sendung mit 16 Paar weißen Satinsandalen und acht Dutzend Paar Handschuhen. Kein Wunder, daß sie klagte, alles sei schrecklich teuer, besonders seit Elisa, Paulines haushälterisches Wirtschaften verachtend, bei Leroy kaufte.

Das nötige Geld für ihre Garderobe, für die Ausstattung ihrer Paläste und die Aufrechterhaltung der Würde ihres Hofes, vor allem aber für ihren Beitrag zur französischen Staatskasse aufzubringen, gehörte zu den schwierigsten Problemen, die Elisa zu lösen hatte. So sehr sie das Lob des Kaisers mit Genugtuung erfüllte, seine ständigen Geldforderungen machten ihr weniger Freude.

Mit gebührendem Respekt, doch auch mit großer Festigkeit, setzte sie sich für eine Herabsetzung der Lucca auferlegten Zahlungen ein. Wenn er aber auf der bisherigen Summe bestehe, werde sie natürlich alles tun, das Geld für ihn zu beschaffen. Aber woher sollte sie es nehmen?

Sie blieb nicht ohne Antwort. Die Mönchs- und Nonnenklöster seien äußerst reich, ihr Anteil am allgemeinen Wohlstand sei unverhältnismäßig hoch und eine bisher nicht angezapfte Quelle. Elisa hatte die Frömmigkeit von Saint-Cyr längst hinter sich gelassen und hatte keine Gewissensbedenken, die Klostergemeinschaften aufzulösen, doch mußten beträchtliche Schwierigkeiten überwunden werden: das Widerstreben des Papstes und der Umstand, daß die Luccaner sehr an ihren Mönchen und Nonnen hingen. Infolgedessen zögerte Elisa, bis sie den kategorischen Befehl erhielt: »Das muß ein für allemal ein Ende haben. Ich wünsche, daß die religiösen Orden aufgehoben werden.«

Der Befehl des Kaisers wurde selbstverständlich ausgeführt, aber von der Bevölkerung Luccas sehr übel vermerkt, und rief einige politische Unruhen hervor. Um wenigstens eine Minderheit der Bevölkerung zu gewinnen, gewährte Elisa jetzt auch den Juden ihrer Staaten die vollen bürgerlichen Rechte, die sie in Frankreich bereits genossen.

Um die Fehlbeträge für ihren persönlichen Aufwand zu decken, bat Elisa ihren Bruder, ihr Hôtel Maurepas in Paris zurückzukaufen;

die Hauptstadt werde sie ja künftig wenig zu sehen bekommen, und so brauche sie dort kein eigenes Heim zu unterhalten. Auch bat sie ihn, ihr im Namen Paulines Geld zurückzuzahlen, das sie dieser geliehen hatte; Pauline pflegte nämlich von ihren Schwestern Geld zu borgen, zahlte es aber immer erst im letzten Augenblick zurück.

Elisa rühmte sich der Pünktlichkeit, mit der sie den Kaiser zu seinen Siegen beglückwünschte und bei jeder sich bietenden Gelegenheit Dankgottesdienste abhalten ließ. Diese Feierlichkeiten nahmen eine Menge Zeit in Anspruch. Im Oktober 1805 galt es, des Sieges von Ulm, im Dezember des Sieges bei Austerlitz über die Österreicher zu gedenken; für Trafalgar freilich gab es kein Tedeum. Im nächsten Jahr folgten der Preßburger Frieden mit Österreich und die Niederlage der Preußen bei Jena. Wieder ein Jahr darauf wurden bei Eylau und Friedland die Russen geschlagen, und dann war der Vertrag von Tilsit zwischen Napoleon und Zar Alexander zu feiern.

Es wurde dem Kaiser äußerst lästig, immer wieder von der Fürstin von Lucca in sein Hauptquartier geschickte Sonderabgesandte zu empfangen. Elisas unterwürfige Schmeichelei behagte ihm nicht, doch konnte er ihrer sklavischen Bitte nicht widerstehen, sich künftig Elisa-Napoleon nennen zu dürfen – wohl der Tiefpunkt übelster Kriecherei –, worin ihr Murat und Jérôme sofort folgten.

Elisa war hochbefriedigt, Lucca zu einem Musterstaat gemacht zu haben. Gewiß, es gab immer Schwierigkeiten wegen der Zahlungen an Frankreich, wegen der Steuern und Zölle, im übrigen jedoch hatte sie sich als bemerkenswert tüchtig erwiesen. Sie dachte beizeiten daran, ihre Einflußsphäre auszudehnen, wozu sich eine günstige Gelegenheit bot, als Napoleon Venedig besuchte und ihr erlaubte, sich dort mit ihm zu treffen.

Es war ein Schauspiel, nach dem Elisa gelechzt hatte: In der Öffentlichkeit an der Seite des Kaisers zu erscheinen, an seinen Triumphen und all den großen Empfangsfeierlichkeiten teilzuhaben. Sie dankte ihm mit salbungsvollen Komplimenten für alle ihr geschenkten Beweise seiner Huld und erfuhr im Verlauf seiner Besprechungen mit ihr von einer Möglichkeit, ihren nach der Herrschaft über ein größeres Gebiet trachtenden Ehrgeiz zu befriedigen. Vor kurzem war die Toscana Frankreich einverleibt worden, aber bisher hatte sich niemand gefunden, deren leeren Thron einzunehmen.

Elisa machte beredt geltend, daß sie durch ihre Ergebenheit für

Caroline Bonaparte und ihre Kinder

Caroline Murat Pauline Borghese Elisa Bacciocchi

se Bonaparte Julie Bonaparte

DIE KRÖNUNG NAPOLEONS *(Ausschnitt)*

ihren Bruder und für Frankreich es verdient habe, ihre Stellung zu erhöhen. Drei Jahre lang hatte sie in Lucca streng den Bedürfnissen des Landes entsprechend gehandelt, während Bacciocchi brav jedes winzige Luccaner Regiment besichtigt hatte. Elisa hatte es nicht nötig, als sie ihre Ansprüche vorbrachte, wie Caroline ihren Mann wegen irgendeines törichten Schrittes oder einer Albernheit reinzuwaschen, und konnte sicher sein, kaum mit Verärgerung oder Gereiztheit auf seiten ihres Bruders rechnen zu müssen.

Als sie glaubte, Napoleon von der Berechtigung ihrer Forderungen überzeugt zu haben, schrieb sie, um sich doppelt zu sichern und keinen Zweifel darüber aufkommen zu lassen, worauf es ihr ankam, auf der Rückreise von Venedig an den französischen Innenminister:

»Ich dringe sehr auf eine Gebietserweiterung. Da ich nicht in der Nähe Seiner Majestät in Paris leben kann, hätte ich gern einen Staat, der nicht unwürdig wäre, mir zu gehören. Ich habe wenig Ehrgeiz, weil ich aber die Schwester des Kaisers bin, kann ich mehr wünschen und habe ich das Recht, mehr zu beanspruchen als die 150 000 Einwohner, die das Fürstentum Lucca aufzuweisen hat.«

Recht? Elisa verfiel wieder einmal dem Irrtum zu glauben, daß die Familie des Kaisers Rechte und nicht Privilegien besitze, ein Irrtum, der auch aus Lucien sprach, als er auf seiner Heimreise mit Napoleon eine entscheidende Unterredung hatte, die erste, seit er in Ungnade gefallen war. Napoleon bot seinem Bruder jeden europäischen Thron an, den er haben wollte, wenn er nur auf seine Frau verzichte.

Lucien war älter und klüger geworden, doch hing er jetzt noch mehr an Alexandrine als zuvor und hatte das Empire objektiv von draußen betrachten können. Seine Antwort drückte aus, was die andern Mitglieder der Familie wohl ebenso fühlten, doch nicht auszusprechen wagten:

»Ich möchte nicht Ihr Präfekt sein – wenn Sie mir ein Königreich verleihen, möchte ich es nach meinen eigenen Vorstellungen regieren, vor allem in Übereinstimmung mit seinen Bedürfnissen.... Ich möchte nicht, daß das Volk, dessen Herrscher ich wäre, meinem Namen flucht. Ich würde es glücklich machen wollen und nicht zu Sklaven, wie es die Menschen in der Toscana und im übrigen Italien sind.«

Die Toscana nämlich war der Staat, den Napoleon Lucien hatte geben wollen, aber nicht, damit er ihn nach seinen hier ausgesprochenen

Vorstellungen regiere. Die Toscana war zu reich und zu groß, als daß ihr die Unabhängigkeit hätte gewährt oder daß sie einem Prinzen der Familie als Apanage hätte geschenkt werden können. Der neue Souverän würde als Lehnsmann Frankreichs ein Generalgouverneur sein, so wie Eugène nur Vizekönig von Italien war. Wer immer die Toscana besaß, würde regieren, nicht herrschen. Da Lucien die Toscana zurückwies, mußte sie Elisa zufallen, weil kein anderes Familienmitglied verfügbar oder dazu geeignet war.

Selbst mit diesen Nachteilen begehrte Elisa die Toscana noch immer sehr, aber trotz ihren Intrigen, ihrem Geschmeichel, ja sogar ihren Wutausbrüchen zögerte Napoleon, sie ihr zu überlassen. Erst im März 1809 wurde sie, nachdem sie ein Jahr lang darauf gewartet hatte, endlich Großherzogin von Toscana, eines Gebietes, das, weil sie unbedingt darauf bestand, Elba mit einbeschloß.

IX. Kapitel

Grossherzogin von Cleve und Berg

Carolines Befriedigung darüber, endlich regierende Fürstin zu sein, wurde durch die Tatsache getrübt, daß ihr Staat nur ein Großherzogtum war. Obwohl Großherzogtümer zu jener Zeit noch in keiner Weise in leichtfertigen Beziehungen zu musikalischen Komödien standen, ließ sich auch damals eine Großherzogin in keiner Hinsicht mit einer Königin vergleichen.

Während also Murat nach Deutschland abreiste, um seine neuen Würden in Anspruch zu nehmen, verblieb Caroline in Paris, denn sie hatte nicht die Absicht, Elisa nachzuahmen. Cleve und Berg verschafften ihr einen Titel und Einkünfte, aber sich deshalb sozusagen selbst zu verbannen, sah sie keinen Grund. Indessen, wie immer enttäuscht sie über ihren neuen Rang auch war, ihre Stellung nahm sie dennoch sehr ernst. Laure d'Abrantès machte die Beobachtung, daß Caroline jetzt, mit leichtem Spott über andere, sehr viel über ihre eigene Person redete und sich ein peinliches schulmädchenhaftes Gekicher angewöhnt hatte. Zweifellos war sie, von ihrer Boshaftigkeit einmal abgesehen, von ihrer Erhöhung so berauscht, wie Charles James Fox es an ihrem Bruder bemerkt zu haben glaubte.

Der Vigée-Lebrun erteilte Auftrag, Caroline zu porträtieren, blieb für die berühmte Bildnismalerin keine angenehme Erinnerung. Sie entledigte sich der Aufgabe für 1800 Francs, die Hälfte ihres üblichen Honorars, und nahm für den gleichen Preis aus Kompositionsgründen die kleine Letizia Murat mit ins Bild. »Was ich«, schreibt sie in ihren Memoiren, »an Ärger und Qualen erdulden mußte, während ich dieses Porträt malte, ist unbeschreiblich.«

Zur ersten Sitzung erschien Caroline mit zwei Kammerjungfern, um ihr Haar zu richten, wechselte aber während der Sitzung ständig Frisur und Kleider, wodurch sie verriet, daß sie nicht die geringste Ahnung hatte, was es heißt, einem Bildnismaler zu sitzen. Dieser dauernde Wechsel zwang die arme Malerin immer wieder, ganze Partien zu übermalen und neu anzulegen. Womöglich noch aufreizender war, daß Caroline die Verabredungen nicht einhielt, was zur Folge hatte, daß Vigée-Lebrun den ganzen Sommer in Paris vertrödelte. Sie war darüber schließlich so aufgebracht, daß sie, für Caroline noch vernehmlich, zu einem Besucher ihres Ateliers bemerkte: »Ich habe wirkliche Prinzessinnen gemalt, und sie haben mir nie so viel Schwierigkeiten gemacht und mich nie warten lassen.« Vernichtend aber ist ihr abschließendes Urteil: »Der wahre Grund von all dem ist, daß Madame Murat nicht im entferntesten wußte, daß, wie Ludwig XIV. so treffend gesagt hat, Pünktlichkeit die Höflichkeit der Könige ist. Er war allerdings kein Parvenu!«

Doch Vigée-Lebrun hatte sich, als das Porträt endlich fertig war, gerächt: keines der Bildnisse, die sie gemalt hat, ist so wenig geschmeichelt wie das Carolines. Sie erscheint ungeschlacht, stämmig und schlecht gekleidet, und ihr Gesicht hat den stumpfen Ausdruck einer freundlichen Kuh.

Murat wurde von der ihm vertrauten Beschäftigung, aus Cleve und Berg soviel wie möglich herauszupressen, abgerufen, um am nächsten Feldzug teilzunehmen, und wieder zeichnete er sich, im Oktober 1806 bei Jena, als glänzender Reiterführer aus. Das trug ihm nicht nur von Napoleon anerkennende Worte ein, sondern selbstverständlich auch einen Glückwunschbrief Elisas, deren Kuriere mit der Beförderung ihrer Lobreden über ganz Europa in Bewegung gehalten wurden.

Von Jena marschierte die Armee nach Berlin. Hier erließ Napoleon die Dekrete zu seiner Kontinentalsperre, zur Aussperrung englischer

Güter vom europäischen Festland. Diese Blockadepolitik verdroß seine Schwestern sehr, denn sie waren nicht bereit, auf ihre indischen Musseline und Kaschmirschals zu verzichten, wofür sie jetzt, mit Leroys schweigendem Einverständnis, die gleichen hochgetriebenen Preise wie für alle Schmuggelware bezahlen mußten.

Im November traf Murat in Warschau ein. Sein Empfang dort schmeichelte ihm dermaßen, daß ihm der Gedanke kam, König von Polen zu werden, was ihm prompt einen Verweis eintrug: »Lassen Sie die Leute nicht glauben, ich suchte für meine Familie einen Thron. Es fehlt mir nicht an Thronen für sie.«

Es war ein fröhlicher Warschauer Winter. Murat genoß ihn sehr; seine angenehmste Beschäftigung war, die charmante, geistreiche Gräfin Potocka zu belagern. Doch war der Festungskrieg nicht seine Stärke, und er fand sich bald von seinem eigenen Adjutanten, Charles de Flahaut, dem Sohn Talleyrands und der Gräfin de Flahaut, außer Gefecht gesetzt.

Murats Selbstbewußtsein wäre wohl beizeiten beträchtlich zusammengeschrumpft, wenn er gewußt hätte, wie die Gräfin ihn einschätzte:

»Fürst Murat – ein großer Mann, oder vielmehr ein großgewachsener Mann [› . . . un grand homme, ou plutôt un homme grand . . .‹] – war eine sogenannte schöne Erscheinung, aber er mißfiel, weil es ihm an Vornehmheit und gänzlich an ausdrucksvollen Zügen fehlte. Er hatte das majestätische Auftreten eines Schauspielers, der einen König darstellt, und es war leicht zu merken, daß sein Gebaren gekünstelt war und er sich gewöhnlich wohl anders benahm. Er drückte sich nicht schlecht aus, weil er sehr vorsichtig war bei allem, was er sagte, aber sein Gascogner Akzent und einige gar zu soldatische Ausdrücke verleugneten ›den Prinzen‹. Er plauderte nicht, er redete, und es schmeichelte ihn, daß man ihm zuhörte, wenn auch nicht mit Vergnügen, so doch mit achtungsvoller Rücksicht.«

Auch Borghese war mit der Armee nach Warschau gekommen. Er wurde für eine völlige Null gehalten und erregte im übrigen Heiterkeit. Über ihn schrieb die Gräfin:

»Ich werde nie vergessen, wie er, als sich die Unterhaltung kurze Zeit ernsteren Dingen zuwandte, wegging, Stühle zusammensuchte, sie mitten im Salon paarweise aufstellte und sich damit amüsierte, eine Melodie zu summen und mit den stummen Partnern zu tanzen.«

In Paris verbrachte man den Winter 1806–07, obwohl so viel junge Männer über ganz Europa zerstreut waren, nicht minder vergnügt. Caroline war jetzt die erste Dame der Gesellschaft, denn Joséphine tanzte nicht mehr und Pauline begab sich nur außer Haus, wenn eine plötzliche Laune sie dazu trieb. In einem Brief an Hortense in Holland berichtete Caroline, wie sie ihre Zeit verbrachte:

»Ich durchtanze jede Nacht, schlafe den halben Tag, und im übrigen erledige ich meine Post, empfange Besuche und warte schließlich ungeduldig auf den Kurier ... Weshalb bist du nicht hier, meine liebe Hortense? Du würdest unsere Bälle so sehr genießen! Mir scheint, daß es den Kopf beruhigt, wenn man die Beine bewegt.«

Aber Caroline erzählte Hortense nicht alles, was sie im Kopf hatte.

Sie teilte mit Elisa größtes Selbstvertrauen in die eigene Tüchtigkeit. Dank ihrer Urteilskraft hatte sie Murat als Gatten ausgewählt, der als der glänzendste Kavallerieführer Europas anerkannt war und schnell alle Hoffnungen erfüllte, die sie auf ihn gesetzt hatte. Ihre Ehe war glücklich, wenn sie jetzt auch die Schwächen und Murats Charakter kannte; aber sie war überzeugt, daß er unter ihrem Einfluß und ihrer Leitung den richtigen Weg verfolgen werde.

Carolines Natur war nicht genug nach innen gekehrt, um zu erkennen, daß soviel Erfolg und Umschmeichelung zum Größenwahn führten und daß sie bereits dahin gelangt war, die Macht zu lieben, doch nicht wie ihr Bruder, einem Musiker gleich, der sein Instrument wegen der Akkorde und Harmonien liebt, die er damit hervorzubringen vermag, sondern um der Macht willen – eine Liebe, die wuchs, bis sie sich zu einer so zwingenden Leidenschaft entwickelte wie bei einem Spieler, der den vor ihm herfliehenden Gewinnen nachjagt, bis ihre Verfolgung ihn vernichtet.

Besessen von der Frage der Nachfolge auf ihren Bruder ließ sie außer acht, daß dieses Problem jetzt durch Dekret geregelt war. Sie wünschte die Scheidung nicht mehr, weil ihrem Bruder in einer zweiten Ehe wahrscheinlich ein Kind geschenkt werden würde und damit ihre neue Idee hinfällig wäre, daß mit Abstand Murat der gegebene Thronfolger sei. Wer aber an seiner Fähigkeit dazu zweifelte, den würde sie auf ihre eigene aufmerksam machen.

Ihren Bruder zu verdrängen war unmöglich, aber selbst ein Oberster Befehlshaber ist gegen die tödlichen Zufälle des Krieges nicht gefeit. Bisher war Napoleon, von leichten Verwundungen bei Toulon und Marengo abgesehen, einem verhängnisvollen Mißgeschick entgangen; wie aber, wenn er fiele, oder wenn ihm etwas zustieße, das ihn unfähig machte, seine Herrschaft weiter auszuüben? Klugheit und Patriotismus zugleich forderten, daß dann Frankreich und sein Kaiserreich in tüchtige Hände kämen, in ihre und Murats, statt in die schwachen ihrer Brüder Joseph oder Louis.

Wann diese Vorstellungen in Carolines Kopf zu keimen begonnen hatten, ist schwer abzuschätzen; vielleicht schon damals, als die Murat vergeblich versuchten, ihren kleinen Achille dem Kaiser als Lieblingsneffen darzubringen. Aber nun ging es nicht mehr zuvörderst um den Sohn, und es galt diese neuen Ideen vor ihrem Bruder zu verbergen, plante sie doch für den möglichen Fall, daß Napoleon vom Schauplatz verschwunden wäre.

Caroline war überzeugt, daß jetzt der günstige Zeitpunkt gekommen war, den nächsten Schachzug zu tun. Napoleon wie Murat befanden sich im fernen Warschau; es konnte also weder der eine von ihren Plänen Wind bekommen, noch der andere sich in ihre Manöver einmischen. Der Mann, der den Schlüssel zur Lage besaß, wenn der Kaiser fallen sollte, war Junot, der Murat als Gouverneur von Paris und als Kommandant des Ersten Militärbezirks nachgefolgt war. Seine Aufgabe wäre es, im Falle von Napoleons Tod in der Hauptstadt Ruhe und Ordnung aufrechtzuerhalten, und er befände sich in der entscheidenden Position, sollte es wieder eines Staatsstreichs bedürfen. Junots treue Hingabe an Napoleon, dem er sich seit jenen frühen Tagen von Toulon verbunden fühlte, schloß die Möglichkeit aus, bei ihm in Hinsicht auf eine hypothetische Zukunft auch nur vorzufühlen, aber er war ein Mann vom Schlage Murats, ohne Bildung, vulgär, prahlerisch und ein gewaltiger Herzensbrecher. Er konnte auf andere Weise gewonnen werden.

Kalt und berechnend machte sich Caroline daran, Junot zu verführen, rücksichtslos über die Freundschaft hinwegschreitend, welche die Murat und die Junot seit den ersten Tagen ihrer Heiraten miteinander verband.

Es ist schwer für einen Mann, zu widerstehen, wenn eine charmante und hübsche junge Frau, die noch dazu von der Aureole umgeben ist, die Schwester eines Mannes zu sein, den man verehrt, es darauf anlegt, ihn zu versklaven. Junot fand es bequem und angenehm, von einer Schwester Napoleons zu einer anderen überzugehen, nur machte er den Fehler, sich diesmal wirklich und ernstlich zu verlieben.

Zu Carolines Plan gehörte, ihre Affäre mit Junot offen zu zeigen. Bald wußte in Paris jeder, daß der Gouverneur den Ball mit der Großherzogin von Berg eröffnet hatte, daß er um die Großherzogin von Berg herumscharwenzelte, daß die Großherzogin von Berg in seiner Loge in der Oper saß und daß seine Dienerschaft zu jeder Stunde im Hof des Elyséepalastes zu sehen war.

Sogar Pauline nahm, als sie Laure Junot einen Morgenbesuch machte, einen für sie ungewöhnlich ernsten Ton an:

»Wenn Junot so früh aus ist, dann hat er sich wahrscheinlich ins Elysée begeben. Er bestimmt alles, was dort vor sich geht. Das solltest Du Dir eigentlich nicht gefallen lassen.«

»Ich kann nichts dagegen tun,« sagte Laure traurig, ohne vorzugeben, daß sie nicht wisse, was Pauline meinte.

Übrigens stand es für Laure außer Frage, daß Caroline mit ihrer Jagd auf Junot bezweckte, ihn zum Parteigänger Murats zu machen. Niemand rede darüber, sagte sie, aber wenn erst einmal der Gedanke von einem Murat auf Napoleons Platz seine Lächerlichkeit verloren habe und man sich an diese Idee gewöhne, dann werde unausweichlich der Augenblick kommen, wo man darüber ungeduldig werde, daß die feindliche Kugel so lange brauche, ihn zu erreichen. »Und aus diesem Keim erwächst unerbittlich der Gedanke, der feindlichen Kugel vorzugreifen.«

Damit mag Laure zu weit gegangen sein, aber auch Caroline ging in der unverschämten Vermessenheit, mit ihrer Eroberung zu prunken, wahrhaftig weit genug. Die Affäre erreichte ihren Höhepunkt bei einer Liebhaberaufführung in Malmaison zu Joséphines Namenstag. Joséphine war Pauline und selbst Caroline völlig gleichgültig geworden, aber der Festtag bot ihnen eine stets willkommene Gelegenheit, sich auf der Bühne zu zeigen, und Caroline die Möglichkeit zu endlosen Proben mit Junot, der in dem Stück zu ihrer Hauptrolle die Gegenrolle spielte.

Keine der beiden Schwestern glänzte als Bühnenkünstlerin, und die Vorstellung lief ab wie solche Aufführungen immer. Nachher entschloß sich Caroline aus irgendeinem unbekannten Grund, in Gesellschaft Junots und – Laures nach Paris zurückzufahren. Vor dem Elysée half Junot Caroline aus dem Wagen und folgte ihr in den Palast. Laure wartete – eine Stunde, zwei Stunden. Dann befahl sie ihrem Kutscher, sie schnellstens nach Hause zu fahren. Die Gemeinheit, mit der sich Caroline diesmal benahm, war unverzeihlich; sie wurde ihr auch von Laure nie verziehen und es ist immer gefährlich, sich die Feindschaft von Leuten zuzuziehen, die ihre Memoiren schreiben könnten, denn Schriftsteller haben, wie Maler, das letzte Wort.

Caroline glaubte, Napoleon werde von ihren Heldentaten nicht Wind bekommen; doch sie irrte, denn seine tüchtige Polizei hatte ihn längst darüber unterrichtet. Als er aber im Juli 1807 nach zehnmonatiger Abwesenheit nach Paris zurückkehrte, war es Junot, dem er einen scharfen Verweis erteilte, weil er seine Schwester bloßgestellt habe, und dem die versüßte Ungnade widerfuhr, nach Lissabon versetzt zu werden. Von jetzt an nährte Laure gegen Caroline bitteren Haß, war sie doch überzeugt, daß diese durch die unglückselige Affäre die Ereignisse in Gang gebracht hatte, die zu Junots Geistesgestörtheit und Selbstmord führten.

Auch Caroline kam nicht ungeschoren davon, aber ihr Bruder nahm leichtgläubig an, daß »Cäsars Schwestern« über jeden Verdacht erhaben seien und sich nichts Schlimmeres zuschulden kommen ließen als leichtsinniges Kokettieren und Flirten. Ihre Strafe war, daß durch die Entfernung Junots vom Posten des Gouverneurs von Paris alle ihre Intrigen umsonst gewesen waren.

Nichtsdestoweniger blieb sie von ihrer Idee besessen und fand neue Verbündete, wo man sie am wenigsten erwartet hätte. Weder Talleyrand noch Fouché, das diabolische Duumvirat des Empire, konnten als Träumer bezeichnet werden; ihre frühere Feindschaft machte ihr gegenwärtiges Bündnis um so furchtbarer. Auch sie beschäftigte die Nachfolgefrage, aber mit tieferer Sorge um die Zukunft Frankreichs in dem Falle, daß Napoleon der Tod ereilte, denn Joseph und Louis wurden allgemein für »empörend unfähig« gehalten. Als volkstümlicher Soldat, der durch Heirat mit dem Kaiser verbunden war und der, weil Vater von Söhnen, die Dynastie sichern würde, schien den Königsmachern Murat ein annehmbarerer Nachfolger, zumal seine Schwächen verbürgten, daß er regieren, sie aber, Talleyrand und Fouché, herrschen würden. Allein, Napoleon weigerte sich hartnäckig, zu fallen, und Caroline sah sich, als auch dieser Plan in nichts zerrann, genötigt, für ihren Tatendrang ein neues Ziel zu suchen.

Als Hortenses Sohn, Napoleon-Louis, starb, reiste Caroline aus echter Zuneigung und wahrem Mitgefühl nach Holland und brachte Hortense mit zurück nach Paris, um sie hier von ihrem durch die unglückliche Ehe noch vertieften Kummer abzulenken. Doch diese Freundlichkeit wurde durch Carolines flüchtige Affäre mit Charles de Flahaut ausgelöscht, an den Hortense ihr Herz verloren hatte, während Flahaut in die Gräfin Potocka verliebt war.

Es bedürfte eines Mathematikers, um alle die Vertauschungen und Verknüpfungen in den Verhältnissen Liebhaber–Geliebte–Gatte–Gattin der kaiserlichen Gesellschaft herauszufinden, weil die häufige Männerknappheit in Paris oft auf den Weg zu ebenso gefälligen wie tüchtigen Hähnen im Korbe führte, wie Flahaut einer war, der gleichzeitig mindestens vier Damen versorgte, mit allen daraus folgenden Intrigen, Gegenintrigen, Eifersuchtsausbrüchen und Verwicklungen.

Von Caroline hieß es, sie wähle ihre Liebhaber streng nach politischen Erwägungen. Wenn dies auch bei ihrer Affäre mit Flahaut nicht zutraf, dann jedenfalls zum Teil bei dem nächsten Objekt, an dem sie die Künste höherer Prostitution übte, obwohl Graf Metternich, der österreichische Gesandte, auch ein sehr anziehender Mann war. Wie Caroline, so war auch er sich über die Vorteile klar, die sich boten, wenn er seine außerehelichen Abenteuer in einer Umwelt suchte, die seinen Interessen dienen würde. So fand sie sich, die Metternich politisch zu nutzen trachtete, selbst als Horchposten benutzt. Immerhin lernte sie durch die Verbindung mit ihm die große Bedeutung Österreichs in der europäischen Politik würdigen. Daß Laure Junot ihr schließlich Metternich wegnahm, war nichts als rauhe, ausgleichende Gerechtigkeit.

Murat beteiligte sich an diesem Amateur-Ringen nicht, einmal, weil er wenig Zeit in Paris verbrachte, und zum andern, weil er es vorzog, sich in niedrigeren Schichten der Gesellschaft zu vergnügen. Infolge häufiger langer Abwesenheit hatte seine starke physische Wirkung auf Caroline nachgelassen, und die Spannungen zwischen beiden wuchsen in dem Maße, wie er, wenn nicht im Felde, immer mehr Fehler machte. Caroline gab sich im politischen Manövrieren zunehmend als seine Vorgesetzte, während ihn ihre gebieterische Art, die bewirkte, daß er sich unzulänglich fühlte, reizte und erbitterte.

Auch die Form der Verweise, die Murat überdies von seinem kaiserlichen Schwager einstecken mußte, war nicht geeignet, eine Wiederherstellung der Eintracht zwischen beiden zu fördern:

»Ihr Rang in meinem Palast ist durch den Rang festgelegt, den Sie in meiner Familie einnehmen, und Ihr Rang in meiner Familie wiederum ist festgelegt durch den Rang meiner Schwester. Ihre älteren Schwestern haben den Vortritt vor ihr. Ich kann Ihnen an meinem Hof nicht den Rang eines ausländischen Fürsten zuerkennen. Sie sind in jeder Hinsicht der glücklichste Mann auf Erden, aber Sie selber zerstören Ihr Glück. Sie haben kein Verständnis dafür, daß Sie, um in Rangangelegenheiten Beachtung zu finden, nicht mehr verlangen dürfen, als Ihnen gebührt.«

Es muß die Selbstachtung eines Mannes verletzen, ständig daran erinnert zu werden, daß er seinen Aufstieg großenteils seiner Frau verdanke, besonders wenn er das Gefühl hat, ihn durchaus aufgrund seiner eigenen Taten verdient zu haben. So ist es nicht verwunderlich, daß Murat, wegen der Mißwirtschaft in seinem Großherzogtum zur Rechenschaft gezogen, erbittert ausrief: »Der Kaiser will, daß ich ein Souverän sei, um zu gehorchen und Befehle entgegenzunehmen; das ist unmöglich. Hier liegt ein Widerspruch in sich. Warum hat er mich nicht Oberst oder Brigadegeneral sein lassen? Dann hätte ich mich nicht erniedrigt, wenn ich Befehlen gehorchte.«

Zweifellos war es für Caroline wie für Murat eine Erleichterung, als er, im April 1808, zum Statthalter des Kaisers in Spanien ernannt wurde, das ein französischer Satellit geworden war. Hier konnte ihn Caroline nicht überstrahlen, und sie wiederum konnte sicher sein, daß er auf diesem militärischen Posten seine wahre Leistungsfähigkeit zeigen werde.

Er erfüllte, jedenfalls nach seiner eigenen Meinung, seinen Auftrag mit Auszeichnung und begann, da es sicher schien, daß die spanischen Bourbonen vertrieben würden und dann der Thron Spaniens Napoleon als Schutzherrn zufallen mußte, wieder von einer Krone zu träumen. Indessen wurde sie Joseph verliehen, obwohl ihn sein Bruder für das denkbar schlechteste Staatsoberhaupt hielt. Murat traf diese Enttäuschung so heftig, daß er einen schweren Gelbsuchtanfall und einen Nervenzusammenbruch erlitt, worauf er aus der Armee ausschied, um sich seinem Kummer und seiner Krankheit zu widmen.

Das Jahr 1808 war das Raubjahr des Empire, das Jahr, in dem die Bonaparte knurrend um die Höhle ihres Bruders strichen und von seiner Beute immer größere Knochen begehrten. In Lucca schielte Elisa nach der Toscana; in Paris teilte Caroline Murats Enttäuschung darüber, daß Spanien dem Zivilisten Joseph zugefallen war statt Joachim, der in der spanischen Angelegenheit eine so große Rolle gespielt hatte.

Schließlich forderte Napoleon die Murat auf, sich mit ihm in Bayonne zu treffen. Dort bot er ihnen die Krone beider Sizilien an, die Joseph abgelegt hatte. Verglichen mit Spanien oder Polen war es eine unbedeutende Krone, aber für Murat war es endlich ein Königreich.

»Wenn sie auf diesen Kopf eine Krone setzen«, meinte jemand weise, »werden beide fallen.«

Seine Bemerkung war berechtigter, als er wußte.

Von den Schwestern war Pauline an keiner anderen Herrschaft interessiert als an der über die Pariser Gesellschaft oder über die Herzen ihrer Bewunderer. Trotzdem schlug ihr Vergnügen darüber, regierende Herzogin geworden zu sein, in Bestürzung um, als sie erfuhr, daß Guastalla nur ein Dorf war. Immerhin: Wenn Elisa eine regierende Fürstin war und Caroline eine Großherzogin, dann konnte sie nicht einfach die Fürstin Borghese bleiben! Am meisten aber war sie stolz auf den Titel »Königin der Herzen«.

Pauline Borgheses Ruf als »grande amoureuse« war so verbreitet, daß schon als einer ihrer Liebhaber galt, wer nur in ihrer Gesellschaft gesehen wurde. Sicherlich hatte jedoch Pauline zahllose »amoureux«, das heißt Verehrer, wahrscheinlich aber keineswegs so viele »amants«, das heißt Liebhaber, wie ihr zugeschrieben werden.

Ginge man in beiden Kategorien ins einzelne, so würde das Bände füllen; sie stammten aus zwei Gesellschaftsklassen. Natürlich war zu erwarten, daß sie ihre Wahl unter den munteren, gutaussehenden und tapferen jungen Offizieren der Armeen ihres Bruders treffen und ihm so ein feines Kompliment machen würde. Indessen hatte Napoleon für Schmeicheleien solcher Art kein Verständnis, und Bruder und Schwester führten um diese jungen Männer einen privaten Kleinkrieg. Napoleon glaubte, daß Pauline und Caroline nichts anderes waren als kokettierende weibliche Wesen, aber er verlangte, daß sie sich behutsam benahmen. Sobald sich also ein ungestümer Husar oder Grenadier für die liebreizende Fürstin Borghese zu stark zu interessieren schien, wurde er sofort auf eine Dienstreise geschickt.

Nicht am wenigsten fesselte Pauline an diesem Spiel, ihren Bruder zu überlisten.

Das unwiderstehlich Anziehende, das Männer der Theaterwelt und der Musik für Pauline hatten, war weniger gefährlich. Die Bonaparte waren voll unausgelebten künstlerischen Temperaments, und sie alle wurden von der ihnen fehlenden schöpferischen Begabung anderer gefesselt. Elisa, mit einem Musiker verheiratet – wenn ihn sein Gekratze auf der Geige berechtigte, sich so zu nennen –, fand große Befriedigung in der Gesellschaft von bildenden Künstlern, Musikern und Schriftstellern. Die erotischen Abstecher Napoleons ins Theater waren zahlreich, und Pauline hatte sich Lafon erkoren, einen Schauspieler; später war Talma der Auserwählte, der größte Mime seiner Zeit, und ihn lösten die Komponisten Blangini und Pacini ab.

In den Jahren seit ihrer Verheiratung mit Borghese hatte Pauline ein Leben kluger Vorsicht geführt, ohne ernsthafte Bindungen, die sie als äußerst lästig mied, denn ihr Herz schlug in der Leere. Um ihre Gesundheit war es zu dieser Zeit schlechter bestellt gewesen als gewöhnlich, doch konnte sie sich, wenn ein besonderes Vergnügen in Aussicht stand, sehr wohl aufraffen. Diese Fähigkeit, ihre Krankheit abzuschütteln, wenn sich Zerstreuung bot, ist, zum Teil sicherlich mit Recht, als ein Zeichen von Hypochondrie gedeutet worden. Wahrscheinlich hatten ihre Rückfälle auch psychosomatische Ursachen, aber ihr Zustand war auch, wie alle chronischen Leiden, Schwankungen unterworfen, und sie fand in den Perioden scheinbarer Besserung die nötige Energie, an den Festlichkeiten und Vergnügungen teilzunehmen, die Paris in gehobener Stimmung hielten.

Borgheses Rückkehr von der Armee nach Paris traf mit Paulines dringendem Wunsch zusammen, ins Bad zu reisen, und es mag abgekartet gewesen sein, daß sie in Plombières mit dem Comte de Forbin zusammentraf, den sie vermutlich in Rom kennengelernt hatte.

Forbin, schön, aristokratisch und äußerst charmant, war weder Soldat noch Schauspieler noch Künstler. Ob sie nun einander in Rom begegnet waren, als er sich dort mit Malereistudien befaßte, oder nicht, ist unerheblich; jedenfalls verliebte sich Pauline wahnsinnig in ihn. Diese Romanze in Plombières war heftig, leidenschaftlich und fast tödlich, war doch Pauline dermaßen von Forbin besessen, daß sie sichtlich verfiel, doch um nichts in der Welt war sie dazu zu bringen, sich von ihm frei zu machen.

Um sich seiner ständigen Gegenwart zu versichern, ernannte ihn Pauline zu ihrem Kammerherrn, aber zu viele ihres Gefolges unterrichteten ihre Mutter und ihren Onkel Fesch über ihren besorgniserregenden Gesundheitszustand. Auf deren Betreiben wurde ein berühmter Gynäkologe, Dr. Hallé, zur Konsultation mit Dr. Peyre, Paulines Leibarzt seit Saint-Domingue, herangezogen.

Hallé teilte Peyre in einem berühmt gewordenen Brief seinen Befund mit:

»Ihre körperliche und seelische Verfassung ist auf eine Reizung des Uterus zurückzuführen. Wenn dieser Zustand bleibt und fortdauert, kann er sehr beschwerlich werden. Die Krämpfe in den Armen, die ich beobachtet habe, waren hysterische Erscheinungen, ebenso die Kopfschmerzen. Das allgemeine Bild ist das einer vollständigen Erschöpfung. Ich habe zu ihr in allgemeinen Ausdrücken über alles gesprochen, was zur Reizung des Uterus beigetragen hat, und ich glaube, daß sie mir zuhörte, fürchte jedoch, nicht mit genügend Aufmerksamkeit ... Man kann nicht immer einfach den Irrigator verantwortlich machen; vielmehr ist bei einer so jungen, schönen, sinnlichen und einsamen Frau, die sichtlich dahinschwindet, eine ständige Ursache zu vermuten. Was diese Ursache auch immer sei, es ist Zeit, und zwar allerhöchste Zeit, sie zu beseitigen.«

Weder Hallé noch Peyre hatten den geringsten Zweifel, daß die Ursache Forbin hieß, aber Pauline dachte nicht daran, ihn aufzugeben, obwohl sie einen offenen Streit mit ihrer Mutter, die sicherlich den Kaiser über die Affäre in Kenntnis setzen würde, zu vermeiden suchte, denn wenn er befahl, Forbin zu entlassen, blieb ihr keine Wahl, als zu gehorchen.

Um ihre Familie und die Ärzte mattzusetzen, schickte Pauline ihr Gefolge bis auf wenige, denen sie vertraute, daß sie nicht klatschen würden, nach Hause und fuhr immer weiter nach Süden, bis sie in einem kleinen Badeort, Gréoulx, haltmachte, wo sie nicht gestört werden konnte. Hier traf sich Forbin wieder mit ihr. Sie verbrachten ein paar idyllische Monate, aber das Feuer hatte zu lodernd gebrannt und verflackerte schließlich von selbst. Entweder hatte Forbin um eine Verwendung in der Armee nachgesucht, oder aber er war von Napoleon, der, was gar nicht zu vermeiden war, erfahren hatte, wer Paulines letzter Schwarm war, höflich aufgefordert worden, ein Offizierspatent anzunehmen.

So trennten sich denn die Liebenden, aber es ist bemerkenswert, daß Pauline mit einem Mann, dem sie verbunden war, nie stritt, Borghese ausgenommen, und daß man sich freundlich gesonnen blieb.

Nach Forbins Abreise hielt sich Pauline noch länger in Südfrankreich auf und zog – auf ihrem Tragsessel oder in einer Sänfte, wenn sie die Wagenfahrt zu quälend fand – von einem Ort zum andern, bis sie endlich in Nizza zur Ruhe kam. Dort verbrachte sie den Winter 1807–08.

Ihr dringendstes Problem war, für Forbin einen Nachfolger zu finden, und so rief sie aus Paris Felix Blangini herbei, ihren Kapellmeister. Dieser war, wie alle ihre Liebhaber, jung und gut aussehend, aber weder Aristokrat noch gebildet wie Forbin. Anderseits war er wegen seiner niedrigen Stellung sehr viel fügsamer, aber auch von seiner plötzlichen Erhebung zu der Ehre, der erklärte Liebhaber der Fürstin Borghese zu sein, sehr viel mehr überwältigt; auch war seine Lage nicht gefahrlos. Von Natur schüchtern, erschrak Blangini einigermaßen, als Pauline darauf bestand, sich mit ihm in der Öffentlichkeit zu zeigen. »Ich war nicht im geringsten neugierig darauf, ein Leutnantspatent angeboten zu bekommen, um meine Notturni in Spanien zur Begleitmusik pfeifender Kugeln und Granaten zu singen.«

Der »wilde« Haushalt in Nizza war sehr musikalisch, selbst der Koch spielte den ganzen Tag Gitarre. Paulines neues Idyll war erfüllt von Harmonien und Romanzen, die Blangini komponierte, von Duetten, die sie sangen; Pauline immer ein wenig falsch.

Für sie war dieses Zwischenspiel eine reine Zerstreuung, eine bloße Befriedigung der Sinne; bei Blangini war ihr Herz nicht beteiligt wie bei Forbin. In ihm aber sah es so aus: »Wenn mein Sklaventum auch süß war, so war es nichtsdestoweniger Sklaverei.« Er mag erleichtert aufgeatmet haben — wenn auch Pauline höchst verärgert war —, als durch die Ankunft Borgheses, der zum Generalgouverneur des italienischen Departements nördlich der Alpen ernannt worden war, das Nizzaer Idyll plötzlich unterbrochen wurde. Zwischen Eugène de Beauharnais auf der einen und Elisa auf der andern Seite konnte Borghese auf seinem neuen Posten nicht viel Schaden anrichten, jedenfalls weniger als in Portugal. Napoleon hatte, so unglaublich es scheint, mit dem Gedanken gespielt, Pauline zur Königin von Portugal zu machen.

Sie war äußerst gereizt, weil sie die ermüdenden Verpflichtungen der Gattin eines Generalgouverneurs auf sich nehmen und vor allem wieder mit Camillo einen gemeinsamen Haushalt führen mußte. Ihre Reise von Nizza nach Turin war die reinste Komödie, weil Pauline abwechselnd ihre schlechte Laune an Camillo ausließ und mit ihm stritt, wer von beiden auf den verschiedenen Poststationen die Ehrungen entgegennehmen solle. Es verlangte sie zwar nicht im geringsten danach, sich Reden anzuhören oder solche zu erwidern, aber Camillo hatte zu begreifen, daß sie die Schwester des Kaisers war und daß er durch sie seine hohe Stellung erreicht hatte. Was sich ihre Hofdame gedacht haben mag, wenn sie das Gezänk hörte, kann man sich nur vorstellen, zumal Pauline sie als Fußwärmer benützte.

Blangini wurde in den Haushalt nicht aufgenommen, aber Pauline bestand darauf, daß er sie nach Turin begleite. Er jedoch hatte von seiner Stellung mehr als genug, und die ihm in Camillos Gegenwart bezeigte ungewöhnliche Gunst machte ihn noch besorgter. Weshalb auch beharrte Pauline stets darauf, ihn ausgerechnet dann zu empfangen, wenn sie im Bad saß! Eine kleine Intrige, und Blangini wurde der Posten des Musiklehrers bei Jérôme in Westfalen angeboten. Zu seiner großen Erleichterung sagte Pauline großherzig, sie wolle seiner Beförderung nicht im Wege stehen, und die Affäre wurde zu beider Zufriedenheit abgeschlossen.

Kaum befand sich Pauline in ihrer neuen Stellung als Gemahlin eines Generalgouverneurs, da brach auch schon über sie der übliche Strom von Ermahnungen Napoleons herein: sie solle sich so verhalten, daß man sie liebe, zu allen freundlich und immer guter Laune sein und den Fürsten glücklich machen. Natürlich war sie geneigt, die ersten drei Ratschläge zu befolgen, wenn sie auch darin, bis zu welchem Grad man sie lieben solle, anderer Meinung war als ihr Bruder. Die Mahnung aber, den Fürsten glücklich zu machen, ärgerte sie; trotz seinem Reichtum und seinem römischen Adel verdankte er alles seiner Ehe mit ihr, und es war an ihm, *sie* glücklich zu machen.

Seine Bemühungen, dies zu tun, hatten zur Folge, daß Pauline wieder krank wurde. Offenbar versuchte Camillo, Angiolinis Rat in die Tat umzusetzen, der ihm erneut heftig zugeredet hatte: »Sehen Sie zu, daß Pauline einen Sohn zur Welt bringt, dann wird für Sie beide alles gutgehen. Daß sie einen Sohn bekommt, ist von größter

Bedeutung für sie und auch für Sie, mein Fürst, ebenso für alle, die Sie lieben und Ihr Bestes wollen.«

Eine Wiederaufnahme des Ehelebens ödete Pauline so schrecklich an wie vorher, auch mochte sie Turin nicht und die Pflichten, die ihre neue Stellung ihr abverlangten. Es war so abgeschmackt, in Nachahmung der Tuilerien hofzuhalten. Im übrigen bekam ihr – natürlich – das Turiner Klima nicht! Die Kinder der Murat zu unterhalten, die auf der Reise nach Neapel in Turin Besuch machten, war eine wohltuende, doch nur kurze Abwechslung.

So oft wie möglich flüchtete Pauline von Turin zu einem kleinen Jagdhaus in Stupinigi, aber als Joseph auf seinem Weg von Neapel nach Madrid sie dort besuchte, war er über ihren Gesundheitszustand erschrocken und riet ihr, sofort in ein Heilbad zu reisen, auch ohne Napoleons Erlaubnis abzuwarten, sich von ihrer Aufgabe zu entfernen.

Das brauchte man Pauline nicht zweimal zu sagen, und als der Befehl des Kaisers eintraf, ein Bad im Gouvernement ihres Gatten aufzusuchen, da befand sie sich bereits in Aix-en-Savoie.

Von dort schrieb sie an Napoleon:

»Ich fühle, daß es ganz unmöglich ist, nach Piemont zurückzukehren, denn dort ist das Klima sehr schädlich für mich und ich habe in sechs Wochen die Erfolge einjähriger Behandlung und strenger Einhaltung der ärztlichen Vorschriften wieder eingebüßt. Jetzt kann ich nur hoffen, durch dauernde Ruhe meinen Zustand zu verbessern, und das braucht Zeit.«

Pauline beklagte sich über Anfälle von Übelkeit. Es sei notwendiger denn je, sie nach Paris zurückkehren zu lassen. »Es ist mir unmöglich, ein so elendes und schmerzliches Dasein länger zu ertragen.«

Ob Napoleon ihren Brief ernst nahm oder nicht, wissen wir nicht; jedenfalls erlaubte er ihr, nach Paris zurückzukehren, und schalt sie nicht mehr. Er war im Gegenteil sehr freundlich zu ihr und schenkte ihr das Besitztum in Neuilly, das den Murat gehört hatte, dazu reichlich Geld. Sehr wahrscheinlich war er froh, sie wieder in Paris zu haben, denn wenn er auch seine Familie in alle Welt schickte, scheint er doch nie so glücklich gewesen zu sein, wie wenn er alle um sich wußte.

X. Kapitel

Königin von Neapel

Als Caroline Murat im September 1808 feierlichen Einzug in ihr Königreich der beiden Sizilien hielt, hätte sie eigentlich eine sehr glückliche Frau sein müssen. Die Krone, nach der sie so lange verlangt hatte, besaß sie nun endlich, aber die Befriedigung, die sie davon erwartet hatte, sie zu tragen, blieb aus.

Vor allem war das Königreich der Murat nur dem Namen nach das der beiden Sizilien; auf Sizilien selbst saßen noch, unterstützt von der britischen Flotte, die Bourbonen und stellten eine ständige Bedrohung der Sicherheit des Festlandes dar. Diese Verstümmelung ihres Herrschaftsgebietes verringerte Bedeutung und Ansehen der Murat und verursachte außerdem eine wesentliche Schmälerung ihrer Einkünfte. Dies war um so unangenehmer, als Joseph die öffentlichen Finanzen Neapels in einem kläglichen Zustand hinterlassen und darüber hinaus auch noch die königlichen Paläste buchstäblich ausgeplündert hatte, so daß sie nicht viel mehr als nackte Räume in Besitz nahmen. Sie konnten ihr neues Heim auch nicht mit Einrichtungen aus ihren französischen Besitzungen ausstatten, weil sie diese alle einschließlich sämtlicher Möbel im Gesamtwert von etwa 4 Millionen Francs dem Kaiser gegen eine jährliche Vergütung von 500 000 Francs, die in Wirklichkeit jedoch nie ausgezahlt wurden, hatten abtreten müssen.

Zu der Enttäuschung über die spanische Affäre, die Caroline noch immer nicht überwunden hatte, kamen weitere Ursachen für ein anhaltendes Gefühl des Elendseins. Sie sah jetzt eine unbegrenzt lange Zeit der Trennung von Paris und von der Familie vor sich – schließlich war auch Elisa, seit sie im Jahre 1805 nach Lucca gegangen war, noch nicht ein einzigesmal wieder in Paris gewesen.

Außerdem fühlte sie sich nicht wohl und beklagte sich über das Klima, wenn sie auch zugeben mußte, daß die Landschaft wunderschön und die Paläste herrlich waren. Caserta zum Beispiel schien ihr sogar Versailles zu übertreffen, doch um ihre Gemächer in Neapel zu erreichen, mußte sie nahezu 300 Stufen bewältigen, und der Lärm des Arsenals unterhalb ihres Domizils raubte ihr den Schlaf. Quälender jedoch als diese Unbequemlichkeiten war ihre Befürchtung, sie könnte in Neapel ihren Einfluß auf Napoleon verlieren, den aufrechtzuerhalten ihr mehr denn je wichtig erschien, denn Murats Benehmen gab nachgerade Anlaß zu Besorgnis.

Sein militärischer Ruf, seine Prahlerei und sein Helmbusch entzückten zwar das Volk von Neapel, aber der Adel verhielt sich weitgehend reserviert. Sicherlich jedoch gefiel ihnen Murat besser als Caroline, deren Hochnäsigkeit scharf kritisiert wurde, während man über ihn im allgemeinen der Ansicht war, daß er seine Rolle als König außerordentlich gut spiele, daß er die Leute ungezwungen und mit Würde empfange, ohne in Sprache oder Benehmen seine Herkunft zu verraten – ein Urteil, das die Gräfin Potocka sicherlich überrascht hätte. Man räumte ein, daß sich Caroline wie eine Königin benahm; selbst Vigée-Lebrun wäre mit ihrem Betragen völlig zufrieden gewesen, denn sie hatte viel gelernt – sogar Pünktlichkeit.

Am Hof sahen die Neapolitaner die Franzosen nach wie vor als Eindringlinge und Thronräuber an, und die kleine französische Kolonie befand sich ständig in der Defensive. Es lebten nur sehr wenige Franzosen in Neapel, und Caroline fühlte sich einsam, so einsam, daß sie Madame Cavaignac, die Frau des Generals, der einst Murats Oberst gewesen war, einlud, sie doch möglichst oft zu besuchen. Sie gestattete ihr sogar, in einem Kleid ohne Schleppe zu ihr zu kommen, ein sehr beachtliches Zugeständnis von jemand, dem Etikette alles bedeutete.

Die von ihr eingeführte Hofsitte war, wie die Elisas, sogar strenger als in den Tuilerien. Um ihre königliche Würde zu wahren, benötigte sie einen Oberhofmarschall, einen Zeremonienmeister, einen Oberstjägermeister, zahllose Kammerherren, Stallmeister, Hofdamen und Pagen, die vom Tagesbeginn an ständig in voller Livree dienstbereit zu sein hatten. Obwohl der kleine Louis Murat von der Farbenpracht und dem Glanz der Uniformen geblendet war, fand er doch alles sehr komisch, besonders die Kostüme der Vorzimmerdamen, die an jeder Tür zu Carolines Gemächern postiert waren. Sie trugen Kleider aus kanariengelbem Satin, deren Ärmel und Saum mit weißem Satin eingefaßt waren. Auf dem Kopf hatten sie Topfhüte aus weißem Satin und Tüll mit den unvermeidlichen weißen Federn.

Die Etikette bedrückte die Kinder sehr und ebenso der Schatten des Kaisers, der nicht nur ihre Studien, sondern auch ihren Zeitvertreib mitbestimmte. Weil Tasso zu seinen Lieblingsdichtern gehörte, mußten sie seine Stanzen auswendig lernen; weil es möglich war, daß er Letizia eines Tages auffordern könnte, mit ihm Schach zu spielen, mußte sie sich die Schachregeln und Züge einprägen. Nur ihr Vater kümmerte sich keinen Deut um die übertriebenen Bekundungen des Königtums, soweit es sich um seine Kinder handelte. Er hatte sie alle sehr gern, aber Letizia liebte er abgöttisch. Den hübschen goldenen Bartkamm, dessen Handgriff mit Türkisen eingelegt war und den ihm Letizia und Louis geschenkt hatten, trug er immer bei sich. Die Kinder erwiderten seine Zuneigung und Liebe und redeten ihn sogar mit dem vertraulichen Du an, aber dies immer nur dann, wenn Caroline nicht anwesend war, denn sie hätte diese Ungebührlichkeit nie geduldet.

Vor ihrer Mutter zogen sie sich irgendwie scheu zurück; sie liebten sie, aber sie hatten auch Angst vor ihr. Carolines Zuneigung war nicht gerade überschwenglich; oft vergingen Tage, ohne daß sie ihre Kinder sah, was sie damit entschuldigte, daß sie dies absichtlich tue und auf etwas Abstand sehe, weil sie befürchte, sie sonst zu verwöhnen, wie das durch Murat geschehe. Doch ist bemerkenswert, daß ihre Tochter Louise mit spürbarer Zurückhaltung über sie schreibt. Auch während des erbitterten Kriegs mit England hielt es Napoleons Schwester, die Königin von Neapel, für unerläßlich, für ihre Kinder eine englische Erzieherin zu halten. Mrs. Pulsford und Miss Davies waren vermutlich die ersten in der Schar der englischen Kindermädchen und Gouvernanten, die Generationen von ausländischen Familien ihren unauslöschlichen Stempel aufdrücken sollten. Auch Caroline ist offensichtlich von ihnen beeinflußt worden, denn nur von ihnen kann sie gelernt haben, den Tee auf echt englische Art zu schätzen, mit Toast, kleinem Gebäck und Teekuchen, eine Vorliebe, die zweifellos ganz erheblich Schuld daran trug, daß sie zunehmend stärker wurde. Miss Davies hat kunstlos verfaßte Erinnerungen über ihren 11 Jahre währenden Aufenthalt bei der Familie Murat hinterlassen, in denen sie schildert, wie Caroline ihre Paläste ausstattete, die Miss Davies mehr als alles, was sie je zuvor in England oder Frankreich gesehen hatte, als Feenschlösser erschienen:

»Die Königin verfügte über ausgezeichneten Geschmack und ließ in den Palästen Neapels und in deren Umgebung zahlreiche Verbesserungen vornehmen. Bis dahin hatten sich diese in einem sehr vernachlässigten Zustand befunden und wenig nach einer königlichen

Residenz ausgesehen. Aber durch ihre Umgestaltungen wurden sie prächtig und entsprachen jetzt ihrem Rang.« Doch hatte die Medaille auch eine Kehrseite, die zeigt, daß es nicht unbedingt eine Sinekure war, zum Haushalt Carolines zu gehören:

»Alles in ihren Palästen wurde auf bewundernswerte Weise und in vollkommener Ordnung geleitet. Sie selbst konnte keinen Augenblick untätig sein, und so ließ sie auch nicht zu, daß andere, und wenn es nur kurze Zeit war, müßiggingen.«

Was aber Caroline am meisten beunruhigte, war nicht der Hof und auch nicht ihr Haushalt, sondern ihr Mann. Es dauerte nur wenige Monate, und das Zerwürfnis zwischen ihr und ihm war Gegenstand des allgemeinen Klatsches, ein Streit, der über Carolines Entschluß entstanden war, zu regieren und gleichzeitig zu herrschen, einem Verlangen, dem sich Murat heftigst widersetzte.

Carolines Gedanken drehten sich unentwegt um jene Klausel des Vertrages von Bayonne, die ihr, sollte sie Joachim Murat überleben, die alleinigen Rechte an der Krone zusprach und ihr das uneingeschränkte Recht sicherte, als Monarchin vollkommen unabhängig und selbständig zu regieren. Dies war ein bemerkenswerter Vorteil gegenüber der Urkunde, die Murat zum Großherzog von Cleve und Berg gemacht hatte, in der sie überhaupt nicht erwähnt war, obwohl er selbst eine eigene Klausel gewünscht hatte, nach der sie im Falle seines Todes als Regentin eingesetzt werden sollte.

Der Vertrag von Bayonne kennzeichnete deutlich den Wandel in der Einschätzung Carolines und seines Schwagers durch Napoleon. »Diese einzige Ausnahme von einem Grundgesetz [dem Salischen Erbrecht]«, so heißt es in dem entsprechenden Vertragsartikel, »ist von der Tatsache bestimmt worden, daß diese Abtretung des Königreiches, durch die ihre Familie zur Thronfolge bestimmt wird, in erster Linie zu Carolines Gunsten getroffen wurde.«

In dieser Klausel sah Caroline einen hinreichenden Rechtstitel zur Begründung ihrer Forderung, gleichen Anteil an der Regierungsgewalt in Neapel zu haben, um ihrem Bruder und der Welt beweisen zu können, daß sie zumindest ebenso tüchtig sei wie ihre Schwester Elisa.

Madame Cavaignac bemerkte, daß Elisas Beispiel Caroline den Kopf verdreht habe; ihr selbst seien während der ganzen vier Jahre, die sie bei den Murat in Neapel verbracht habe, nie irgendwelche

Fähigkeiten aufgefallen, die Carolines Anspruch zu regieren gerechtfertigt erscheinen ließen. Carolines Ehrgeiz rühre wahrscheinlich von dem Stolz her, eine geborene Bonaparte zu sein, und ihre maßlose Eitelkeit habe sie den falschen Weg einschlagen lassen. Eigentlich habe ihr die Natur die Rolle, eine hübsche und charmante Frau zu sein, zugedacht, wäre sie nicht vom Wunsch besessen gewesen, Napoleon und Elisa nachzuäffen.

Madame Cavaignac hatte einmal miterlebt, wie sich dieses bezaubernde und schöne Antlitz plötzlich in eine harte, bösartige und haßerfüllte Grimasse verwandelte, und diese Erinnerung verließ sie nie mehr, so daß sie stets dieses andere, wahre Gesicht gleichsam hinter einer Maske verborgen sah.

Elisa jedoch war von Anfang an so gescheit gewesen, sich einen Gatten zuzulegen, der sich damit zufriedengab, ihr erster Lakai zu sein, der für sich selbst keinerlei weitergehenden Rechte als die des Ehemannes beanspruchte und der sogar bereit war, diese gutmütig zeitweilig abzutreten, wenn sich Elisas Neigung gerade einmal anderswohin wandte. In der Toscana änderte sich für ihn nichts, außer daß Elisa jetzt auch in seinen Aufgabenbereich eingriff, und nunmehr an seiner Seite in einer prächtigen Husarenuniform an den jeweiligen Truppenbesichtigungen teilnahm.

Kaum hatte Elisa die Nachricht erhalten, daß sie jetzt Großherzogin von Toscana werden sollte, stürzten sie und Felix Hals über Kopf in den Palazzo Pitti in Florenz, fest entschlossen dort zu bleiben, koste es, was es wolle. Daß ihr Bruder keinen Zweifel darüber gelassen hatte, daß ihre Stellung nicht die gleiche wie in Lucca sein würde, beunruhigte sie nicht im geringsten. Dort hatte sie über soviel Unabhängigkeit verfügt, wie er sie jedem anderen seiner Satelliten auch zugestand, hier in Florenz aber war sie seine Statthalterin und nicht mehr.

Keineswegs eingeschüchtert, war Elisa überzeugt, daß sie schon sehr bald beweisen würde, wie gut sie auch in dem ihr jetzt übertragenen größeren Wirkungskreis ihre Pflichten erfülle, und sie begann sofort in ähnlicher Weise aktiv zu werden, wie sie das in Lucca getan hatte.

Ihre erste Aufgabe bestand in ihren Augen darin, sich ihren neuen Untertanen zu zeigen. Auf zahllosen Besuchsfahrten durch die ganze Provinz bemühte sie sich, Wohlwollen und Popularität zu gewinnen, doch blieb vor allem der toscanische Adel trotz all ihrer Anstrengungen kühl abweisend. Statt dessen zog sie sich die Mißbilligung ihres Bruders Napoleon zu, weil sie bei allem, was sie tat, zu überstürzt handle, und so kam sie zu der Überzeugung, daß ihr die vermehrten Pflichten keineswegs die Befriedigung verschafften, die sie sich erhofft hatte.

Überdies war die Toscana lange nicht so ruhig wie Lucca, und als der Papst auf dem Weg nach Frankreich durch ihr Staatsgebiet reiste, kam es sogar zu Unruhen. Elisa fürchtete sich jetzt zu sehr davor, das Mißfallen ihres Bruders zu erregen, und so wagte sie es nicht, sich aufzumachen, um dem Papst zu begegnen, was möglicherweise das höchst heikle politische Manöver, mit ihm wie mit einem Gefangenen zu verfahren, durchkreuzt hätte.

Wegen der Befürchtungen, die sie hinsichtlich des im Mittelmeer operierenden britischen Geschwaders hatte, wandte sie sich an Murat und war froh über dessen beruhigende Auskunft, daß die Engländer nicht Kurs auf die Toscana nähmen. Sollten sie aber tatsächlich vor ihrer Küste aufkreuzen, so »werde ich nicht vergessen, daß ich in Neapel den Achilles Frankreichs habe, und daß sein Herz und sein starker rechter Arm mir zur Verfügung stehen würden«. Der Fürst war soeben von Livorno zurückgekehrt und sandte freundliche Grüße an Murat, die dieser mit ziemlicher Verachtung entgegennahm, denn er teilte durchaus Napoleons Meinung: »Bacciocchi hat nichts getan, er ist unfähig zu regieren, aber Murat hat seine Krone verdient.«

Gleichwohl erschien Bacciocchi Murat ständig als Alptraum. Er fürchtete nämlich, daß er selbst sehr bald auch auf eine gleiche Position zurückgedrängt werden könnte und dann nur noch als Ehemann der Königin zählte, wenn er Caroline zu großen Einfluß auf sich einräumte. Deshalb stieß er sich schon heftig an der geringsten Beschneidung seiner Befugnisse.

Diese Eifersucht und sein Mißtrauen erschwerten es außerordentlich, normale Beziehungen zwischen den Ehegatten aufrechtzuerhalten, und Murats Empfindungen gegenüber Caroline steigerten sich bis zu psychopathischer Heftigkeit. Seine Tochter Louise war allerdings der Meinung, daß er keine Veranlassung habe zu fürchten, er könne jemals zu einem Bacciocchi werden, dafür seien seine persönlichen Eigenschaften zu hervorragend; außerdem besitze Caroline viel zuviel Sinn für ihre eigene Würde, als daß sie versuchen würde, aus ihrem Gatten einen Popanz zu machen. Wahrscheinlich hatte sich Murat immer noch nicht ganz von seinem Nervenzusammenbruch in Spanien erholt. Sein ohnehin heftiges Temperament war noch unberechenbarer als gewöhnlich, und erbittert verfolgte er Carolines Bemühungen, zum Staatsrat zugelassen zu werden und eine aktive Rolle in der Regierung zu spielen. Er war um so mißtrauischer, als er ständig hinter Caroline ihren Bruder zu verspüren glaubte, der ihn am kurzen Zügel hielt.

Murats großer Charakterfehler war, daß er keinerlei Selbstkritik besaß. Er war, außer auf dem Schlachtfeld, meist unentschlossen und dachte, er könne sich aus jeder Schwierigkeit durch irgendein Gascogner-Stückchen herauswinden. Obwohl er sich brüstete: »Der Kaiser denkt, ich werde nachgeben, aber ich bin wie aus Eisen und ich werde ihm das beweisen«, war er in Wirklichkeit willensschwach und unfähig, sich Napoleon oder auch Caroline gegenüber durchzusetzen.

Während der Jahre in Neapel hatten die Murat immer wieder Krisen und heftige Auseinandersetzungen zu bestehen, wobei es nur darum ging, wer dem anderen seinen Willen aufzwingen könne. Als Caroline sah, daß sie bei der Halsstarrigkeit ihres Gatten keine Fortschritte erzielen konnte, verlegte sie sich aufs Intrigieren und scheute selbst vor heimtückischen Mitteln nicht zurück, um seinen hartnäckigen Widerstand zu untergraben.

Es war unvermeidlich, daß Nachrichten über die Unstimmigkeiten zwischen den beiden auch nach Paris gelangten. Dadurch wurde Murats Schwiegermutter veranlaßt, ihm einen Brief zu schreiben – auf italienisch, das sie stets für ihre ganz private Korrespondenz benützte –, in dem sie ihn vor den möglichen Folgen warnte, falls diese Berichte auch an des Kaisers Ohr gelangen sollten. Sie gab das Alarmzeichen: »Das Wohlergehen der Familie beruht auf ihrer Einigkeit.«

Eine weitere Warnung aus Paris kam von Agar, dem Comte de Mosbourg, Murats Vertrauensmann, der ihm rundheraus erklärte, daß sein Streit mit Caroline nur den Mitgliedern der kaiserlichen Familie, die seine einzigen wirklichen Feinde seien, nützliche Munition liefere; seine Schwäger hätten von jeher nicht gewollt, daß die Krone Neapels der direkten Linie der Familie entzogen würde, und

Joséphine, die ihm einmal allzu freundlich gesonnen war, sei nun seine Feindin geworden, seit sie erfahren habe, daß er offen für eine Scheidung eingetreten sei.

Zu der geschilderten persönlichen Rivalität zwischen den Murat kam noch eine unüberbrückbare Meinungsverschiedenheit, die während ihrer ganzen Regierungszeit in Neapel bestand. Caroline hielt es für notwendig, den Wünschen des Kaisers nachzukommen und die Interessen Neapels denen Frankreichs unterzuordnen, während Murat ständig und gewissenhaft versuchte, das Wohlergehen seiner Untertanen zu fördern, ein Ziel, das unvereinbar war mit den zunehmenden Forderungen Napoleons an Neapel im Hinblick auf Finanzen, wirtschaftliche Präferenzen und Menschenkräfte. »Als ich den Thron Neapels bestieg, habe ich geschworen, mein Volk glücklich zu machen, und ich werde meinen Eid halten. Ich werde mit allen Hindernissen fertig werden, jede Unredlichkeit bekämpfen und alle diejenigen zu treffen wissen, die mich davon abhalten wollen, Gutes zu tun, wo immer ich sie finde, welchen Rang oder welche Stellung sie auch immer einnehmen.«

Es war ein bewundernswertes Vorhaben. Leider stand es im direkten Widerstreit zu Napoleons Absichten.

»Wenn ich in Neapel einen König aus meiner Familie einsetze, dann nicht, damit mein Handel schlechter wegkommt, als wenn ein Feind dort auf dem Thron säße. Ich wünsche vor allem anderen das, was den Interessen Frankreichs nützt. Wenn ich Königreiche erobert habe, so, damit Frankreich Vorteile dadurch erhalte, und wenn diese meine Wünsche nicht beachtet werden, dann sehe ich mich gezwungen, diese Königreiche Frankreich einzuverleiben. So werde ich mit Spanien und mit allen anderen Staaten verfahren, wenn sie sich meinem System nicht einfügen wollen.«

Hier lag der hauptsächliche Grund für die nicht nur zwischen Napoleon und Murat, sondern auch zwischen dem Kaiser und seinen Brüdern Jahre hindurch geführten Duelle mit Vorwürfen, Anklagen, Gegenbeschuldigungen, Rügen und Beschwichtigungen, obwohl er seinen Standpunkt kristallklar und unzweideutig dargelegt hatte. Sie waren alle nur deshalb auf ihre Throne gesetzt worden, weil er von ihnen eher noch als von jedem anderen erwartete, daß sie seine Politik verfolgen würden; wollten sie dieser Forderung aber nicht nachkommen, so brauchten sie sich auch über ihr eigenes Geschick keinerlei Illusionen hinzugeben; entweder würden sie abberufen oder man würde sie mit Gewalt zur Abdankung veranlassen. Napoleon war nicht gesonnen, so unglaubliche und herrische Forderungen wie die Josephs zu dulden, er wünsche in Frieden gelassen zu werden, um seine Pflichten als König erfüllen zu können.

Zum Teil wurzelte Murats Groll gegen Caroline gerade darin, daß er in eine unmögliche Stellung gebracht worden war; ihr Ehrgeiz war es in erster Linie gewesen und nicht seiner, der ihn den Thron Neapels hatte besteigen lassen, aber auch er hatte das Empfinden gehabt, daß »kein anderer Thron solche Gelegenheiten bietet, einer Nation Wohltaten zu erweisen, die soviel berechtigte Ansprüche auf ein glückliches Dasein hat«, und schließlich mußte er trotz seiner Gefühle bleiben, wo er einmal hingestellt war, denn »für Könige gibt es keine Beförderung«. Doch gelegentlich konnte es Murat Caroline nicht verzeihen, daß sie ihn aus seinem gewohnten Dasein gerissen hatte, für das er am besten geeignet war, dem Soldatenleben. Sein wirklicher Thron war der Sattel, sein wahres Szepter der Säbel, und seine beredtste Ansprache die, welche er am 18. Brumaire gehalten hatte: »Trommler, schlagt das Zeichen zum Angriff! Grenadiere, vorwärts!«

Murats nervöse Niedergeschlagenheit und seine schlechte Laune verdoppelten sich, als er nicht mit aufgefordert wurde, am neuen Feldzug gegen Österreich teilzunehmen; und Caroline hatte unter der Tatsache zu leiden, daß die Schlacht bei Wagram im Jahre 1809 ohne sein Zutun gewonnen wurde. Jetzt machte er aus ihr und ihren Ambitionen ein wahres Schreckgespenst, vielleicht in der unterschwelligen Erwartung, daß sie eines Tages selbst dann einmal ihre Stellung unerträglich finden und ihren Bruder bitten würde, die Bürde der Krone von ihnen beiden zu nehmen.

Für Joachim Murat, der grollte, weil man ihn um frischen Lorbeer gebracht hatte, den ihm die alltäglichen quälenden Probleme der Verwaltung, Einnahmen, Steuern, Ein- und Ausfuhr nicht ersetzen konnten, bedeutete es einen kleinen Trost, daß Napoleon sagte: »Wenn ich bei Wagram Murat an der Spitze meiner Kavallerie gehabt hätte, wäre nicht ein einziger Österreicher entkommen.«

Caroline beobachtete Murats Unzufriedenheit mit großer Besorgnis; sie befürchtete, daß seine zur Schau gestellte Unabhängigkeit und die Drohungen, vom Thron herabzusteigen, ihren Bruder aufs äußerste reizen könnten; aber Joachim wies alle ihre Bemühungen, ihm zu raten, heftig zurück, weil er sie für sein gegenwärtiges Unbehagen verantwortlich machte. Wenn sie doch jetzt in Paris sein und mit dem Kaiser selbst sprechen könnte, und sei es nur für eine kurze Stunde! Sie machte Hortense zu ihrer ersten Vertrauten; alle Kühle zwischen ihnen beiden wegen der Flahaut-Affäre war vergessen. Ihr schrieb sie, sie sei so traurig, so niedergeschlagen und so unglücklich, daß sie gar keine Freude mehr am Leben habe:

»Sicher glaubst Du, es gebe keinen heitereren Hof als meinen, aber die Zeiten haben sich geändert. Seit dem Tag, da ich Paris verließ, habe ich allen Freuden, ja selbst dem Glück entsagt.«

Die archäologischen Ausgrabungen in Pompeji, für die sie sich sehr interessierte, und die Schule, die sie in Neapel nach dem Vorbild des »Institut Elisa« in Lucca gründete, brachten ihr wenigstens etwas Befriedigung, aber die Zwistigkeiten in ihrer Ehe verdarben alles. Die einzigen ruhigen Stunden hatte sie nur während der Abwesenheit Murats, wenn dieser Jagd machte auf Seeräuber oder Engländer, die Kalabrien heimsuchten.

Die Erlösung von den Spannungen brachte den Murat endlich eine Botschaft Napoleons, daß sie jederzeit, sobald sie es wünschten und es die Lage erlaube, nach Paris kommen könnten. Noch willkommener aber war Murat selbst ein eigenhändiger Nachsatz des Kaisers: »Wenn Sie kommen, werden Sie feststellen, daß ich für den König von Neapel derselbe geblieben bin wie für den General Murat.« Es lag gänzlich außerhalb Murats Natur, den Kaiser der Ironie zu verdächtigen.

Der Winter des Jahres 1809 ist in den Annalen des Empire als ruhmreich verzeichnet, denn in ganz Europa waren die französischen Waffen siegreich, und der Kaiser hatte in Schönbrunn Österreich den Frieden diktiert. Den Bonaparte schien aber ein bestimmtes Ereignis des Jahres womöglich noch bedeutsamer: Am 14. Dezember 1809 versammelte sich die ganze Familie, mit Ausnahme von Lucien und Elisa, die sich im Frühstadium der Schwangerschaft befand und sich nicht in der Lage fühlte die Reise nach Paris zu unternehmen, im Grand Cabinet der Tuilerien. Sie waren gerufen worden, um zu vernehmen, daß die Ehe zwischen Napoleon Bonaparte und Joséphine de Beauharnais im gegenseitigen Einvernehmen getrennt worden war.

13 Jahre Anstrengungen und Intrigen hatte es die Bonaparte gekostet, sie loszuwerden; nun war ihr langer Kampf endlich belohnt. Sie sahen sie ohne Mitleid gehen, aber ihre Freude wurde keineswegs vom französischen Volk geteilt, dem Joséphines Herzensgüte und Großzügigkeit mehr bedeuteten als das dynastische Prinzip. Trotz der vom Kaiser für den Hof angeordneten fröhlichen Festlichkeiten – als ob wahre Fröhlichkeit auf Befehl hervorgebracht werden könnte –, war Paris noch nie trauriger inmitten großartigster Vergnügungen gewesen. Düsterkeit lag über allem, und auch der Hof, dessen gesellschaftlicher Mittelpunkt fehlte, war entzweit.

Caroline konnte Joséphines Platz nicht einnehmen, weil ihre Arroganz und ihre maßlos übersteigerte Vorstellung, die sie von der eigenen Bedeutung hatte, sie am Hof ihres Bruders unbeliebt machten und sich auf ihren eigenen Bällen die Menschen auch nicht wohlfühlten. Das einzige Vergnügen, das sie anderen verschaffte, war, wenn sie mit dem Großherzog von Würzburg Duette sang, denn beide hatten sie die schauderhaftesten Stimmen (wenn auch Fürsten selbstverständlich immer den Ton treffen!).

So abgespannt und unwohl sich Caroline auch fühlte, so war sie doch, im Gegensatz zu Pauline, nie zu müde, um die Wünsche des Kaisers zu erfüllen. In ihrer Leidenschaft für das Schachspiel – einmal schenkte sie Napoleon einen Satz Figuren, die aus der Lava des Vesuvs und aus Korallen aus der Bucht von Neapel gefertigt waren – beschloß sie, die von ihr erbetene Quadrille als lebendes Schachspiel, also mit Menschen als Figuren, zu gestalten.

Die Könige und Königinnen funkelten im Schmuck von Rubinen und Saphiren, und die roten und blauen Bauern trugen eine Haartracht, die der Sphinx nachgebildet war, und waren im übrigen in ägyptischem Stil gekleidet. Die Quadrille selbst war aber kein Erfolg, denn es konnte sich immer nur ein Tänzer auf einmal fortbewegen, doch Caroline war von ihrem komplizierten Einfall recht angetan. Da sie sich in aller Bescheidenheit die Rolle eines blauen Bauern zugeteilt hatte, gewann selbstverständlich diese Farbe das Spiel.

Obwohl die hübschesten Frauen des Hofes für diese Quadrille ausgesucht wurden – einschließlich Laure d'Abrantès, welche die Ehre, für die Königin von Neapel zu tanzen, nicht ausschlagen konnte –, nahm Pauline nicht daran teil, denn sie hatte andere und wichtigere Aufgaben von besonderer Diskretion für ihren Bruder zu erfüllen.

In Schönbrunn war Madame Walewska die Gefährtin des Kaisers gewesen, vielleicht die einzige Frau, die er neben seiner Mutter wirklich achtete; jetzt aber fühlte er sich irgendwie verloren, ehe nicht seine neue Heirat arrangiert war. Es fiel auf, daß er in der Zeit zwischen seiner Trennung von Joséphine und der Wiederverheiratung verhältnismäßig oft die Fürstin Borghese empfing. In St. Cloud, in Paris oder in Fontainebleau waren sie immer zusammen, und die alten Gerüchte über ein blutschänderisches Verhältnis zwischen den beiden lebten wieder auf.

»Nie hatte sie«, sagte Fouché, »so viel Liebe und Verehrung gegenüber ihrem Bruder gezeigt. Ich hörte sie sagen (denn sie wußte, daß ich Kenntnis von allem hatte, was vorging): ›Warum sollten wir nicht zusammen in Ägypten regieren? Wir würden es wie die Ptolemäer machen. Ich würde mich von meinem Mann trennen und meinen Bruder heiraten.‹

Ich wußte, daß sie selbst zu unwissend war, von sich aus solch eine Anspielung zu machen, und ich erkannte die Stimme ihres Bruders.«

Fouché vernahm diese Stimme gleich am nächsten Tag noch einmal voller Lautstärke in höchstem Zorn, denn es gab zwischen ihm und dem Kaiser einen furchtbaren Auftritt, über den er allerdings nichts in seinen Memoiren erwähnt. Man kann aber vermuten, daß Napoleon Fouchés Gerede zu Ohren gekommen war und daß er ihn deswegen zur Rede stellte.

Im übrigen hatte sich Fouché geirrt. Gegenstand der Aufmerksamkeit des Kaisers war nicht seine Schwester, sondern eine ihrer italienischen Hofdamen, die blonde und liebreizende Christine de Mathis, die es nicht zu schätzen schien, daß man sich den Wünschen des Kaisers unverzüglich zu fügen hatte. Diese Liaison war natürlich in Hofkreisen bekannt, wurde aber von denen gerne übersehen, die es vorzogen, an den verleumderischen Inzest-Klatsch zu glauben. Es war erst im Jahre 1939, daß dieser infame Klatsch aufgrund jetzt entdeckter Briefe Napoleons an seine Schwester Pauline, die er zu jener Zeit geschrieben hatte und die M. Fleuriot de Langle veröffentlichte, endgültig und ein für allemal als Lüge festgenagelt wurde.

Vielleicht schien es nicht sehr glaubhaft, daß Pauline die Rolle Carolines als Kupplerin übernommen habe, aber keine der beiden Schwestern sah irgend etwas Unrechtes darin, dem Bruder und Souveränen einen Gefallen zu tun; Pauline insbesondere konnte ihm ja gar keinen anderen Dienst erweisen. Die Wahrheit ist, so unappetitlich die Sache sein mag, daß sich ihre hilfreiche Zusammenarbeit in Gestalt solider finanzieller Gewinne für sie selbst bezahlt machte oder, weniger materialistisch ausgedrückt, ihnen Napoleons Dankbarkeit sicherte.

Fouché dagegen glaubte in Madame de Mathis nur einen Deckmantel für Paulines Plan, sich Napoleon zu unterjochen, zu sehen, und er spielt Tartüffsches Entsetzen über die ausschweifenden Szenen vor, deren Zeugen die Wände ihres üppigen Schlosses in Neuilly und ihres prächtigen Hauses in der Rue du Faubourg St. Honoré gewesen seien.

Nach seiner Version dauerte die Affäre zwischen ihr und ihrem Bruder ein Jahr, doch sei sie nicht unbedingt ein leidenschaftliches Verhältnis gewesen, da Napoleon völlig von seiner Gier nach Eroberungen und Macht beherrscht gewesen sei. Fouché bemüht sich nicht einmal zu erklären, was seiner Meinung nach dann – wenn schon keine Leidenschaft mit im Spiele war – überhaupt zu dieser unnatürlichen Verbindung geführt habe.

Zur Bekräftigung dieser Lügen berief man sich gerne auf Joséphine als Zeugin, und es ist natürlich durchaus möglich, daß sie in ihrer Eifersucht und Verzweiflung in einem unbedachten Augenblick so phantastische Äußerungen gemacht hat, ohne dabei zu bedenken, daß sie ja durch die Verleumdung ihrer Schwägerin gleichzeitig auch ihren eigenen Mann anschwärzte. Aber Joséphine war jetzt endlich von der Bühne abgetreten, und aller Augen richteten sich nunmehr auf die zweite Eheschließung des Kaisers.

Caroline brachte diese Heirat neue Ehren und Verantwortlichkeiten, denn sie hatte der Kaiser dazu auserwählt, die märchenhafte Aussteuer für die neue Kaiserin zusammenzustellen, und gleichzeitig mit dem Ehrendienst beauftragt, sie von der österreichischen Grenze nach Frankreich zu geleiten. Aber Carolines Gedanken waren mit ganz anderen Dingen beschäftigt, und zwar seltsamerweise am meisten mit ihrem Gatten. Nichts konnte sie über die Abwesenheit Murats hinwegtrösten, nicht einmal die Gesellschaft des Kaisers und seine liebenswürdige Aufmerksamkeit, als Joachim nach der Auflösung der kaiserlichen Ehe nach Neapel abgereist war. Ihre völlige Aussöhnung war für jedermann eine große Überraschung gewesen, und die Berichterstatter, die behaupten, das diese rein um ihrer politischen Interessen willen erfolgt sei, haben eine entscheidende Einzelheit ihres ehelichen Zusammenlebens in Neapel außer acht gelassen. Dort waren die Gemächer des Königs von denen der Königin durch eine lange Terrasse getrennt und nur über ein verzwicktes und umständliches System von Korridoren von innen zugänglich, so daß schon rein räumlich alles dazu beitrug, beide Gatten voneinander entfernt zu halten. In Paris dagegen lebten sie gemeinsam in den gleichen Gemächern in den Tuilerien, und es scheint, daß sie ganz offensichtlich dadurch wieder in den Bann der früheren gegenseitigen Anziehungskraft gerieten.

»Jedesmal, wenn sie sich nach monatelanger Trennung wiedersahen, jedesmal, wenn mein Vater an der Spitze seiner Kavallerie ein Reitermanöver ausführte, das an die Ritterkunststücke der alten Helden erinnerte, verflüchtigte sich ihr alter Groll und beide waren sich näher als je zuvor.«

Das schrieb Louise Murat als alte Frau, womit sie vielleicht den Hintergrund aller Schwierigkeiten dieser Wiedervereinigung aufdeckte, den sie sicher als Kind in Neapel nicht verstanden hätte. Auch Hortense zollte Carolines Reizen ihren Tribut, wenn sie sagte, ihre Schwägerin habe die ganze asiatische Sanftheit und das verführerische einer Odaliske besessen; es ist verständlich, daß Murat nach seinen Abenteuern »de bas étage« – denn in Neapel gab es keine Pompadour – seine Frau wieder höchst begehrenswert fand. Und von Caroline ging Brief auf Brief an Joachim nach Neapel, um ihm zu sagen, wie sehr sie ihn vermisse und wie groß ihre Liebe sei.

Es sind Briefe eines liebeskranken jungen Mädchens, das schreibt, es werde zwar in Paris mehr als in Neapel verhätschelt und verwöhnt, aber vielleicht werde Murat es in Zukunft so sehr verwöhnen, daß es ihn nie wieder allein lassen möchte. Doch als Frau, die nun seit neun Jahren mit ihm verheiratet war, konnte sie es nicht unterlassen, ihren Mann davor zu warnen, gegen die Heirat des Kaisers in derselben Weise zu opponieren, wie er das gegen die Heirat Eugènes mit Prinzessin Augusta getan hatte; Napoleon hatte unabänderlich beschlossen, daß der »nächste Leib«, den er heiraten würde, wie er es brutal ausdrückte, eine Österreicherin sein solle.

»Es ist in Deinem und im Interesse unserer Kinder, Dir nicht die Zuneigung des Kaisers zu verscherzen ... tu, was er sagt. Wenn Du nicht zu den Hochzeitsfeierlichkeiten kommst, werden unsere Feinde sofort annehmen, daß Du nur an Deinen eigenen Angelegenheiten interessiert bist, und dies dem Kaiser hinterbringen.«

Leider besitzen wir keine Antworten auf diese Briefe, da Caroline die für die Nachwelt betrübliche Gewohnheit hatte, alle Briefe, die sie erhielt, zu verbrennen. Nur einige wenige, die ihr Murat schrieb, entgingen ihrer ängstlichen Sorge, kein Zeugnis aufzubewahren, das irgendwie belastend sein könnte.

Ihre neuen Ehrenämter beschäftigten Caroline von morgen bis in die Nacht hinein; sie gestand, daß sie der Gedanke, der Kaiser könnte die Absicht haben, sie zur Obersthofmeisterin der Kaiserin ernennen, entsetzt habe; diese Stellung hätte ihr zwar den Vorrang vor den Königinnen von Spanien und Holland verschafft, aber gleichzeitig eine Abwesenheit von mindestens zwei Jahren von Neapel zur Folge gehabt. Dies konnte bei ihrer gegenwärtigen Stimmung nicht in Betracht kommen. Obwohl sie jetzt beim Kaiser in so hoher Gunst stand, verlangte es sie nur danach, wieder mit Murat und mit ihren Kindern vereinigt zu sein, aber ehe sie ihre Entlastung von allen Verpflichtungen erhielt, mußte sie sich diese erst verdienen.

Carolines Reise nach Braunau an der österreichisch-bayerischen Grenze war ganz angenehm verlaufen, doch die Rückkehr gestaltete sich zu einem einzigen Alptraum. Etwa 100 Personen in 19 Kutschen brachen in drei Gruppen mit 120 Pferden und mit vier Reisenden in jedem Wagen auf. Das eigene Gefolge der zukünftigen Kaiserin bestand aus sechs Kutschen, jede von sechs Pferden gezogen, während die Karosse der Kaiserin, in der sie allein mit Caroline reiste, mit acht Schimmeln bespannt war.

»Es ist wie auf einem Gewaltmarsch«, beklagte sich Caroline, denn der Kaiser wartete so ungeduldig auf seine Braut, daß die Reise in Rekordzeit und ohne Rücksicht auf Unbequemlichkeiten stattfinden mußte. 16 Stunden hatte Caroline in der Kutsche zuzubringen, ständig umgeben von der Eskorte und den Stallmeistern, und selbst wenn die Pferde in blitzartiger Geschwindigkeit gewechselt wurden, durfte sie auf Befehl des Kaisers nicht aussteigen. »Das ist ganz recht und schön für die Kaiserin«, jammerte Caroline ihrem Mann vor, »denn sie ist jung und ihr macht es nichts aus, aber für mich, die ich Kinder geboren habe, ist es sehr ermüdend und quälend.«

Fast ebenso entnervend wie die äußeren Umstände der Gewaltreise war es auch, mit einer jungen Frau ganz allein und abgeschlossen zu reisen, die dazu erzogen worden war, die eigene [Carolines] Familie zu fürchten und zu verachten, und den Auftrag auszuführen, die Braut in einen Gemütszustand zu versetzen, in dem sich ihr ein Menschenfresser in einen glühenden und ungeduldig harrenden Liebhaber verwandelte.

Daß Marie Louises Einstellung dem Kaiser gegenüber im Verlauf der Reise zunehmend freundlicher wurde, war sicherlich zum Teil Carolines Bemühungen zuzuschreiben, obwohl die Prinzessin gegen Caroline selbst gründliche Abneigung hegte.

Der Lärm und der Aufruhr um diese Reise waren unerträglich. Den ganzen Tag über gellten Caroline die Rufe »Es lebe die Kaiserin« in die Ohren. Während eines der kurzen Nachtaufenthalte schrieb sie, im Anschluß an den obligaten Brief an den Kaiser, an Joachim Murat:

»Die ganze Nacht hindurch habe ich diese Worte in den Ohren, und ich wache selbst schon auf und schreie ›Es lebe die Kaiserin‹! Bitte, sage doch Paulette und allen von der Familie, daß das erste, was sie von mir zu hören bekommen werden, wenn sie mich sehen, ›Es lebe die Kaiserin‹ sein wird, da ich auf lange Zeit hinaus nichts mehr anderes sagen kann!«

Aber am Ziel der Reise wartete Murat in Compiègne auf sie, und sobald Caroline sich ihres Auftrags entledigt hatte, sank sie ihm dankbar in die Arme.

Die Trauung des Kaisers der Franzosen mit dem österreichischen Kälbchen, der Erzherzogin Marie Louise, am 2. April, war wieder einmal eine glänzende kaiserliche Zeremonie in weißem Satin, Goldstickerei und Diamanten, aber diesmal sträubten sich die Parvenu-Prinzessinnen nicht, den kaiserlichen Mantel zu tragen. Entweder hatten sie jetzt ihre Lektion gelernt, oder sie verspürten doch das Bedürfnis, gleichsam sinnbildlich durch das Senken ihrer Stirnlocken mit einem der ältesten Herrscherhäuser Europas in Berührung zu kommen.

Da Caroline die Kaiserin nach Frankreich geleitet und somit das Ihre getan hatte, war sie jetzt davon dispensiert, die Schleppe zu tragen, während Elisa trotz ihrer Schwangerschaft in den saueren Apfel beißen mußte. Sie war mit verhältnismäßig sicherem Gefühl, unter Beachtung aller Vorsichtsmaßnahmen, zu den Hochzeitsfeierlichkeiten nach Paris gereist, nachdem sie Felix das Szepter übergeben hatte. Auch Camillo Borghese kam, sehr vergnügt und sehr verrückt, von Turin angereist, und so sah sich die ganze Familie wieder einmal in Paris vereinigt.

Murats Empfang durch Napoleon war jedoch weniger herzlich, als er und Caroline erwartet hatten. Vierzehn Tage lang harrte er vergeblich auf eine persönliche Unterredung mit dem Kaiser, und als er endlich vorgelassen wurde, so nur, um eine dringende Geldforderung entgegenzunehmen; die Hochzeit hatte eine riesige Geldsumme verschlungen und die französische Staatskasse war wieder einmal leer.

Murat benötigte selbst Geld, denn er hatte sich eine Expedition gegen Sizilien in den Kopf gesetzt, um sein Königreich nunmehr auch de facto zum »Königreich der beiden Sizilien« zu machen, aber angesichts der Unbeugsamkeit Napoleons zeigte sich wieder einmal, daß Murat doch nicht aus Eisen, sondern eher aus Butter gemacht war.

Diesmal ließ selbst Napoleons Unzufriedenheit Caroline gleichgültig, denn sie erlebte mit Murat ihre zweiten Flitterwochen. Als er dann wieder nach Neapel zurückkehrte und sie in Paris zurücklassen mußte, folgten ihm ihre Briefe zärtlicher und liebevoller als zuvor.

Sie liebte ihn und ihre Kinder von Herzen; er sollte wissen, wie teuer er ihr war und wie unmöglich der Gedanke, sie könne auch nur einen Augenblick lang davon träumen, sich vom Vater ihrer Kinder zu trennen. Wegen der Expedition nach Sizilien zeigte sie sich besorgt, versicherte aber Murat, der Kaiser scheine ihm sehr gewogen; sie sei furchtbar traurig gewesen über seine Abreise, aber vor allem sehr glücklich über seine Herzensgüte: »Du warst bisher nie so lieb, und ich bekenne, daß mich das mit Zärtlichkeit erfüllt und mir auch den Mut gegeben hat, Dich um das zu bitten, was ich gerne möchte, ohne gleich Angst zu haben, daß Du böse werden könntest wie früher, so daß ich Dich schon um gar nichts mehr fragen und Dir nichts verdanken wollte.«

Immer wieder kommt Caroline in ihren Briefen auf Murats liebevolle Zärtlichkeit ihr gegenüber zu sprechen, weswegen sie sich auch so sehr nach Neapel zurücksehne, zu ihren Kindern, aber vor allem zu ihm.

»Du warst so gut zu mir in den letzten Minuten Deines Hierseins, so einzigartig, daß mich das zu Tränen rührte, und ich bin noch immer erfüllt von Deiner Zärtlichkeit. Ich kann nicht anders als zugeben, daß ich, wenn Du meine Gefühle genauso erwiderst, die glücklichste Frau bin. Glaube es mir, wenn ich Dir sage, daß mein ganzes Lebensglück im Wohlergehen des Vaters meiner Kinder besteht, der zugleich mein bester Freund ist.« Das sichtbarste Zeichen für Murats Zärtlichkeit wurde offensichtlich, als Caroline ihm schrieb, sie sei in guter Hoffnung – ein noch eindeutigerer Beweis dafür, daß eine langwährende Trennung der beiden bestanden hatte, denn ihr letztes Kind, Louise, war schon vor fünf Jahren geboren worden.

XI. Kapitel

1810

Nach der kaiserlichen Trauung blieben die drei Schwestern in Paris, um die Rückkehr des Kaisers und der Kaiserin von der Hochzeitsreise nach Holland und Belgien abzuwarten. Sie hatten sich fünf Jahre lang nicht gesehen, und alle hatten sich während dieser Zeitspanne recht verschieden entwickelt. Elisa war eine tüchtige Souveränin, wenn auch zweiten Ranges, Caroline eine Königsgemahlin, die sich ein Stück von der Unabhängigkeit ihrer Schwester Elisa von ihrem Gatten ersehnte, und Pauline eine glänzende und erfolgreiche Königin der Herzen. Auch die Gräfin Potocka, die aus Warschau nach Paris gekommen war, um die kaiserliche Hochzeit mitzuerleben, war sehr interessiert, die Schwestern kennenzulernen, namentlich Caroline, die Gemahlin Murats, der sich in Warschau so um sie bemüht hatte. Sie hielt Carolines Gesicht für sehr ausdrucksvoll, ihren Teint noch immer für blendend und ihre Haltung trotz ihrer kleinen Gestalt für wahrhaft königlich. Pauline war für sie der Inbegriff klassischer Schönheit, wenn sie auch die Spuren der Zeit durch ein wenig Kosmetik zu beseitigen suchte; zu ihrem vollkommenen Gesicht gesellte sich eine bewundernswerte Figur, die vielleicht ein bißchen zu viel bewundert wurde. In Elisa erkannte die Gräfin die Gesichtszüge des Bruders wieder, wenn auch bedeutend härter geschnitten, aber trotz ihres Rufs als geistreicher und charaktervoller Frau fand sie Elisas Persönlichkeit nicht anziehend, auch hatte sie nie von Äußerungen dieser Schwester oder von Leistungen gehört, die als besonders bemerkenswert oder hervorragend gelten konnten.

Caroline und Pauline sahen sich ziemlich oft, seltener trafen sie sich mit Elisa, die wegen ihrer fortgeschrittenen Schwangerschaft abends nicht mehr ausgehen konnte. An Murat schrieb Elisa, sie hoffe, Neapel bald besuchen zu können, und sie freue sich darauf, ihre kleine Tochter mitbringen zu dürfen, damit sie seine reizende Familie kennenlerne. Sie selbst habe nach einer Erkältung fast drei Wochen an Fieber gelitten, aber nun ginge es ihr schon wieder besser. Da sie nicht ausgehen könne, tröste sie sich daheim mit etwas Musik.

»Wir bedauern sehr, mein lieber Bruder, die Abwesenheit eines so stattlichen und liebenswürdigen Königs. Caroline ist soeben gegangen. Sie ist wohlauf und schwanger.«

Die beiden Schwestern, die in anderen Umständen waren, beobachteten mit Neugierde ihre neue Schwägerin, doch mußte Caroline berichten, daß bis jetzt noch keine Anzeichen für einen zu erwartenden Erben zu sehen seien, eine Bemerkung, die vielleicht ein wenig zu pessimistisch war, denn schließlich war Marie Louise erst knapp vier Wochen verheiratet. Mehr am Herzen lag Caroline, die Orte wieder aufzusuchen, an denen sie zusammen mit Murat gewesen war. In Neuilly, das jetzt Pauline gehörte, dachte sie mit Sehnsucht an die dort mit ihm verlebten glücklichen Tage; in Mortefontaine erinnerte sie sich, hier die ersten Gefühle für ihn empfunden zu haben, die sie heute noch erfüllten, nur daß inzwischen Achtung, Gewöhnung und eine tiefe, echte Freundschaft hinzugekommen waren. Sie liebte ihn, sie war ihm dankbar; es war sehr süß für sie, dem einen, den sie so innig liebte, alle Freuden und das ganze Glück ihres Lebens zu verdanken.

Carolines Biographen glauben, sie sei stets nur von dem Verlangen besessen gewesen, auf Kosten ihres Mannes soviel Macht wie nur irgend möglich an sich zu reißen, aber wer die zahlreichen Briefe liest, die sie während ihres langen Aufenthaltes in Paris an Murat geschrieben hat, kann diese unmöglich für geheuchelt und berechnet halten. Sie schrieb zu jeder Tages- und Nachtzeit, auch wenn sie sich schon sehr müde oder krank fühlte, und sollte sie sich dabei verstellt haben, dann wäre sie allerdings der weibliche Machiavelli, wie man sie genannt hat, und nicht eine Frau, die zutiefst in ihrer Liebe aufging. Unverkennbar war es für sie eine Quelle echten Glücks, Murat nach der Zeit der Entfremdung jetzt wiedergefunden zu haben, denn es ist mehr als wahrscheinlich, daß die Liebhaber, die sie sich aus politischen Gründen nahm, ihm an Liebeskraft in keiner Weise gleichkamen. Die Wiederversöhnung ließ sie soviel größeres Glück in der Zukunft erwarten, daß dies für Caroline als Frau viel wichtiger erschien, als etwa die Rolle eines Mannes in ihrem Königreich zu spielen, und sie wagte eine Prophezeiung:

»Du wirst es erleben, daß wir eines Tages die glücklichsten Geschöpfe der Welt sind, und das werden wir dann unseren Kindern zu verdanken haben. Sie werden uns alle Liebe vergelten, mit der wir sie überschüttet haben, und unsere alten Tage werden durch ihre Tugenden verschönt werden. Schau, wie weit ich in die Zukunft voraussehen kann!«

Carolines Kristallkugel war getrübt; ein ruhiger, ausgeglichener Lebensabend stand nicht in Murats Sternen.

Als der Kaiser endlich nach Paris zurückkehrte, schrieb Caroline ihrem Mann, daß sie ihn jetzt fragen werde, ob sie in einer Woche abreisen dürfe; sie könne nicht länger in Paris bleiben, sie langweile sich und sei nervös, und so zu existieren sei kein Leben:

»Ich mache mir Sorgen um Dich wegen der Strapazen, der Hitze, der Mißerfolge, wegen Deiner kleinen Plackereien und der Gefahren, denen Du ausgesetzt bist. Es nützt gar nichts, wenn ich mir immer wieder vorsage, daß ich mich irre. Meine Phantasie ist stärker als mein Verstand, und ich ärgere mich manchmal über mich selbst, ohne jedoch etwas dagegen tun zu können, daß ich ein solches Kind bin.«

Aber Napoleon wollte weder Caroline noch Elisa gehen lassen. Er wünschte, daß seine Schwestern in Paris blieben, um auch an allen Festlichkeiten nach der Hochzeit teilzunehmen und ihre neue Schwägerin liebzugewinnen; ihre Feindschaft gegen Joséphine sollte sich nicht noch einmal wiederholen.

Pauline hatte als erste zu Ehren der Neuvermählten ein Fest zu geben. Mit unendlicher Sorgfalt organisierte sie eine großartige Aufführung in Neuilly, bei der die mit hervorragendem Einfühlungsvermögen auf ihrem Grundstück nachgestaltete Fassade von Schönbrunn, sein riesiger Gartenhof und die Säulengänge von Menschen, Wagen, Bummlern, Milchmädchen in ihren traditionellen goldfarbenen Hauben, von Bediensteten, die original kaiserlich-österreichische Livreen trugen, und von walzertanzenden Tirolern belebt wurden.

Auch dieser reizende Einfall konnte die Kaiserin nicht aus ihrem gewohnten Phlegma herauslocken, aber Napoleon würdigte die liebenswürdige Absicht Paulines und dankte ihr wiederholt aufs herzlichste für die Mühe, die sie sich gemacht, und für die Kosten, die sie nicht gescheut hatte.

Für Caroline und Elisa wurden die Festlichkeiten zu einer immer schwereren Last infolge ihrer fortschreitenden Schwangerschaft, aber die Frage nach dem Wegbleiben durfte erst gar nicht gestellt werden. Der Kaiser wurde sofort zornig, wenn sie von der Heimreise sprachen, und Pauline verlor bald den Kredit, den sie durch ihr Fest gewonnen hatte, als sie darum bat, einen Kurort aufsuchen zu dürfen. Auch das wurde ihr abgeschlagen.

So sehr sich Caroline danach sehnte, nach Hause zu fahren, so hielt sie es doch für klüger, in nächster Nähe des Kaisers zu bleiben, für den Fall, daß sie direkt an ihn herantreten müßte, denn Murat schrieb neuerdings Briefe an den Kaiser, die sie beunruhigten, ohne daß deshalb ihre Gefühle ihm gegenüber nachgelassen hätten. Murat fürchtete, das Vertrauen des Kaisers verloren zu haben, doch konnte er sich beim besten Willen nicht erklären warum.

»Habe ich Sie nicht sagen hören: ›Murat ist der einzige in meiner Familie, der mir nie Anlaß gegeben hat, mich über ihn zu beklagen?‹ Lieben Sie mich, wie Sie mich in Preußen und Polen geliebt haben, und ich werde noch in das Leben verliebt sein.

Schrieb ich Ihnen nicht nach Wien, daß ich, wenn Sie das Königreich Neapel Frankreich einzuverleiben wünschten, das als Ihren Willen respektieren und fortan in diesem Sinne wirken würde. Und warum sollten Sie Neapel nicht heute einverleiben? Rufen Sie mich an Ihre Seite zurück. Sie sprachen zu mir in Compiègne von dem Rang eines Generals der Kavallerie des Kaiserreiches. Schaffen Sie ihn für mich. Sire, in der ersten Schlacht werde ich mich unter Ihren eigenen Augen einer so großen Güte würdig erweisen.«

Arme Caroline! Murats Liebe war eine Sache für sich in seinem Leben, und immer noch bedrängten ihn die gleichen Gewissensprobleme, und wiederum geriet er in Verlegenheiten. Lucien hatte sich allen Bitten seiner Schwestern und seiner Mutter widersetzt, sich mit dem Kaiser auszusöhnen. Er hatte Madame Letizias Vorwurf ignoriert, daß seine Hartnäckigkeit ihr Leben verkürze, und ihren Appell an Alexandrine, sich um ihrer Kinder willen zu opfern. Ihm schien es besser, den Kreis der Familie zu verlassen und ein eigenes neues Leben in Amerika anzufangen. Er bat Murat, ihm etwas Geld zu leihen, solange die Verfügung über sein italienisches Eigentum noch in der Schwebe war, und ihm eine Passage auf einem amerikanischen Schiff zu besorgen. Murat, stets hilfsbereit, wenn es sich um die Familie handelte, erfüllte diese Bitte und zog sich dadurch erneut Napoleons Unwillen zu. Er sei zu voreilig gewesen, schrieb ihm Caroline, obwohl sie an ihm bewunderte, daß er es nicht über sich brachte, seinen Schwager unglücklich zu sehen, und sie gab zu, daß sie wahrscheinlich genauso gehandelt hätte; möglicherweise sei es aber Napoleons Absicht gewesen, erinnerte sie ihn, Lucien zu zwingen, sich an ihn um Geld zu wenden. Am Ende erwies es sich, daß Napoleon recht hatte, denn Lucien und seine Familie wurden von einem britischen Schiff im Mittelmeer gefangengenommen und nach England gebracht, wo sie fast fünf Jahre als Kriegsgefangene in Herefordshire blieben.

Über Caroline selbst war der Kaiser nicht ungehalten; sie fuhr fort, jeden Tag mit ihm zu verbringen, und er war äußerst freundlich zu ihr. Offenbar nahm er Murat in Wirklichkeit nicht so ernst, wie es in seinen Briefen den Anschein hatte, sondern sah in ihm, wenn er guter Laune war, eher eine komische Figur, und er lachte dann über seine Zornausbrüche.

»Oh, er ist böse auf mich, was für ein seltsamer Kauz! Er ärgert sich über alles«, und oft neckte er Caroline wegen ihres »Königs der Lazzaroni«.

Daß Elisa im Juli einem Sohn das Leben schenkte, erregte wenig Aufsehen in Frankreich, weil jetzt auch die Kaiserin schwanger war und das Land besorgt auf die Monate blickte, die sie noch hinter sich zu bringen hatte; aber in der Toscana wurde natürlich die Nachricht, daß die Großherzogin jetzt einen Thronerben geboren hatte, stürmisch aufgenommen. Kaum hatte sich Elisa vom Wochenbett erholt, war sie schon wieder tätig und eifrig bemüht, dem Kaiser an Ort und Stelle zu zeigen, wie sehr sie sich ihrer Aufgabe verpflichtet fühlte. Dennoch ärgerte es ihn, als sie darauf bestand, im September heimzureisen.

Elisa war keineswegs traurig, Paris zu verlassen, um in die Toscana zurückzukehren, denn dort war sie die wichtigste Person. Sie hatte sich gefreut, ihre Brüder und Schwestern wiederzusehen, besonders Jérôme, dessen Lustigkeit und Charme ihn zum Lieblingsbruder der

Schwestern machte und der Luciens Platz in ihrer Zuneigung eingenommen hatte, aber sie fühlte immer mehr, daß ihre eigentliche Zukunft in Italien lag. Daß dies ihr letzter Besuch in Paris sein sollte, wußte sie nicht.

Während ihres Aufenthaltes war sie weit weniger mit dem Kaiser zusammengekommen als Caroline; offensichtlich hatte sie ihr unglückliches Talent, ihn zu reizen, nicht verloren. An Savary, den Nachfolger Fouchés als Polizeichef, schrieb er verärgert: »Die Zeitungen der Toscana berichten genaue Einzelheiten, was die Großherzogin tut, und die Pariser Blätter drucken das allzu oft nach. Weisen Sie den Polizeidirektor an zu verhindern, daß dieser Unsinn gedruckt wird. Je weniger über die Großherzogin gesprochen wird, desto besser – sehen Sie zu, jemand in Paris zu finden, der ihr einen Wink gibt, daß sie sich selbst lächerlich macht. Europa kümmert sich keinen Deut darum, was die Großherzogin tut ... Es ist von großem Interesse, was Souveräne tun, aber wen interessieren schon die Taten von Großherzoginnen?«

Dieser Verweis war hart, aber doch nicht so verletzend wie die plötzliche Entscheidung des Kaisers, Carrara von der Toscana abzutrennen, was einen Verlust nicht nur an Gebiet, sondern auch an Staatseinkünften zur Folge hatte. Elisa bekam den Druck, den Napoleon auf seine Satelliten ausübte, nun genauso zu spüren wie Murat. Das veranlaßte sie, ihm zu schreiben und ihm klarzumachen, daß sie nach der Geburt eines Sohnes eher mehr Wohlwollen von ihm brauche, nicht jedoch weniger. »Ich fürchte überdies, daß diese Gebietsverkleinerung auch ein Nachlassen der Zuneigung gegenüber der Schwester Eurer Majestät bedeutet, und das ist die Hauptursache meines Kummers.«

Dessenungeachtet wurde durch Elisas großartige Ideen und die Pracht ihres Hofes in Florenz der Kaiser weiterhin so gereizt, daß er ihr jetzt eine Warnung durch Pauline zukommen ließ, sie würde sich zu sehr in den Vordergrund spielen. Auf diese Mitteilung hin beeilte sich Elisa, die mit Pauline einen ziemlich kühlen Briefwechsel führte – man hatte sie einmal sagen hören, sie glaube nicht an Paulines Krankheit –, zu antworten: »Meine liebe Schwester, sei doch so gut und berichte dem Kaiser, daß ich immer getan habe, was er von mir verlangte, und daß ich nie etwas unternehmen würde mit der Absicht, ihn zu ärgern.«

Die Toscana, ihre Stellung als Großherzogin, ihre Arbeit, ihr Mäzenatentum, ihre Art zu leben gingen Elisa über alles, und um dies zu erhalten, war sie bereit, sich sogar demütigen zu lassen, soweit es notwendig sein sollte.

Caroline hatte dieselben Schwierigkeiten zu überwinden wie Elisa, als sie sich um die Erlaubnis bemühte, Paris verlassen zu dürfen. Und doch – obwohl sie sehr froh war, endlich diese Genehmigung erhalten zu haben – bedauerte sie im Augenblick der Abreise, den Kaiser nach so langer und enger Gemeinschaft allein lassen zu müssen. Aber trotz seiner Freundlichkeit, seines liebenswürdigen und tadellosen Benehmens ihr gegenüber, verlangte es sie jetzt mit Macht, bei Murat zu sein. »Wenn wir wieder zusammen sind, werden wir vollkommen glücklich sein.«

Als Caroline nach einer sehr anstrengenden Reise in der Sommerhitze in ihrer Hauptstadt Neapel eintraf, war Murat nicht anwesend, um sie zu erwarten. Er hielt sich immer noch im königlichen Lager in Piale auf, von wo er seine Expedition gegen Sizilien in Gang zu setzen hoffte. Caroline riet ihm jetzt:

»Lasse Dich nicht von den Schwierigkeiten und der Mutlosigkeit der Leute um Dich herum entmutigen. Wenn Du findest, daß die Expedition nicht durchführbar ist, dann komme zu mir zurück! Quäle Dich nicht so, schau um Dich und sieh, was Du zu unserem und zum Wohl des Königreichs tun solltest, und sei gewiß, daß die Welt Deine Entscheidung billigen wird.«

Vielleicht sehnte sich Caroline in diesem Augenblick wirklich nach nichts anderem als nach häuslichem Glück. Sie war schwanger, krank und müde, und das Leben als Privatperson mag sie als wundervoll verlockt haben; immer wieder betont sie, daß ihr höchstes Glück ihre Familie sei, und vielleicht hat sie in diesem Augenblick auch ihr eigenes Leben mit Paulines leerem Dasein verglichen. Vielleicht waren die Murat einander noch nie so nahe wie jetzt, aber mit einem so quecksilbrigen Mann wie Murat mußte immer mit dem Unerwarteten gerechnet werden, und ganz offenbar war Carolines letzter Brief an ihn, ehe er von Piale nach Neapel zurückkehrte, von beträchtlicher Besorgnis diktiert.

Sie bat ihn, das zu beachten, was sie ihm zu sagen hatte, und sich mit der Gegenwart zu befassen, statt sich wegen der Zukunft zu quälen. Sie habe den Kaiser über ihr persönliches Verhältnis beruhigt und ihm mitgeteilt, daß sie glücklich und zufrieden und er, Murat, sehr gut zu ihr sei und daß die alltäglichen Meinungsverschiedenheiten zwischen ihnen seine Aufmerksamkeit nicht verdienten.

Ihr Bruder habe ihr immer versichert, daß das Verhältnis zwischen ihr und Murat ihm viel mehr am Herzen liege, als sie ahne, und daß Murats eigenes Ansehen ganz erheblich davon abhänge, wie er seine Frau behandle. Jetzt ließ sie den Kaiser selbst sprechen:

»Ich habe den König gern, und ich freue mich über die Anhänglichkeit, die Du mir in den vergangenen 7 Monaten bewiesen hast, auch will ich Dich in keiner Weise verletzen. Trotzdem möchte ich, daß Du frei und offen mit dem König sprichst und ihm sagst, was meine Pläne sind. Ich verlange von ihm, daß er den französischen Handel begünstigt und daß die Dinge anders laufen wie zur Zeit der Bourbonen. Auch wünsche ich, daß der König Dich gut behandelt.«

Caroline erinnerte Murat daran, daß, wenn ihre Lage schlecht, die der anderen noch schlechter sei. Ganz Europa seufze unter dem französischen Joch. Joseph könne sich in Spanien nicht mehr länger halten, Louis habe dem holländischen Thron entsagt und Jérôme werde sich in Westfalen allerhöchstens noch sechs Monate halten:

»Du siehst also, daß Du immer noch derjenige bist, der am wenigsten schlecht behandelt wird, und ich rate Dir daher, Dich mit Deiner augenblicklichen Lage abzufinden, sie zu ertragen und keinen Grund zu Klagen zu geben. Übersieh jetzt die kleinen Dinge, damit Du später die größeren bekommen kannst, und erhalte uns das Wohlwollen des Kaisers.«

Es sei lebenswichtig, betonte Caroline nachdrücklich, dem Kaiser zu gehorchen!

»Was ist Dein Ziel? Es ist doch, uns den Platz zu halten, wo wir sind, und das Königreich zu bewahren. Daher müssen wir so handeln, wie er es wünscht, und dürfen ihn nicht erzürnen, wenn er etwas verlangt, denn er ist stärker als Du, und Du kannst nichts gegen ihn unternehmen. Eines Tages wird er vielleicht ruhiger werden, und dann kannst Du alles bekommen, worauf Du Anspruch hast. Du wirst mehr erreichen, wenn Du jetzt Opfer bringst, als wenn Du ihn ärgerst. Es ist möglich, daß Du Dich arm machst, wenn Du das tust, was der Kaiser verlangt, aber Du wirst wenigstens das Königreich retten, und selbst wenn Du es aufgeben müßtest, so hättest Du Dir wenigstens im Hinblick auf die Kinder keine Vorwürfe zu machen.«

Caroline zweifelte jetzt an einem Erfolg der Expedition gegen Sizilien und riet Murat, die Sache lieber aufzugeben, als sich und die Armee einer Niederlage auszusetzen. Wenn er den Mut habe, den Plan fallenzulassen, und zu ihr zurückkehre, würde sie versuchen, ihn für alle Mühen, die er auf sich genommen habe, zu trösten – die ewige Illusion einer liebenden Frau, daß sie einen Mann für den Verlust eines liebgewonnenen ehrgeizigen Vorhabens entschädigen könne.

Sie werde alles tun, um ihm Freude zu machen, sie werde keine Feste besuchen und nicht einmal die Polizeiberichte lesen, was man ihr nahegelegt hatte. Sie habe alles abgelehnt. »Mein fester Vorsatz ist es, mich nur mit Dingen zu beschäftigen, welche Dir Freude machen, und ich will nicht zu Gerüchten Anlaß geben, ich sei hierher gekommen, um während Deiner Abwesenheit zu regieren oder mich mit Verwaltungsangelegenheiten zu befassen. Ich möchte Dir beweisen, daß ich zurückgekehrt bin, um Dir zu zeigen, wie sehr ich Dich liebe. Ich hoffe, daß es nicht wieder Leute geben wird, die versuchen, Dich zu quälen, indem sie Dich glauben machen wollen, ich würde mich mit Intrigieren beschäftigen, ich stellte eine eigene Partei für mich auf und setze alles daran, in den Staatsrat zu kommen. Die das behaupten, haben ihre eigenen Gründe dafür.«

Dies deutet, läßt man einmal ihre vorhergehenden Briefe außer acht, auf ein gewisses Schuldgefühl hin, aber auch auf die feste Entschlossenheit, unter alles Vergangene einen Strich zu ziehen, wenn Murat nur verständig genug wäre, die Rolle zu spielen, die ihm Napoleon zugedacht habe. Tut er das, so ist Caroline bereit, allen persönlichen ehrgeizigen Plänen zu entsagen.

»Wir können glücklich sein, aber dazu müssen wir mit dem zufrieden sein, was wir haben. Du mußt Deinen Kopf, der sich so leicht entflammt, ein wenig kühlen und mit etwas mehr Geduld, als Du sie bislang gezeigt hast, die Zeit abwarten, wo wir ungestörter und unabhängiger sein werden. Das Glück unseres Familienlebens wird uns für viele Schwierigkeiten entschädigen, und Du wirst mit mir, mit unseren Kindern und mit all denen, die wir wirklich lieben, Quellen der Freude finden, die mehr wert sind als alle anderen zusammen.

Alles, was ich Dir sage, ist diktiert von dem sehnlichsten Wunsch, Dich glücklich zu sehen und Dich wissen zu lassen, daß mein Glück auf Deinem beruht.«

Einen Augenblick schien sich Murat in einer Geistesverfassung befunden zu haben, in der er die Berechtigung alles dessen, was Caroline sagte, einsah, und es ist ein Glück, daß gerade der Brief, in dem dies zum Ausdruck kommt, zu den wenigen erhalten gebliebenen gehört:

»Ich werde versuchen, meine liebe Caroline, Deinen Brief vom 3. August zu beantworten. Du hast völlig recht in allem, was Du sagst, und ich kann Dir versichern, daß Deine Gedanken ein Echo derer sind, die mich sehr ernsthaft beschäftigt haben. Sowohl die Art meines Verhaltens wie auch meine Gefühle haben immer bewiesen, daß ich so denke wie Du ...

Der Kaiser erlegt mir jetzt die schwersten Bedingungen auf; er hat mich einen ungerechten Vertrag unterzeichnen und eine Schuld anerkennen lassen, die noch unbilliger ist. Er beschneidet unsere Einkünfte, erdrückt meinen Handel, lähmt unsere Fabriken, befiehlt mir, eine gefährliche Expedition zu unternehmen, verlangt von mir, eine Flotte zu unterhalten, verbietet meine Ausfuhren; mit einem Wort, er macht es mir unmöglich, diese riesige Last, die er mir aufgebürdet hat, auf die Dauer zu tragen. Und wenn es seiner Politik oder seiner Laune gefällt, mich vom Thron zu stoßen, so wird es mir genauso gehen wie Louis.

Es ist auch meine Ansicht, daß der Kaiser das Recht haben muß zu verlangen, daß wir seine Richtlinien befolgen, daß wir ihn vor politischen Maßnahmen oder schwerwiegenden Entscheidungen, die wir zu treffen haben, konsultieren, aber er sollte unser Mentor sein und nicht unser Herr. Man ist nicht König, nur um zu gehorchen. Und dann, wie kann er Völkern, die er Fürsten aus seiner Familie anvertraut hat, sagen, daß die Interessen der Franzosen ihren eigenen vorgingen?

Meine liebe Caroline, der Ungerechtigkeiten, die ich aufzählen könnte, ist kein Ende, aber das würde keinem nützlichen Zweck dienen. Laß uns so handeln, daß wir keinen Anlaß zu Beschuldigungen geben, und im übrigen geduldig abwarten, wie es der Vorsehung gefällt, über unser Schicksal zu entscheiden.

Ich habe mich entschlossen, alles zu tun, was der Kaiser will oder verlangen wird, und wenn ich die Bürde nicht mehr tragen kann, werde ich ihn bitten, sie von meinen Schultern zu nehmen.«

Wäre nur Murat fähig gewesen, dieser Richtschnur, die er sich selbst gezogen hatte, zu folgen, so hätte seine Zukunft möglicherweise anders ausgesehen, aber allzu oft siegte seine Empfindlichkeit gegen eingebildete Beleidigungen über sein Urteilsvermögen. Sie ließ ihn Vermutungen, die er in ruhiger, vernünftiger Stimmung durchaus als grundlos anerkannte, für Tatsachen nehmen. Zwanzig Jahre Krieg, Kampf, Intrigen, Schürzenjägerei und ständiger nervöser Spannung hatten jedoch auch bei ihm Spuren hinterlassen. Sein Nervenzusammenbruch in Spanien hätte ihm eine Warnung sein sollen; wahrscheinlich litt Murat, seit er König von Neapel geworden war, an einer leichten Form von Schizophrenie. Er wußte sehr wohl, daß sein Leitsatz zu sein hatte, als Napoleons Vizekönig – und als nichts anderes – zu handeln, und daß er, so bitter das für seine Selbstachtung war, tatsächlich nur zum König gemacht worden war, um zu gehorchen. Vergeblich drang Marschall Berthier, der Vertraute des Kaisers und Generalstabschef, freundschaftlich in ihn: »Seien Sie ganz ein französischer König!« Er konnte es nicht. Und als dann, nach so vielem Zögern, die Expedition gegen Sizilien schließlich doch aufgegeben wurde und seine so lange hochgehaltene Hoffnung, Sizilien mit dem Festland vereinigen zu können, zunichte wurde, da gewannen in ihm Erregung und Enttäuschung die Oberhand: jeder andere war schuld.

Caroline erlebte eine noch bitterere Enttäuschung, als ihr bei seiner Rückkehr nicht die von ihr erwartete Zärtlichkeit und Liebe zuteil wurde, sondern sie feststellen mußte, daß der Wetterhahn sich wiederum gedreht hatte. Nach einem schwierigen und anstrengenden Jahr, in dem sie alle Liebe und Zärtlichkeit, deren sie fähig war, hatte verströmen lassen, nach all den Strapazen und der Krankheit, die sie durchgestanden hatte, war jetzt diese letzte Enttäuschung zu groß. Sie hatte eine sehr schwierige Fehlgeburt, und die Wiederversöhnung mit ihrem Gatten war wie ihr Kind totgeboren.

Caroline wurde von Murat für Dinge verantwortlich gemacht und getadelt, für die sie beim besten Willen nichts konnte, aber für einen Geist, dessen Stärke durch Eifersucht angegriffen, ja verzehrt wurde, war sie die Quelle aller Schwierigkeiten und der Enttäuschung. Als seine alte, verbitterte Stimmung wieder aufkam, schnitt Murat Caroline abermals von jeder Verbindung mit der Welt ab und machte sie praktisch zu einer Gefangenen in ihren eigenen Palästen.

Es blieb nicht aus, daß Nachrichten über Murats Verhalten den

Kaiser erreichten, der wütend ausrief: »Er ist nur ihretwegen, nur meiner Schwester wegen König!«

Daß er seine Krone seiner Frau verdankte und nicht ausschließlich seinen eigenen Verdiensten, wollte Murat nie zugeben. Er stand dauernd im Kampf mit sich selbst – ein Teil seiner Persönlichkeit, der beste, sehnte sich nach nichts anderem als nach einem einfachen Familienleben, der andere, durch seine Erfolge auf dem Schlachtfeld aufgebläht, verführte ihn zu dem törichten Glauben, daß er zum Königsein größere Fähigkeiten habe, als er sie tatsächlich besaß.

Murat hatte zu jener Zeit dermaßen die Selbstbeherrschung verloren, daß sich die Auftritte zwischen den Eheleuten in aller Öffentlichkeit abspielten und man allen Ernstes glaubte, er würde seinen Verstand verlieren. Wahr ist, daß er sich die meiste Zeit in einem hochgradig fieberhaften Zustand befand und nur wenig Kontrolle über seine Handlungen zu haben schien.

Seine Starrköpfigkeit versetzte wiederum Caroline in Zorn, weniger wegen der aktuellen politischen Streitfragen, sondern weil sie als Frau verschmäht worden war. Wenn er nicht annehmen wollte, wozu sie sich erbot und was ihn doch in Paris so glücklich gemacht hatte, dann würde auch sie jenen Tagen den Rücken kehren. Da Napoleon ganz klar ausgesprochen hatte, daß sie und Murat nur ihretwegen dort waren, wo sie sich jetzt aufhielten, wollte sie jetzt auch wirklich und tatsächlich Königin sein.

In ihrer Verzweiflung, um ein sicheres und glückliches Eheleben betrogen zu sein, suchte sie nunmehr Ersatz in der Ausübung von Macht, oder wenigstens im Streben danach, und im übrigen sah sie sich auch wieder nach Möglichkeiten zur Befriedigung ihrer physischen Wünsche anderweitig um. Die Liebhaber, die sie sich in Neapel genommen hatte, waren immer Männer gewesen, die ihr irgendwie nützlich sein konnten, so z. B. Vauguyon, einer von Joachims Adjutanten, Daure, der Kriegsminister, und andere. Es schien, daß Murat diese zeitweilige Untreue für etwas hielt, das er vergeben konnte, vielleicht, weil auch er sehr wohl um die Schwäche des Fleisches wußte.

Als ihm eine von Carolines Liebesaffären hinterbracht wurde und sie weinend ihre Feinde beschuldigte, sagte Murat finster: »Sie ist dort und ich bin hier, und wir wollen nicht mehr davon reden.«

Er tat es auch nicht.

Aber er fuhr fort, die Rolle, die Caroline zu spielen wünschte, zu übertreiben; sein Urteilsvermögen war jetzt zu sehr getrübt, als daß er sich hätte vorstellen können, wie sein dauernder Widerstand ihre Hartnäckigkeit nur steigerte, einen noch größeren Anteil an der Regierungsgewalt anzustreben, als sie eigentlich beabsichtigt hatte. Murat, der mit dem stets lauernden Argwohn des Parvenus über seine eigene Stellung wachte, wurde dauernd von dem Gedanken verfolgt, er würde, wenn er Caroline zuviel Freizügigkeit gewährte, tatsächlich der »gehorsamste Gatte« der Königin von Neapel werden.

Am meisten reizte ihn zweifellos, daß ihr Rat und ihre Auslegung der Wünsche des Kaisers richtig waren; er wollte frei sein, während sie ihn unablässig an seine Ketten erinnerte. Von den zwei Parteien, in die sich der Hof gespalten hatte, unterstützte Caroline die französische Gruppe und Murat die italienische, die allem Anschein nach noch eher die sehr eingeschränkte Unabhängigkeit, der sie sich unter den Bourbonen erfreut hatte, der restlosen Unterwerfung unter eine fremde Macht vorzog.

In diesem kritischen Augenblick ihres Schicksals erhielten die Murat die Nachricht, daß dem Kaiser am 20. März 1811 ein Sohn geboren worden war. Mehr denn je erschien es jetzt Caroline lebenswichtig, an dem festzuhalten, was sie hatten, nachdem die Aussicht auf Napoleons Nachfolgeschaft ein für allemal dahingeschwunden war.

Es befriedigte sie sehr, daß sie eingeladen wurde, Patin zu sein, aber sie erwog doch die Frage, ob sie zur Taufe nach Paris reisen sollte, äußerst sorgfältig, schließlich entschied sie sich dafür, doch nicht zu fahren. Auch Elisa war nicht anwesend. Während ganz Frankreich jubelnd die Geburt des Thronerben feierte, widerfuhr ihr abermals die Bitternis, ihren Sohn zu verlieren; sie war von diesem erneuten Schicksalsschlag und dem Kummer so krank, daß sie nicht einmal an den Feierlichkeiten in Florenz zu Ehren des kleinen Königs von Rom teilnehmen konnte.

Murat, der nicht eingeladen worden war, reiste anstelle seiner Frau nach Paris, aber der Zeitpunkt seines Besuches war schlecht gewählt. Trotz seiner Freude über die Geburt seines ersten legitimen Sohnes war der Kaiser wegen der Art, wie Joachim Caroline behandelte, so über ihn verärgert, daß Murat seinen Aufenthalt abbrach und nach Neapel zurückkehrte, um wieder einmal seine schlechte Laune an ihr auszulassen – woran sie inzwischen gewöhnt war, ohne sich freilich damit abzufinden.

Dann machte Murat jedoch einen außerordentlichen Fehler. Entsprechend seiner Politik, sein Königreich zu italianisieren, verfügte er, daß alle Franzosen in seinen Diensten die italienische Staatsbürgerschaft anzunehmen hätten. Selbst seine Tochter Louise gibt zu, daß seine Entscheidungen nicht immer klug waren; diesmal aber hatte er sich schwer verrechnet, denn Napoleon hob voller Zorn das Dekret sofort auf.

Caroline war jetzt ernstlich beunruhigt wegen der möglichen Folgen von Murats Mangel an politischer Klugheit, und sie kam zu dem Schluß, daß es in beider höchstem Interesse liege, wenn sie umgehend noch einmal nach Paris fahre; worum es auch immer in ihren persönlichen Auseinandersetzungen ging, die Interessen des Hauses standen in ihren Augen über allem. Hortense faßte ihre Haltung treffend zusammen in den Worten: »Die Königin von Neapel verstand es immer, die Interessen ihres Mannes gegenüber dem Kaiser zu vertreten, wenn sie aber mit ihm allein war, rief das gleiche Verlangen beider zu herrschen eine Verdüsterung zwischen ihnen hervor.«

Diese war beträchtlich stärker als die Hand eines Mannes, und zu weitreichend, als daß sie vor der Familie hätte verborgen werden können. Der Kaiser war daher, vielleicht mehr noch als sonst, froh, sie wiederzusehen und brachte sie im Pavillon de Flore in den Tuilerien unter. Ihre Gegenwart war auch ihm sehr willkommen, denn dieser Winter des Jahres 1811 ließ sich in jeder Hinsicht schlecht an. Um die allgemeine Aufmerksamkeit von dem Stocken des Kampfes in Spanien gegen England und von seinen Vorbereitungen für einen neuen Krieg in Osteuropa abzulenken, schien es ihm am geeignetsten, die Musik noch lauter spielen und die Feste mit noch mehr – befohlener – Fröhlichkeit feiern zu lassen. Hierbei konnte ihm Caroline besser beistehen als Pauline.

Diese war wieder etwas in Ungnade gefallen, weil sie es vorzog, in Neuilly zu bleiben, während der Kaiser sie in St. Cloud haben wollte. Da jetzt Borghese nach der kaiserlichen Hochzeit wieder nach Turin zurückgekehrt war, konnte sie in aller Freiheit tun und lassen, was sie wollte. Diesmal war es der gutaussehende und charmante Husar Jules de Canouville, der den ersten Platz in ihrem Herzen einnahm (der neben Forbin zu einer der großen Amouren ihres Lebens zählt), woraus sie kein Hehl machte. Indessen wurde bei ihrem Mangel an Diskretion ihr Bruder auf diese Liaison aufmerksam. Sogleich sah sich Canouville mit Depeschen für den Marschall Masséna in Spanien betraut und gleichzeitig auch mit einer persönlichen Botschaft des Kaisers an den Marschall, daß er den Herrn de Canouville bei sich behalten solle, bis weitere Weisungen einträfen.

Der feurige und ungestüme Canouville wartete aber gar nichts erst lange, bis der Marschall die Depeschen geöffnet hatte, sondern schwang sich sofort wieder in den Sattel und ritt in Windeseile zurück nach Paris zu seiner Geliebten; er hatte die Reise nach Spanien und zurück in einer Woche zurückgelegt. Doch nützte ihm seine ganze Eile nichts, denn der Kaiser sandte ihn unverzüglich wieder nach Spanien mit dem ausdrücklichen Befehl, dort bei der Armee zu bleiben.

Pauline wußte genau, daß ihr Bruder diese Runde nach Punkten gewinnen würde, und so zog sie sich selbst in kluger Voraussicht zu einer Kur in die Bäder von Aachen zurück. Da es aber dort die Anwesenheit ihrer Mutter schwierig, wenn nicht gar unmöglich machte, ihren üblichen Vergnügungen nachzugehen, entschloß sie sich, einen kurzen Abstecher nach Spa in Belgien zu machen. Hier verlebte sie unter den duftenden und blühenden Linden der Alleen des Parc des Sept Heures und unter den würzigen und buschigen Montagne Annette et Lubin das kurze Idyll eines Monats mit dem Beau Montrond, einer allbekannten Figur der Pariser Gesellschaft. Aber er war ihr zu alt und hatte selbst für ihre Begriffe zuviel von einem Roué und so blieb die Affäre ohne Folgen – außer für Montrond, der sich plötzlich nach Antwerpen verbannt sah, weil er der Schwester des Kaisers gar zu auffällig den Hof gemacht hatte.

Pauline jedoch kehrte zurück nach Paris, freute sich aufrichtig über die Geburt ihres Neffen und war bereit, jeden Wunsch des Kaisers zu erfüllen, um trotz der Geldknappheit diese Saison zur glänzendsten seit Jahren zu machen.

Aber der Kaiser war in diesem Jahr gar nicht leicht zufriedenzustellen. Als Caroline und Pauline miteinander eine kunstvolle Allegorie inszenierten, die Vereinigung Frankreichs mit Italien darstellend, ernteten sie nur einen heftigen Tadel, weil sie ihrer Quadrille einen politischen Akzent gegeben hatten. Hortense dagegen hatte großen Erfolg mit ihrem politisch unangreifbaren Inka-Ballett.

Dieser unaufhörliche Wirbel forderte einen hohen Zoll von Caroline. Nicht endende Reisen quer durch Europa, geistige Überbeanspruchung, die Notwendigkeit, dem Kaiser gegenüber immer auf der Hut zu sein, die ständigen Reibereien mit Murat und die schwere Fehlgeburt hatten zur Folge, daß Caroline ernstlich erkrankte, und sofort zeigten sich die schon bekannten Symptome, immer wieder auftretende Übelkeit und heftige Kopfschmerzen. Sehr oft kehrte sie nach einer offiziellen Feier in ihre Gemächer zurück und brach dort unter Brechanfällen zusammen. In diesem Zustand bedurfte sie absoluter Ruhe, so daß sie gezwungen war, jetzt auch Paulines Gewohnheit anzunehmen und tagsüber auf einem ständig für sie bereitstehenden Liegebett zu ruhen. Anscheinend kam niemand auf die Idee, diese Symptome mit der Krankheit ihres Vaters in Verbindung zu bringen; aber selbst wenn dies geschehen wäre, so verfügte die damalige ärztliche Wissenschaft noch nicht über Mittel, die Abhilfe hätten schaffen können. Mit einiger Erleichterung machte sie sich nach weiterer neunmonatiger Abwesenheit von Neapel wieder auf die Reise nach dem Süden, denn sie fühlte sich ihrem Königreich jetzt eng verbunden, und die Enttäuschungen der ersten Zeit waren längst vergessen.

»Nur in Neapel läßt sich gut regieren«, sagte sie hochmütig zu Marie Louise. Jetzt endlich bot sich ihr die Möglichkeit, sowohl zu regieren als auch zu herrschen, denn im April 1812 erhielt Murat zu seiner großen Freude die Aufforderung, sich bei der Großen Armee einzufinden, die sich in Osteuropa versammelte. Auf dem Weg nach dem Osten traf Murat Caroline in Paris und betraute sie für die Dauer seiner Abwesenheit von Neapel mit der Regentschaft.

XII. Kapitel

Tragödie der Irrungen

Zu jedermanns Überraschung (nur nicht zu ihrer eigenen) erfüllte Caroline ihre Pflichten als Königin-Regentin vorzüglich; in ihren Lehrjahren hatte sie sich viel von der Kunst des Regierens angeeignet und behandelte ihre Minister mit Takt und Verständnis. Zu Liebesabenteuern hatte sie weder Zeit noch verlangte es sie danach, woraus sich schließen läßt, daß Murat, hätte er nur etwas mehr von der Nachgiebigkeit Bacciocchis oder Borgheses gehabt, ein glücklicherer Mann gewesen wäre.

Borghese hatte den Versuch, ein bonapartisches Temperament zu bändigen, schon längst aufgegeben und in seinen Haushalt eine entfernte Cousine, die Duchessa Lante delle Rovere aufgenommen, die jedoch alles andere war als eine verblühte vornehme Dame. Sie war außerordentlich hübsch, in einer etwas üppigeren Art als Pauline, und zum erstenmal in seinem Leben genoß Borghese die Freuden echter Gemeinsamkeit, und das war nicht mehr als gerecht, denn das Jahr 1812 brachte auch die Apotheose der Karriere seiner Frau als Königin der Herzen. Als Napoleon im Mai 1812 aufbrach, um mit Alexander I. von Rußland ins reine zu kommen, begann auch Pauline einen ihrer unentwegten Feldzüge, und zwar hatte sie sich als Gelände Aix-en-Savoie am Lac du Bourget gewählt, dessen Schönheit jedem französischen Kind geläufig ist, das pflichtbewußt Lamartines *Le Lac* aufsagt. Es war besonders reizvoll, daß ihr Begleiter dort der große Schauspieler Talma war, der vortrefflich in die romantische Dekoration paßte. Viele von Paulines Freunden, unter ihnen Laure d'Abrantès und Désirée Bernadotte, jetzt Königliche Prinzessin von Schweden, sowie Madame Letizia fanden sich in diesem Sommer in Aix ein, denn Paris war wieder einmal leer von Männern, da diese ihren Sammelplätzen im Osten entgegenritten oder -marschierten. Unter ihnen befand sich auch Murat. Er traf in Danzig mit dem Kaiser zusammen, der ihm eine Talmas würdige Szene vorführte.

Zuerst begrüßte er ihn äußerst streng und mit beißenden Worten, dann aber nahm er plötzlich den Ton eines Freundes an, der gröblich mißverstanden worden war; er appellierte an Murats Zuneigung und beschwor ihre Kameradschaft aus früheren Zeiten – *comédiante, tragédiante,* nach Alfred de Vignys Formulierung. Diesem Appell konnte die so gefühlsbetonte Natur Murats nicht widerstehen; es kam zu einer fast zu Tränen rührenden Versöhnung zwischen Napoleon und Joachim.

Pauline war mehr vom Glück begünstigt als ihre Freundinnen, denn sie hatte einen Mann für sich ganz allein, und das in einer Zeit, in der Männer so rar waren, daß sie förmlich geteilt werden mußten, ein Zustand, dem sie dank langer Erfahrung mehr als gewachsen waren. Hier in Aix war es Maurice de Balincourt, ein Mann mit

Wespentaille, in einer schnurverzierten Husarenuniform, mit kitzelndem Backenbart und windzerzaustem Haar, um den Laure d'Abrantès und Désirée Bernadottes Hofdamen kämpften. Mehr als Forbin, der ebenfalls in Aix war und Laure den Hof machte, sogar noch mehr als Flahaut, war Balincourt der Ansehnlichste der Herde, aber er zählte überraschenderweise nicht zu Paulines Liebhabern. Als Talma Aix verließ, um Engagementsverpflichtungen in der Schweiz nachzukommen, und dadurch den romantischen Bootfahrten auf dem See ein Ende gesetzt wurde, während deren er Racine und Corneille vor diesen Ohren rezitiert hatte, die der einzige Makel an Paulines sonst vollkommener Schönheit waren, fiel sie in die Arme eines anderen Husaren, und dieser, der gutaussehende und in jeder Hinsicht vortreffliche Oberst Duchand blieb verhältnismäßig lange in ihrer Gunst.

Talma hatte den törichten Fehler begangen, sich zutiefst in Pauline zu verlieben – ein in einen Schmetterling verliebter Adler. Seine glühenden Liebesbriefe verfolgten sie viele Monate, bis er verbittert vor der Tatsache resignierte, daß er vergessen worden war. Obwohl er unvermeidlicherweise stets in pathetischer Bühnensprache schrieb, war er doch ganz offensichtlich aufrichtig:

»Oh, sage mir, erinnerst Du Dich nicht der Augenblicke der Leidenschaft und der Verzückung, darein Du mich vor meiner letzten Reise nach Grenoble stürztest? Ach, wenn ich eines Tages verzichten darauf müßte, Dich zu besitzen, wenn es mein Schicksal wäre, Dich nicht mehr wiederzufinden als das, was Du mir warst, dann möge mir die Vorsehung erlauben zu sterben!

Sieben Monate, ohne Dich zu sehen – teure Freundin, nie, niemals hat Dich auf dieser Welt jemand so geliebt oder wird Dich jemand wieder so lieben wie ich!«

Für Pauline jedoch, die jetzt Augenblicke des Rausches und der Verzückung in den Armen Duchands genoß, war ein Liebhaber von gestern so belanglos wie ein Hut von gestern.

»Ist meine Liebe für Dich nicht eine dauernde Pein? Aber mein eigenes Glück bedeutet mir nichts – ich sehe immer nur Dich und ertrage standhaft die Qualen, die mir Deine Gelassenheit bereitet ... Werde es nicht müde, von mir geliebt zu werden, und wenn Du mir ein Glück versprochen hast, das ich vor meinen Augen entschwinden sehe, fast noch ehe ich es genossen habe, so übe Nachsicht gegenüber meinen Leiden und laß mich ein wenig Trost finden in der Güte Deines Herzens ... Selbst das Vergangene ist mir wie ein Traum, und mein Herz vermag keine Zukunft mehr zu sehen.«

Talma sah richtig voraus; ein Liebhaber in Aix war deren zwei in Paris wert. Und was niemand jetzt schon ahnen konnte – Pauline kehrte nie wieder nach Paris zurück. Als im Frühherbst die ersten Blätter in den See trieben und die Damen ihre Kaschmirschals enger um sich zogen, da überlief Paulines Herz ein Frösteln – Canouville war bei Borodino gefallen.

»Es ist gefährlich, Prinzessinnen zu lieben«, sagte Laure d'Abrantès voll Bitterkeit. »Es führt zu Ungnade wie im Fall Junots oder zu einem frühzeitigen Tod wie bei Canouville.«

Pauline war es nicht gegeben, rückwärts zu blicken, aber der Tod Canouvilles ging ihr sehr nahe, und als der Herbst nun wirklich ins Land zog, da verließ sie Aix und reiste nach Süden. Allerdings war sie doch nicht so verstört, daß sie nicht Duchand als Begleitung mitgenommen hätte. Erst als er sich von ihr trennen mußte, senkte sich tiefe Traurigkeit über sie. Auch die schlechten Nachrichten, die aus Rußland zu ihr gelangten, drückten sie nieder, wenngleich sich ihre Umgebung jede Mühe gab, alles möglichst von ihr fernzuhalten. Sie war jetzt 32 Jahre alt und hatte den Augenblick der Wahrhaftigkeit im Leben einer Frau erreicht, in dem sie sich darüber klar wird, daß sie nur noch einige wenige Jahre der Jugendfrische vor sich hat. Vielleicht fielen ihr jetzt auch Napoleons Worte wieder ein:

»Sagen Sie ihr, daß sie nicht mehr so schön ist, wie sie einmal war, und daß sie es in ein paar Jahren noch weniger sein wird, daß sie aber ihr ganzes Leben lang gut sein und Achtung erwecken sollte.«

Sie sprach immer wieder davon, nach Paris zurückkehren zu wollen, konnte sich aber noch nicht wirklich dazu aufraffen; doch begann sie aus einem tierhaften Instinkt vor einer drohenden Gefahr heraus ihren Haushalt zu verkleinern und ihre Ausgaben einzuschränken.

Wenn Pauline in diesem Winter durch die Vorahnung nahenden Unheils niedergeschlagen war, so fühlte sich Caroline zum erstenmal seit vielen Monaten restlos glücklich, obwohl Murat alle möglichen Anstrengungen unternahm, aus der Ferne ihre Regierungstätigkeit eifersüchtig zu kontrollieren. Wo immer in Rußland gekämpft wurde, zeichnete er sich aus, doch konnte sich seine Natur weder mit den langen Märschen, noch mit dem Winterwetter nach der Sonne von

Neapel, noch mit der allmählichen Auszehrung der Armee auf dem endlosen Rückzug von Moskau abfinden.

Nach der endgültigen Niederlage an der Beresina und Napoleons plötzlicher Abreise nach Paris wurde der Oberbefehl über das, was von der Großen Armee noch übrig war, Murat übertragen – eine Fehlentscheidung, die sich nur aus der überstürzten Hast des Kaisers, wegzukommen, erklären läßt.

Fünf lebenswichtige Wochen vergingen von Napoleons Aufbruch bis zu dem Tag, an dem Murat den Oberbefehl Eugène de Beauharnais überließ, Zeit genug, um Caroline über seine Absichten zu informieren und ihre angstvolle Antwort zu erhalten, er solle sich seine Handlungsweise noch einmal genau überlegen. Was veranlaßte Murat, einen Marschall Frankreichs, einen Soldaten, der sich nur nach Kampf, nach dem Geklirr der Waffen, den Signalen der Clairons und dem Dröhnen der Pferdehufe bei einer Kavallerieattacke sehnte, Befehlen nicht zu gehorchen und die Führung der größten Armee, welche die Welt je gesehen hatte, abzugeben, auch wenn sich diese Armee in vollem Rückzug befand? Keiner der Gründe, die er anführte – sein Gesundheitszustand und die Situation in seinem Königreich –, war stichhaltig und ausreichend als Motiv überzeugend. Die Antwort hatte Napoleon selbst nach Austerlitz gegeben: »Befehligen heißt sich verbrauchen!«

Als Murat die Armee neu zu gruppieren versuchte, mußte er feststellen, daß die meisten führenden Offiziere selbst erschöpft und entmutigt waren. Schon waren viele von ihnen nur noch darauf bedacht, ihren Rang zu erhalten, ihre Stellung in der Gesellschaft und die ihnen als Dotationen übereigneten Ländereien in den eroberten Gebieten.

Mit diesem teilweise schon unzuverlässig gewordenen Haufen konnte Murat ebensowenig fertig werden wie mit dem Kaiser selbst. Der Comte de Ségur, der Zeuge seines Zusammenbruches war, hat dazu bemerkt, daß er [Murat], der als König keine Angst davor hatte, als Soldat in der vordersten Linie zu fallen, offensichtlich den Gedanken nicht ertragen konnte, ohne Krone zu leben; und die Niederlage in Rußland war voll schwerer Drohungen für die Zukunft. Nicht »Auf in den Kampf«, sondern »Rette sich, wer kann« tönte es jetzt in Murats Ohren, so wie einst das »Es lebe die Kaiserin« in Carolines Ohren geklungen hatte.

Der König von Neapel versammelte den Generalstab um sich und sprach ihn mit den Worten an: »Es ist nicht länger möglich, einem Wahnsinnigen zu dienen; seine Sache ist hoffnungslos verfahren – kein Fürst in ganz Europa glaubt noch seinen Worten oder Verträgen«, so und in ähnlichem Stil fuhr er fort, bis er von Marschall Davout unterbrochen wurde, der ihn rücksichtslos mit Vorwürfen anfuhr:

»Sie sind nur König von Napoleons Gnaden und weil Sie französisches Blut in den Adern haben, und Sie können nur König bleiben durch Napoleon und wenn Sie mit Frankreich verbunden sind. Schwärzester Undank hat Sie verblendet.«

Dieser schwere Vorwurf aus dem Mund eines Mannes, der gleichfalls Marschall war, mag Murat ein wenig beschämt haben, doch war er der Vernunft schon nicht mehr zugänglich. Der letzte, entscheidende Anstoß, sein Kommando abzugeben, war jedoch ein Brief aus Neapel, der alle seine vielleicht doch noch vorhandenen guten Absichten über den Haufen warf. Beobachter bemerkten, daß ihm beim Lesen dieses Briefes schlagartig die Galle ins Blut trat und dann sein Gesicht in wenigen Minuten die Farbe der Gelbsucht annahm.

Die Nachrichten in jenem Brief besagten, daß Caroline eine Regierungshandlung vorgenommen hatte, die seinen Wünschen stracks zuwiderlief.

In diesem Augenblick seiner Laufbahn trug die Eifersucht, mit der er über seine eigene Autorität wachte, einen beschämenden Sieg über seine Ehre, über sein Pflichtgefühl und über seine Ruhmbegierde davon. Wenige Tage später hatte er die Armee und seinen Oberbefehl im Stich gelassen und befand sich auf dem Weg zurück nach Neapel.

»Murat ist entweder ein Verräter oder ein Irrer; er gehört entweder erschossen oder nach Charenton gebracht, eines von beiden«, rief Napoleon voller Zorn aus, als er von Murats Treubruch erfuhr.

Caroline konnte es nur schwer begreifen, daß ihr Bruder in Rußland eine Niederlage erlitten hatte, aber weit schwieriger war es für sie, zu verstehen, warum ihr Mann den ihm übertragenen Oberbefehl abgegeben hatte, und noch dazu ausgerechnet an einen Beauharnais. Sie jedenfalls erinnerte sich, wenn er es vergessen haben sollte, an die Worte Napoleons: »Für mich war Murat immer ein General in meiner Armee und er wird es bleiben.«

Generäle pflegten im allgemeinen nicht eigenmächtig ihre Kommandos aufzugeben, weil ihre Frauen die ihnen übertragenen Pflichten nicht ordentlich erfüllten. Ein vom Kaiser im »Moniteur« eingerückte Mitteilung, die Murats Abfall aufs schärfste rügte, und ein Brief an Caroline, in dem er Joachim als Pflichtvergessenen, als undankbaren Verräter, als unfähig zu vernünftiger Politik und unwürdig der Verwandtschaft, als einen Menschen, der öffentliche und strenge Bestrafung verdient habe, hinstellte, führte dazu, beide Gatten in gegenseitiger Entrüstung wieder zusammenzuführen.

Beleidigungen und Gegenbeleidigungen wurden von Paris nach Neapel und umgekehrt geschleudert, aber die Antwort, die jede Aussicht auf eine Einigung unmöglich machte, kam von Murat. Die Authentizität dieses Briefes wurde schon öfters angezweifelt, doch hatte sich Murat bereits in eine so hochgradige Erregung hineingesteigert, daß es sehr wahrscheinlich ist, daß er tatsächlich so geschrieben hat:

»Sie haben einen alten Waffengefährten beleidigt und verleumdet, der Ihnen in jeder Gefahr treu zur Seite gestanden ist und dem Sie einen nicht kleinen Teil Ihrer Siege verdanken, den Mann, der die Stütze Ihrer Größe war und der Sie, als Sie am 18. Brumaire den Mut verloren hatten, wieder aufgerichtet hat.«

Dieser letzte Stich war um so unverzeihlicher, als er der Wahrheit entsprach; mit Recht hatte Murat Bourrienne gegenüber, als er auf den Brumairevorgang zurückgriff, ausgerufen: »Er sagt, er habe uns zu Königen gemacht! War es aber nicht so, daß wir ihn zum Kaiser gemacht haben?«

Die Nachricht von den französischen Niederlagen in Rußland bewirkte in Florenz einen noch größeren Schock als in Neapel. Elisa hatte pflichtgemäß ihre Operettenregimenter nach Rußland entsandt, und obwohl nur wenige ihrer Soldaten zurückkamen, war sie eine Zeit lang nicht fähig, die wirkliche Lage in ihrer Tragweite zu erfassen. In ihrer Korrespondenz mit Pauline, die sich damals in Hyères aufhielt, zeigten sich keine Anzeichen ungewöhnlicher Sorge, schrieb sie ihr doch selbstzufrieden und so nebenher, daß sie dem Kaiser behilflich sei, seine Armee wiederaufzustellen, indem sie eine Kavallerieeinheit von 300 Mann zur Verfügung stelle! Ihre eifrig wiederholte Versicherung, daß sie alles veranlaßt habe, um aus Paris Mitteilungen über die neueste Haartracht zu erhalten, schien ihr von größerer Dringlichkeit zu sein.

Trotz des tiefen Unbehagens, das über Europa lag, war in den bonapartischen Staaten Toscana oder Neapel von einer Änderung in der Lebensweise nichts zu bemerken, und da der Kaiser in Paris mehr und immer mehr Belustigungen verlangte, um seine fieberhaften Vorbereitungen bei der Aufstellung neuer Armeen zu verdecken, sah auch Elisa keine Ursache, ihre gewohnten Pendelfahrten zwischen ihren Palästen in Bagni di Lucca, Livorno, Marlia und Florenz aufzugeben.

Indessen befahl Napoleon von Dresden aus Borghese in Turin und Elisa in Florenz, sich auf einen Angriff vorzubereiten, wobei er besonders großen Wert darauf legte, Elba gegen einen etwaigen britischen Überfall von See her zu schützen. Noch seltsamer war es, daß er Murat aufforderte, an den bevorstehenden Schlachten teilzunehmen, und genauso eigenartig war, daß Murat tatsächlich diesem Ruf folgte; aber er verblieb dort nur bis zur Schlacht bei Leipzig, an der er teilnahm, und nach der Niederlage der französischen Armeen eilte er zurück nach Neapel.

Es war jetzt gerade ein Jahr vergangen seit dem Einzug der französischen Armeen in das brennende Moskau, und nunmehr steigerte sich nach der Niederlage bei Leipzig das bisher nur unter der Decke spürbare Rumoren zum Donnergrollen – war es möglich, daß Napoleon tatsächlich zu besiegen war?

Als Wellington mit der britischen Armee die Pyrenäen überschritt und Napoleon sich mit Nachhutgefechten zu wehren begann, wurde diese Möglichkeit zur schrecklichen Gewißheit.

Wirklich aufgebracht war als erste von den Schwestern Pauline, stand doch die Sicherheit ihres geliebten Bruders auf dem Spiel. Sie war die einzige, die absolut überzeugt davon war, daß Napoleon alle Schwierigkeiten überwinden würde; auch fühlte sie gleichzeitig, daß er vielleicht die Hilfe, die sie ihm geben konnte, brauchen würde, und so schickte sie ihm, nach der Schlacht bei Leipzig, ein Diamanthalsband als handgreiflichen Beweis ihrer Zuneigung, der Napoleon tief rührte, wenn er ihr auch mit herzlichen Worten schrieb, daß er einstweilen ihre Gabe noch nicht nötig habe.

Elisas Aufregung galt ganz allein ihrer eigenen Person; ihr wurde jetzt befohlen, sich auf einen Generalangriff auf Italien vorzubereiten, was ihr höchst unangenehm war, da sie sich soeben erst wieder einmal von einer schweren Erkrankung erholte. Ihre eigenen Streit-

Camillo Borghese

Pauline Bonaparte

kräfte waren selbst für die Verteidigung der Toscana völlig unzureichend; sie hing von Eugène, dem Vizekönig, ab, aber dieser war in die Kämpfe im Norden verwickelt und äußerte sich über seine Pläne nur ausweichend. So schrieb Elisa an den Kaiser selbst, aber wie ganz anders als vordem:

»Die Dinge in Italien laufen schlecht. Es ist zu einigen Aufstandsbewegungen gekommen, und im Norden sind Straßenräuber aufgetreten. Ich werde das Herzogtum nur verlassen, wenn der Feind Florenz besetzen sollte, und mich dann über Piombino auf die Insel Elba zurückziehen, um dort abzuwarten, bis sich die Lage wieder gebessert hat.«

Sie war also immer noch der Meinung, daß sich die Dinge zum Günstigeren wenden könnten.

Murat hatte bei der Durchreise durch Florenz versprochen, daß er Elisa zu Hilfe kommen werde, wenn sie darum bitte, aber dann war er nach Neapel weitergereist, und sie hatte nichts mehr von ihm gehört. Was sollte sie jetzt tun? Sich auf seine Versprechungen, ihr im Falle eines Angriffes zu helfen, verlassen? Die Situation wurde allmählich kritisch. Von den Österreichern war schon die direkte Verbindung nach Paris unterbrochen worden, und sie bedrohten bereits Bologna.

In diesem kritischen Augenblick erhielt sie von ihrem Bruder die Nachricht, daß er Fouché mit einer Botschaft nach Neapel senden werde; ihr selbst gab er folgende Order:

»Auch wenn der Feind am Mincio auftaucht, darfst Du die Toscana nicht verlassen, solange sie noch vom Vizekönig gehalten wird und der Feind keine große, entscheidende Schlacht gewonnen hat. Dein Rückzug nach Neapel wird auf jeden Fall immer gesichert sein.«

Würde er es? Seltsame Dinge trugen sich inzwischen in Neapel zu. Als Murat von Rußland dorthin zurückkehrte, wurde seine Handlungsweise allgemein verurteilt; nach Leipzig jedoch begegnete er dem tiefen Schweigen, das einer überwältigenden Niederlage zu folgen pflegt. Obwohl er keineswegs so geistesverwirrt war, um nicht sehr klar zu erkennen, daß Napoleon, wenn er den Kampf fortsetzte, alles zu verlieren und nichts zu gewinnen hatte, sah er doch nicht weit genug voraus, um zu erfassen, daß diese Erschütterungen in Frankreich in Neapel gleichsam vulkanische Ausbrüche hervorrufen mußten. Doch ihn und Caroline bewegte allein die Frage, daß sie beide, nach Umständen, alles verlieren würden. Im Dezember 1813 appellierte Murat leidenschaftlich an den Kaiser, Frieden zu schließen: »Im Namen all dessen, was Ihnen auf der Welt am teuersten ist, im Namen Ihres Ruhmes, leisten Sie nicht länger Widerstand. Schließen Sie Frieden, schließen Sie ihn um jeden Preis! Gewinnen Sie Zeit, und Sie werden alles gewinnen! Ihr Genie und die Zeit werden das übrige tun. Wenn Sie aber die Bitten Ihrer Freunde, Ihrer Untertanen in den Wind schlagen, werden Sie verloren sein und auch uns alle zugrunde richten.« Und er setzte hinzu, daß Italien noch treu sei, weil es im Verband mit dem französischen Kaiserreich eine bessere Zukunft für sich selbst voraussehe. Dies werde aber nicht lange so bleiben, wenn solche Hoffnungen zunichte gemacht würden. Italiens Problem war auch das Problem der Familie Murat – entweder dem Kaiser die Treue zu halten und mit ihm unterzugehen, wenn es nicht gelang, ihn zum Friedensschluß zu bewegen, oder aber das eigene Volk zu retten und damit auch die Krone, indem man sich rechtzeitig den Alliierten anschloß. Den Lauf der Dinge abzuwarten und hinhaltend zu taktieren, war die einzige Alternative, die ihnen nicht mehr offenstand.

Louise Murat gibt selbst zu, daß für ihren Vater der erste Weg als einziger, zumindest als heroischster, in Frage gekommen wäre, hätte er die Möglichkeit gehabt, als Privatperson und nur dem Gebot seines Herzens folgend handeln zu können; indessen er war König: »Von seinem Entschluß hing das Schicksal des Volkes ab, das zu regieren er berufen worden war, mit dem er und seine Familie sich völlig identifiziert hatten, und für das sich aufzuopfern Ehre und Pflicht von ihm verlangten.«

Murat wußte genau, daß in dem Augenblick, da er Neapel den Österreichern und Engländern preisgab, von diesen die Bourbonendynastie wieder eingesetzt würde; die Neapolitaner aber wären dann, ohne jeden Vorteil für Frankreich oder den Kaiser, die Verratenen gewesen. Gelang es ihm dagegen, zu einem Übereinkommen mit den Alliierten zu gelangen und zugleich seine eigene Stellung zu sichern, so konnte er immerhin erwarten, handfeste Vorteile für Italien zu erlangen. Seine Tochter hebt nachdrücklich hervor, daß er mehr im Sinne der Interessen Italiens als zu seinem eigenen Vorteil gehandelt habe, doch verhehlt sie auch nicht, daß er von einem geeinten Italien träumte, in dessen Führung ihm selbst natürlich eine gewichtige Rolle zugefallen wäre.

Während Murat und Caroline noch nach einem Ausweg aus der Sackgasse, in der sie sich befanden, suchten, landeten die Engländer bei Viareggio eine kleine Streitmacht und marschierten, ohne auf nennenswerten Widerstand zu stoßen, auf Lucca, das sich ergab. Diese Unternehmung diente mehr oder weniger nur als Warnung, denn sie stießen nicht weiter vor und schifften sich dann wieder ein.

Jetzt wandte sich Elisa an Pauline, die sich noch immer in Hyères befand, und schrieb ihr von ihren ernsten Befürchtungen; gleichzeitig begann sie vorsorglich Wertsachen aus Florenz wegzuschicken.

Wie auch immer Elisa vor der Öffentlichkeit erschienen sein mag, ihr Entschluß, in Florenz mit dem Packen zu beginnen, war ein Anzeichen für ihre persönlichen Besorgnisse, die noch verstärkt wurden durch die Tatsache, daß sie von niemandem eine klare Weisung erhielt, welchen Weg sie einschlagen sollte.

Von neuem befragte sie Murat, inwieweit sie auf Hilfe von ihm rechnen könne, worauf er antwortete, daß er, wenn die Toscana angegriffen würde, zu ihrer Verteidigung herbeieilen werde, doch müsse ihm in diesem Fall der Oberbefehl über ganz Italien übertragen werden. Dies wiederum hätte die vollständige Ausschaltung Eugènes vorausgesetzt, was Elisa wenig berührt hätte, da er ja ein Beauharnais war; es flößte ihr aber doch einigen Zweifel über die Rolle ein, die Murat zu spielen gedachte, denn ihr war sein Bestreben, ganz Italien zu vereinigen, natürlich nicht verborgen geblieben. Wenn es ihm gelang, seinen Traum zu verwirklichen, dann lag ihre Zukunft eher bei ihm als bei ihrem Bruder. Auch beim Kaiser suchte sie sich jetzt Rat zu holen, der sie wissen ließ:

»Sollte der König [von Neapel] es so weit kommen lassen, uns den Krieg zu erklären, so muß er wissen, daß Frankreich noch nicht tot ist und daß ein so schändlicher Verrat, wenn er tatsächlich eintreten sollte, nur auf seinen Urheber zurückfällt. Soll Dich der König einkerkern oder gar töten – aber lasse Dich unter keinen Umständen zu einer Verletzung Deiner Pflicht gegen die Nation verleiten!«

Napoleon wußte, daß die Österreicher Neapel Avancen machten und daß der heimlich dort gemeldete Graf Neipperg – ein Mann, der dazu ausersehen war, ihm noch verhaßter zu werden – mit einem österreichischen Bündnisangebot in Neapel eingetroffen war.

Während es Bonaparte schwerfiel zu glauben, daß Murat und Caroline ernstlich erwägen könnten, sich mit seinen Feinden zu verbünden, ließen ihn seine Erfahrungen mit Murats Wankelmut kaum recht zuversichtlich hinsichtlich des Empfanges von Neipperg in Neapel sein.

Murat hatte einen grausamen inneren Kampf zwischen zwei Seiten auszufechten. Er wußte, daß die Neapolitaner, die nur höchst widerwillig ihre sonnige Heimat verließen, um irgendwo in Europa zu kämpfen, für den Frieden waren, anderseits aber durfte er nicht das Gewicht der öffentlichen Meinung einfach ignorieren. Carolines Dilemma war womöglich noch größer. Sie konnte nicht vergessen, daß Murat, wie Napoleon so oft wiederholt hatte, nur ihretwegen König von Neapel war, und daß er, wäre er ganz einfach ein Marschall von Frankreich geblieben, nie an seiner Pflicht irre geworden wäre.

Das ganze Jahr 1813 hindurch wurde Caroline von Zweifeln hin- und hergerissen. Auch ihr war es klar, daß Napoleons Macht dahinschwand, trotzdem aber hielt sie wahrscheinlich nur eine Einschränkung seines Herrschaftsbereiches, nicht aber einen totalen Zusammenbruch für möglich; es schien so unfaßbar, daß sich der Schwiegervater des französischen Kaisers, der Kaiser von Österreich, unwiderruflich gegen seinen Schwiegersohn wenden oder die Stellung seiner Tochter als Kaiserin von Frankreich zerstören werde. Sicher würden sie, Caroline und Murat, wenn sie mit Österreich ein Bündnis schlössen, ihre eigene Stellung festigen und, ohne Napoleons Zukunft ernsthaft zu gefährden, endlich die Unabhängigkeit gewinnen, von der sie schon so lange träumten. Daß Napoleon diese Ansicht keineswegs teilte, geht klar aus einem seiner Briefe an Elisa hervor.

Während Murat zauderte und auf ein Zeichen Napoleons wartete, ehe er den letzten entscheidenden Schritt tat, rang sich Caroline zu folgendem Entschluß durch: sie mußten die Alliierten wählen! Diese Entscheidung war zweifellos auch auf den Einfluß ihres neuen Liebhabers, des österreichischen Botschafters Mier, zurückzuführen, und auch auf die Tatsache, daß ihr alter Freund Metternich jetzt der mächtigste Mann in Österreich war. Sie wiederum vermochte Murat zu beeinflussen, indem sie ihm den Gedanken einschärfte, daß Napoleon, sollte es ihm in seine Politik passen, nicht zögern würde, ihn den Alliierten zu opfern.

Dies war für Murat eine Situation, die er nicht mit einem Gascognerstückchen bewältigen konnte. Die Intrige hatte ihren Dienst getan; auf Phrasen mußten jetzt Taten folgen. Er schrieb an den Kaiser und machte ihm Vorwürfe, daß er ihn nur ungenügend unterstützt habe, um den gegen ihn aufmarschierenden Kräften erfolgreich Widerstand leisten zu können. Österreichische Truppen drängen in Italien ein, und die Engländer stünden an seinen Küsten für den Todesstoß bereit. »Was kann ich tun, so von allen Seiten bedroht und ohne jede Aussicht auf irgendeine Hilfe? Ja, wenn ich eine französische Armee befehligte, dann würde ich alles wagen ...«

Murat machte sich keine übertriebenen Illusionen über den Kampfwert seiner neapolitanischen Truppen.

Er wußte, daß er sie jetzt nicht über die Alpen führen konnte, ja es war fraglich, ob er sie überhaupt bis dorthin zu führen vermochte. So sehr sie ihm auch persönlich ergeben waren – würden sie nicht einen Souverän im Stich lassen, der die Interessen ihrer Heimat preisgab?

Napoleon sah die Dinge anders. Wenn Murat zu der franco-italienischen Armee stieß, die Eugène befehligte, könnten sie gemeinsam die österreichischen Streitkräfte in Norditalien in die Defensive zwingen. Hierdurch würden beträchtliche Truppenmassen gebunden und eine Offensive zumindest bis zum nächsten Frühjahr verzögert, so daß er Zeit fände, frische Soldaten auszuheben und seine eigenen Kräfte neu zu formieren.

Als die Alliierten im Januar 1814 die französische Grenze überschritten, schrieb Napoleon ätzend scharf an Murat:

»Der Königstitel hat Ihnen den Kopf verdreht; wenn Sie ihn behalten wollen, betragen Sie sich vernünftig und achten Sie sorgfältig auf das, was Sie sagen. Ich kann mir nicht denken, daß auch Sie zu denjenigen gehören, die meinen, der Löwe sei tot. Sollte es aber doch so sein, so hätten Sie sich böse verrechnet.«

Aber der Löwe war tatsächlich, wenn auch noch nicht tot, so doch am Sterben. Noch einmal erinnerte Murat daran, daß er schon vor Dresden den Kaiser ersucht hatte, Frieden zu schließen, und jetzt bestürmte er ihn erneut, es zu tun:

»Sire, wenn mich bittere Notwendigkeit dazu zwingt – und ich glaube, sie wird mich zwingen müssen – einen Kurs einzuschlagen, der scheinbar Ihren Interessen zuwiderläuft, der aber dennoch Eurer Majestät und Frankreich nützen wird, weil er mir einigen Einfluß bei den Friedensverhandlungen verschafft, so hoffe ich, daß Sie meine Handlungsweise in Ruhe und unparteiisch beurteilen werden.«

Und nun kam der Tag, den Murat selbst den unglücklichsten seines ganzen Lebens nannte, der Tag, an dem er sich endgültig zu entscheiden hatte. Auf der einen Seite sah er den unvermeidlichen Verlust seines Königreiches vor sich, während auf der anderen Seite seine Verpflichtungen gegenüber seinen Untertanen und seiner Familie standen – über allem aber seine immerwährende Hingabe an Napoleon und seine unwandelbare Anhänglichkeit an Frankreich.

Zwei Tage später schrieb er die schicksalsschweren Worte: »Ich habe soeben einen Vertrag mit Österreich geschlossen« – aber er wiederholte in leidenschaftlichem Ausbruch, daß er weder gegen Frankreich noch gegen den Kaiser kämpfen werde. Mochte ihn Napoleon den »Bernadotte des Südens« schimpfen, nie würde er, wie sein einstiger Freund und Mitmarschall, der jetzige Prince royal von Schweden, die Waffen gegen sein Geburtsland erheben.

»Der Marschall von Frankreich, der Napoleon nach seinen eigenen Worten sein Schwert, sein Blut und sein Leben verdankte, hatte unrecht«, sagte Bourienne, »der König von Neapel war im Recht.«

Aber Joachim Murat, Marschall von Frankreich, und König Joachim von Neapel waren ein und derselbe Mann.

Murat hegte immer noch aufrichtig die Hoffnung, daß die Handlungsweise, zu der er sich entschlossen hatte, bzw. die ihm aufgezwungen worden war – nicht aufgrund seiner eigenen Taten, sondern durch die des Kaisers –, doch in irgendeiner Weise für Frankreich von Nutzen sein würde.

»Umgeben von den Anmaßungen und Vorurteilen all der alten regierenden Dynastien habe ich mit ihnen auf gleicher Ebene verhandelt. Es ist mir gelungen, meinen Rang zu wahren und zu halten unter all den Trümmern, die Europa bedecken. Ihr Schüler, Ihr Schwager hat die Krone hochgehalten, die Sie ihm verliehen haben, und nach diesem kurzen Sturm, der uns voneinander trennt, werden Sie wieder den Mann finden, der Ihnen ewig ergeben ist.«

Es war nicht so sehr Murat, obwohl er auch auf ihn wütend war, dem Napoleons Zornausbruch galt, sondern mehr noch Caroline; er glaubte nämlich mit Recht, daß sie den entscheidenden Einfluß auf Murats Frontwechsel ausgeübt hatte. Selbst wenn es zutraf, was Ségur behauptete, daß sich Murat jetzt, nachdem er sechs Jahre König war, ein Leben ohne Krone nicht mehr vorstellen konnte, so hatte sich das zerstörerische Gift der »Macht um ihrer selbst willen« noch nicht so tief in Joachim wie in Caroline eingefressen.

Zweifelsohne hielt es Caroline für taktisch klug, wegen des Kaisers Zorn wenigstens bedrückt zu erscheinen. Ihre Mutter schrieb besorgt an Elisa:

»Ich habe Briefe von Caroline erhalten, in denen sie berichtet, wie unglücklich sie ist über das auf ihr lastende Mißfallen des Kaisers. Ich hoffe nur, daß alles zu einem guten Ende gelangen wird.«

In Wirklichkeit aber war Caroline zutiefst davon überzeugt, daß ihre Handlungsweise richtig war.

»Man sagt, daß der Kaiser wütend über mich sei«, schrieb sie an Joachim. »Du weißt, wie sehr ich ihm zugetan bin, und sein Zorn betrübt mich aufrichtig, aber ich bin sicher, daß er bei gerechter Würdigung der Dinge auch spüren wird, daß ich nur meine Pflicht getan habe und daß ich gar nicht anders handeln konnte. Eine Frau, die sich anders benommen hätte, würde seine Achtung nicht verdient haben. Mein Gewissen ist rein, und ich brauche mich vor mir selbst für nichts zu entschuldigen. Wenn Du also in den Gazetten häßliche Dinge über mich gedruckt findest, so mach Dir keinen Kummer deswegen und glaube nicht, daß es das ist, was mich krank gemacht hat.

Wenn man seine Pflicht tut, dann kann man mit Ruhe das Ende des Sturmes abwarten und hoffen, wieder schönes Wetter zu bekommen.«

Den Murat schien es immer noch ein Sturm im Wasserglas zu sein. Mit Elisa waren sie der Meinung, daß unabhängiges Handeln von ihrer Seite keinerlei entscheidende Auswirkungen haben würde, soweit der Kaiser betroffen war. Sie glaubten, daß sie ihre Souveränität behalten würden und daß sie auch fortan, immer noch mit Napoleon als Kaiser, wenn auch in einem verkleinerten Kaiserreich, ohne übermäßige Einmischung von außen regieren könnten, wie sie wollten. Mag dies auch eine Fehlrechnung und eine falsche Einschätzung der tatsächlichen Lage gewesen sein, in ihren Augen war es auf keinen Fall Treulosigkeit.

Elisa stützte sich nunmehr ganz auf Murat, denn die Krise zeigte offen ihre Schwächen auf. Sie war zweifellos eine gute Verwalterin, hatte aber gar nichts von einem Staatsmann an sich, vielmehr brauchte sie jetzt dringend einen Ratgeber. An Pauline schrieb sie von der grausamen Lage, in die sie geraten war und aus der mit eigener Kraft heil herauszukommen sie keinen Weg sah.

Auf den Rat Fouchés hin zog sie sich nach Lucca zurück. Dies war ein taktischer Fehler, denn nun dachten die Florentiner, sie würde sie aufgeben, und die Folge war, daß ihre Abreise von feindseligen Demonstrationen begleitet wurde.

Murat marschierte auf Geheiß seiner neuen Verbündeten nordwärts gegen Bologna, um, falls erforderlich, gegen Eugène zu kämpfen, aber er brachte es nicht über sich, das zu tun, und zögerte so lange, bis man ihm bedeutete, daß sein Wankelmut ihn seinen Thron kosten könne. Seine neuen Genossen zeigten keine Anzeichen, umgänglicher zu sein als die früheren, aber jetzt gab es für die Murat kein Zurückschauen mehr. Die Entscheidung, die sie getroffen hatten, mußte durchgestanden werden.

Murats Hilfe hatte Elisa auch nicht so genützt, wie sie sich das vorgestellt hatte. Die Neapolitaner nahmen Florenz ein, und Lucca war in Murats Gewalt, aber sie war entschlossen, Elba mit allen Kräften zu verteidigen.

Als jedoch alle befestigten Plätze in der Toscana dem König von Neapel übergeben worden waren und in Châtillon Friedensverhandlungen mit den Alliierten begannen, hatte sich Elisa bereits mit diesem Verlust abgefunden. Sie bat den französischen Delegierten Caulaincourt lediglich darum, wenigstens Lucca behalten zu dürfen, eine Bitte, die sicherlich mit einer enttäuschenden Antwort beschieden worden wäre, hätte nicht vorher Lord William Bentinck, der britische Gesandte in Sizilien, das Gesetz des Handelns an sich gerissen und, ohne Ermächtigung verfahrend, die Ereignisse in Italien beschleunigt. Nach der Landung in Livorno erließ er eine Proklamation, durch die alle Italiener aufgerufen wurden, sich zur Verteidigung ihrer Freiheiten zu erheben, und in der gleichzeitig zugesichert wurde, daß Großbritannien die Rechte der sizilianischen Bourbonen wahren würde. Dieser Willkürakt veranlaßte Murat sofort, Verhandlungen mit Eugène aufzunehmen.

Lord William, jetzt tatsächlicher Herr der toscanischen Küste, verlangte gebieterisch, daß sich Elisa aus ihren Staaten zurückziehe, wobei er sich ganz einfach über die Klausel des Preßburger Friedensvertrages hinwegsetzte, durch die Elisa als rechtmäßige Souveränin der Staaten Piombino und Lucca bestätigt worden war.

Elisa blieb angesichts des ungleichen Kräfteverhältnisses keine andere Wahl als zu gehen, wobei sie noch, als schon die Wagen mit ihrem Hab und Gut beladen wurden, darum bat, wenigstens die Einrichtungen, die sie zum Wohle ihrer Untertanen geschaffen hatte, aufrechtzuerhalten. Dann traten die Bacciocchi nach einem letzten Blick auf ihre Stadt Lucca die Fahrt nach Genua und in ihr Exil an. Während der Unruhen traf in Italien die Nachricht ein, daß der Kaiser am 11. April 1814 seine Abdankungsurkunde unterzeichnet habe, durch die er gleichzeitig für sich und für seine Erben auf die Kronen Frankreichs und Italiens Verzicht leistete. Am 20. April verabschiedete er sich von der Garde im Schloßhof von Fontainebleau und brach dann von Österreichern eskortiert nach dem Süden auf.

Es waren letzten Endes die Marschälle, die ihn verrieten. Sie hatten lange Zeit zu spartanisch gelebt und zuletzt zu üppig. Viele von ihnen, wie Murat zum Beispiel, waren verbraucht und ihre Gedanken verwirrt. Sie waren nicht mehr die übermütigen und strahlenden jungen Männer von Mombello, und Marmont führte sie an, jener Marmont, den Napoleon gern als Mann seiner Schwester Pauline gesehen hätte. Marmont war es auch, der sich von Fontainebleau aus aufmachte, um mit den Alliierten zu verhandeln, und der gelassen sagte: »Heute ist es wahrscheinlich, daß ich mir im Endergebnis [durch die seinerzeitige Ablehnung, Pauline zu heiraten] eher gratulieren kann, als daß ich mich zu bedauern habe.«

Pauline war jetzt die einzige in der Familie, die noch an die Zukunft ihres Bruders glaubte, und sie war ganz besonders unglücklich darüber, einen Brief von Murat zu erhalten, in dem er, den sie immer so sehr geliebt hatte, ihr, und vielleicht auch sich selbst, seine Haltung zu erklären versuchte. Es war sehr schwer für sie, beiden gegenüber loyal zu sein, aber sie versuchte ihn zu verstehen.

»Der Kaiser«, schrieb Murat, »steht im Kampf mit den Alliierten, Frankreich ist unglücklich, und doch wehrt sich alles in mir, ihnen zu Hilfe zu eilen und für ihre Verteidigung mein Leben hinzugeben. Alles bindet mich an mein neues Vaterland – das Schicksal meiner Kinder und das meiner Untertanen gehen mir vor. Für sie habe ich zu den Waffen gegriffen, und das zweifellos gegen den Mann, den ich verehre und den ich noch mehr liebe. Doch noch stehe ich ihm nicht als Feind gegenüber, und ich hoffe, daß es zum Frieden kommt, ehe sich der König von Neapel entscheiden muß zu handeln.

Verzeih mir, Schwester, Du liebst mich und Du weißt, wie sehr ich den Kaiser liebe ... Denke daran, daß Du in mir immer einen Freund hast und haben wirst, wenn Du in Schwierigkeiten geraten solltest, der Dich sein ganzes Leben lang lieben wird.«

Ob Pauline Verständnis für ihn hatte? Die lebenslustige, schwache Pauline, die eine so völlig passive Rolle im politischen Geschehen des Kaiserreiches gespielt hatte, schien jetzt der einzige Mensch zu sein, an den sich alle Bonaparte wandten, wenn auch nicht um Hilfe, so doch um Trost zu suchen.

Und es gab einen, der ihrer am meisten bedurfte. Pauline blieb, wo sie war, in der kleinen Stadt Luc, um die Ankunft des Kaisers abzuwarten. Sie hoffte, daß er ihr erlauben würde, ihm ins Exil zu folgen, um ihn nie wieder zu verlassen. Sollte er dies aber nicht wünschen, so würde sie sich nach Neapel begeben, und als sie die Bacciocchi, die in Marseille angekommen waren, einluden, mit ihnen nach Rom zu gehen, lehnte sie ab. Sie mußte auf den Kaiser warten.

Die Bacciocchi waren schon lange unterwegs. Zuerst hatten sie die Absicht, nach Paris zu ziehen, aber als sie entdeckten, daß ihnen die Österreicher den Weg dorthin versperrten, änderten sie ihre Route und wandten sich nach Montpellier, wo einst Carlo Bonaparte gestorben war. Dort traf Elisa auch ihren Onkel Fesch, der von seinem Amtssitz Lyon geflohen war. Es war jedoch ein Fehler, den Südwesten als Zufluchtsgegend gewählt zu haben, denn dieser befand sich im Stadium royalistischen Taumels; so hielten sie es für klüger, ihre Reise nach Marseille fortzusetzen, in die Stadt, mit der sich für Elisa schmerzliche Erinnerungen verbanden, denn hier hatte sie ihr erstes Kind verloren. Ihre Unentschlossenheit glich der aller Verbannten; jetzt hofften sie wieder nach Neapel gehen zu können, dann vielleicht nach Rom. Elisa sträubte sich, die Hoffnung aufzugeben, daß vielleicht doch Lucca ihr endgültiger Bestimmungsort sein könnte; wieder einmal überschätzte sie, wie schon so oft, ihre eigene Wichtigkeit. In den Augen der Alliierten hatte sie keineswegs den Wert, den sie Murat beimaßen, und man behandelte sie, als sei sie von der gleichen politischen Bedeutungslosigkeit wie Pauline.

Napoleons Abdankung zerstörte ihre Hoffnung, und, was das schlimmste war, auch ihre früheren Untertanen wünschten nicht ihre Rückkehr. Kaum hatten die Bacciocchi Florenz verlassen, sammelten sich schon die Geier über ihrem Reich und hackten es in Stücke. Alles

Gute, das Elisa getan hatte, war vergessen, und nur die Verschwendung ihres Hofes und ihre Jagd auf den Kirchenbesitz waren noch in der Erinnerung lebendig. [Bis heute kennt man sie in ihrem früheren Großherzogtum unter dem Namen *la Bacciocca* – einem Wortspiel, das eine Frau leichtfertigen Charakters bedeutet.] Erst als sie darauf kamen, daß mit Elisas Tatkraft und produktiver Fähigkeit auch ihre eigene Wohlhabenheit dahinging, stellten sie fest, daß sie einen schlechten Tausch gemacht hatten. Die Toscaner vermißten die Fröhlichkeit und den Glanz von Elisas Hof, und ihre neuen Zuchtmeister, die Österreicher, verschafften ihnen keinen Mörtel für ihre Ziegel.

Es war Elisas Unglück, daß ihre Fähigkeiten nicht mit der eigenen Selbsteinschätzung im Einklang standen und daß ihr wesentliche Kräfte, wie Scharfsinn und staatsmännische Begabung, fehlten. Als die Zeit ihrer Prüfung kam, fand sie sich gefangen zwischen dem stärkeren Willen Carolines und Murats und gleichsam stigmatisiert von dem Gedanken, ihren Bruder zu verraten, während sie in Wirklichkeit in Ereignisse verwickelt war, die zu beeinflussen weit außerhalb ihrer Möglichkeiten lag.

Wenigstens hatte sie das Glück, daß man ihr erlaubte, nach Italien, wenn auch nicht in die Toscana, zurückzukehren. Am Ende fanden die Bacciocchi ein Heim in Bologna. Von hier aus richtete Felix in einem unglückseligen Anfall von Selbständigkeit eine Anhänglichkeitsadresse an Ludwig XVIII., der jetzt in den Tuilerien auf Frankreichs Thron saß, wo man hastig Lilien über die kaiserlichen Bienen genäht hatte.

Elisa gab sich mit der an ihr gewohnten Hartnäckigkeit der Aufgabe hin, die Zustimmung der Alliierten für einen Aufenthalt, wenn nicht gar zur Regierung in der Toscana zu erringen, und obwohl sie wissen mußte, daß dies ein unerfüllbarer Wunsch war, saß sie den ganzen Tag und schrieb, schrieb und schrieb, bis Enttäuschung und Entmutigung ihre Gesundheit und ihren Geist angriffen. Aber noch wichtiger als einen festen Wohnsitz zu finden war für Elisa der Gedanke, ihre Zukunft zu sichern. Sie bat um einen Paß nach Wien, um dort bei Metternich persönlich ihre Sache zu vertreten, ein Schritt, der in höchstem Maße Paulines Unwillen erregte. Sie schrieb an ihre Mutter: »Ich bin sehr betrübt, seit ich weiß, daß Elisa in Wien war. Sie hat an Königin Caroline geschrieben, daß sie von da gern nach

Paris gehen und sich dort niederlassen möchte. Ich hätte sie nie eines solchen Verhaltens für fähig gehalten, doch sie schrieb auch an den Kaiser, daß sie sich gern auf die Insel Elba begeben würde. Ich bin ganz sicher, daß ihr Entschluß den Kaiser außerordentlich schmerzlich berühren wird, denn er hat mir nicht verhehlt, daß er jeden Versuch eines Mitgliedes der Familie, sich in Frankreich niederzulassen, als unverzeihlichen Verrat ansehen würde. Gerade jetzt, wo er im Unglück ist, müssen wir ihm unsere Zuneigung bezeugen – ich wenigstens sehe die Dinge so.«

Und Pauline fuhr fort, die Dinge so zu sehen. Als der Kaiser der Franzosen, der zu einem König von Elba zusammengeschrumpft war, in Luc haltmachte, um sich von seiner Schwester zu verabschieden, verbrachten sie vier Stunden zusammen unter vier Augen. Niemand weiß, was sie miteinander sprachen! Dann setzte er seinen Weg fort auf jene Insel, die jetzt unter seinen väterlichen Gesetzen leben sollte. In jenen kurzen Stunden starb die »Königin der Torheiten«, und es erwachte die wahre Pauline zum Leben, die mit Ausnahme derjenigen, die sie wirklich liebten, bisher niemand gekannt hatte. Von nun an entschloß sie sich, nur noch dem Mann zu dienen, der sie mit Güte und Liebe überschüttet hatte.

»Ich habe ihn nie als meinen Souverän geliebt«, sagte sie schlicht. »Ich liebte ihn als Bruder, und ich werde ihm treu bleiben bis in den Tod.«

Es war ein Versprechen, das sie einhielt.

Sie hatte gesagt, daß sie ihn nach Elba begleiten würde, doch hielt sie sich noch einige wenige Wochen bei Duchand auf. Er schien ihr all das zu sein, was es in ihrer Vergangenheit an Fröhlichkeit und Glück gegeben hatte, und sie konnte es ganz einfach nicht ertragen, ihn zu verlassen; aber sie war auch Napoleons Schwester und wieder zeigte sie den gleichen Schneid, den sie in Saint-Domingue bewiesen hatte.

Trotz ihrer Angst vor der See schiffte sie sich nach Elba ein und kam dort in Porto Ferraio am 1. Juni 1814 auf der Fregatte »Letizia« an, die ihr Murat zur Verfügung gestellt hatte. Napoleon ging an Bord, um sie zu begrüßen, und sie verbrachte die Nacht auf der Insel. Am nächsten Tag begab sie sich wieder auf die »Letizia«, die Kurs auf Neapel nahm.

XIII. Kapitel

Zusammenbruch

Dank der Intervention einiger Mitglieder der Familie Bonaparte kam die ersehnte Versöhnung zwischen den beiden Schwägern doch noch zustande, und Fürstin Pauline Borghese war die hauptsächliche Vermittlerin. Ihre Leichtfertigkeit und ihr zweifelhafter Ruf erregten keine Befürchtungen, deshalb war es für sie auch leicht, von Porto Ferraio nach Neapel zu reisen, um ihre Friedensmission auszuführen, ohne daß man Verdacht geschöpft hätte, sie könnte so wichtige Botschaften überbringen wie die, mit denen sie tatsächlich betraut war.

Louise Murat muß durch ihre Mutter ins Vertrauen gezogen worden sein, und dies straft alle diejenigen Lügen, die behaupten, Pauline habe keine Rolle bei der Besserung des Klimas zwischen Napoleon und den Murat gespielt. Tatsächlich war der Bruch zwischen beiden nur von kurzer Dauer.

Pauline bezog die Villa La Favorita in Portici, einen der bevorzugten Sitze der Neapolitaner königlichen Familie, und blieb dort fünf Monate, trotz ihres oft geäußerten Wunsches, ihrem Bruder auf Elba Gesellschaft zu leisten. Es ist daher sehr wahrscheinlich, daß für diesen längeren Aufenthalt ein wesentlicherer Grund entscheidend war als nur ihr Zögern, sich erneut aufs Meer zu begeben.

Ihre Zeit verbrachte sie damit, weitere neue Haushaltspläne aufzustellen, und nahm auch Verhandlungen über den Verkauf des Hôtel Borghese in Paris auf. Dies dürfte ein klarer Beweis dafür sein, daß sie ernsthaft die Absicht hatte, nicht wieder nach Frankreich zurückzukehren, solange Napoleon im Exil blieb. Dieser Schritt von ihrer Seite erwies sich als sehr klug, denn im Dezember 1814 wurden den Bonaparte, im Widerspruch zu dem von Napoleon unterzeichneten Vertrag von Fontainebleau, alle Eigentumsrechte in Frankreich durch einen Erlaß abgesprochen. Pauline verlor dadurch ihre Häuser in Neuilly und Montgobert, die sie nicht mehr rechtzeitig hatte verkaufen können.

Sie war glücklich, bei Murat und Caroline leben zu können, mit der sie, laut deren Tochter, eine zärtliche Zuneigung verband, wovon sie bis an ihr Lebensende immer wieder die rührendsten Beweise ablegte.

Die kleine Louise selbst stand Pauline besonders nahe, obwohl man eigentlich hätte annehmen mögen, daß sie Letizia, die außergewöhnlich hübsch war, vorziehen würde. Sie freute sich immer sehr, die Kinder der Murat sehen zu können, doch ließen das deren Gouvernanten nicht allzu häufig zu, weil sie Befürchtungen wegen des zu leichtfertigen Unterhaltungstones hatten.

Aus Neapel schrieb Pauline auch an ihren Bruder Lucien, der nach dem Friedensschluß freigelassen worden war und jetzt aus England nach Italien zurückkehrte. Sie teilte ihm mit, daß der König und die Königin sehr freundlich zu ihr seien, doch klagte sie, so fern von ihrer geliebten Mutter zu sein. Während aber die anderen alle nur davon redeten, begab sich Madame Letizia als einzige der Familie wirklich nach Elba.

In ihrem Brief an Lucien hatte Pauline auch gebeten: »Berichte mir doch über Fürst Borghese; ich habe schon lange kein Lebenszeichen von ihm erhalten, doch möchte ich gern auf gutem Fuß mit ihm stehen, wenn auch er dazu bereit ist.«

Als der Kaiser abdankte, wurde auch Borghese seiner Stellung als Generalgouverneur in Turin enthoben, doch bedeutete für ihn als Italiener der Zusammenbruch des Kaiserreiches sehr wenig. Er besaß in Italien Paläste im Überfluß, und so zog er ganz einfach mit seinem Hausrat und seiner sonstigen beweglichen Habe in Begleitung der Herzogin Lante delle Rovere von Turin nach Florenz um.

Durch die ganze Welt jedoch ging ein tiefer Seufzer der Erleichterung, daß es jetzt endlich zum Frieden gekommen war, und die Mächte versammelten sich in Wien zu ihrem Kongreß, dessen Ziel es sein sollte sicherzustellen, daß »Europas wurmstichige Dynastien sich wieder in ihren alten Goldprunk kleiden konnten, um den ganzen Erdball von neuem zu blenden«!

Von den neuen Dynastien blieben in Amt und Würden nur die Bernadotte in Schweden und die Murat in Neapel, was den Schritt, den Caroline und Murat getan hatten, rechtfertigte. Indem sie dazu noch geheime Verhandlungen mit Napoleon geführt hatten, war ihre Stellung nach allen Seiten so abgesichert, daß sie immer, was auch geschehen mochte, auf der richtigen Seite standen.

Oberflächlich betrachtet, war ihre Lage günstig, wenngleich sie sich jetzt in einem großenteils feindlich gesinnten Europa isoliert sahen. Da alle ihre französischen Freunde den Hof verlassen hatten, waren sie persönlich froh, Pauline bei sich zu haben und auch viele fremde Besucher willkommen heißen zu können, die nach Neapel strömten. Besonders waren es Engländer, die in ihrer ewigen Sehnsucht nach der Sonne in großen Scharen kamen. Sie wurden von den Murat huldvoll am Hofe empfangen, die besonders stolz darauf waren, ihnen die Ausgrabungen in Pompeji vorführen zu können, die großes Interesse erregten.

Man war allgemein in bester Stimmung. Miss Davies, die englische Gouvernante, berichtet über den König, »der liebend gern für einen Spaß zu haben war«, eine kleine Anekdote, die zeigt, daß Murat sich keineswegs gänzlich den Sorgen verschrieben hatte. Eines Morgens überraschte und unterhielt er seine Gäste, unter denen sich einige englische Adlige befanden, beim Frühstück im Pavillon, indem er als mittleres Gedeck beim Dessert zwei Zwerge servieren ließ. »Sie erschienen durch eine Öffnung mitten im Tisch, gemütlich in ihrem Wagen aus Porzellan sitzend, und nachdem ihr Fahrzeug glücklich zum Stehen gekommen war, erhoben sie sich, trippelten leichtfüßig um die Tafel und überreichten dem königlichen Paar ein Blumengebinde. Ihr unerwartetes und possierliches Erscheinen rief unter den erheiterten Gästen stürmisches Gelächter hervor.«

Für ein noch größeres, aber weit weniger für die Öffentlichkeit geeignetes Amüsement sorgte Caroline von Braunschweig, Prinzession von Wales, deren viermonatiger Besuch in Neapel besser als Heimsuchung bezeichnet werden kann, obwohl natürlich ihre Anwesenheit die kleine englische Gouvernante in höchstem Maße befriedigte.

Die Prinzessin verfiel in eine heftige Leidenschaft zu Murat, dessen Extravaganz in Kleidung und persönlicher Erscheinung ohne Zweifel eine verwandte Saite zum Klingen brachte; das führte so weit, daß sich der Gast besonders gerne mit einer riesigen blonden Perücke mit langen, bis auf die Schultern herabfallenden Locken schmückte, weil sie sich glücklich vorkam bei dem Gedanken, so Murat ähnlich zu sehen. Um die Gastfreundschaft zu erwidern, die sie genossen hatte, gab die Prinzessin während des Karnevals 1815 einen Ball zu Ehren der Gastgeber. Als Murat eintraf, wurde er von einer Gruppe hübscher englischer Mädchen, die als Göttinnen des Olymp kostümiert waren, zu einem erhöhten Sitz geleitet. Dann nahm die Prinzessin von Wales, die den Ruhm darstellte, eine Feder aus dem Flügel des

Mädchens, das die Fama versinnbildlichte, und schrieb in großen goldenen Lettern die Namen der Schlachten, in denen Murat Kriegsruhm gewonnen hatte, auf eine Tafel, die sie in der Hand hielt.

Kaum noch fähig, das Lachen zu verbeißen, klatschten die Gäste lebhaft Beifall. Murat selbst jedoch war sehr ärgerlich, während die Parvenu-Königin Caroline mit einem Achselzucken über die exzentrische und unkönigliche Pose der echten Prinzessin Caroline hinwegging.

Murat trug der Prinzessin von Wales diesen Vorfall aber so wenig nach, daß er ihr eine Equipage zum Geschenk machte, in der sie, zum Ergötzen ganz Europas, in Begleitung ihres Favoriten Bergami herumreiste. Dieser kleidete sich genau wie Joachim und versuchte sein Bestes, ihn im Auftreten und Benehmen zu kopieren. Der kleine Wagen hatte die Form einer Muschel, war mit Perlmutter verziert und mit blauem Samt ausgeschlagen. Gezogen wurde er von zwei kleinen Schecken, die ein als Cherub gekleidetes Kind lenkte. Der ganze Aufzug glich dem Vortrupp eines Zirkus, und Murat, der es gar nicht gern hatte, Gegenstand des Spottes zu sein, war keineswegs erheitert davon.

Pauline hatte keine Gelegenheit, an all dieser Ausgelassenheit teilzunehmen, da sie zu jener Zeit nicht in Neapel war. Ihren Auftrag hatte sie offenbar ausgeführt, und so verließ sie Neapel bereits im Oktober 1814 wieder mit dem Ziel Elba, um dort ihr Versprechen gegenüber dem einzulösen, den man jetzt ganz ungehörigerweise »L'Inconstant« nannte. Mit ihrer Schönheit, Grazie und Fröhlichkeit setzte sie alles daran, einen Mann zu zerstreuen, der hier, überwältigt von Erinnerungen und unter der Last von Zukunftsplänen, dieselbe Rolle spielte wie sie seinerzeit in Saint-Domingue. Was der Kaiser vermißte und was ihm seine Mutter nicht geben konnte, war die Atmosphäre von Eleganz und Mondänheit, von Lebensstil und Esprit, an die er gewöhnt war und die hervorzubringen auch die ortsansässige Gesellschaft auf der Insel nicht fähig schien.

Auf diese kleine Insel und an den Miniaturhof brachte Pauline einen Hauch Pariser Atmosphäre, indem sie täglich Empfänge und gesellige Veranstaltungen in ihren eigenen Gemächern organisierte; sie speiste mit dem Kaiser und erlaubte ihm, ihre Kleidung oder was immer ihm auffiel zu kritisieren, solange es ihm Freude machte.

Bei all diesen Dingen war sie zärtlich, liebenswürdig, gütig und vor

Caroline Bonaparte

Joachim Murat

allem stets guter Laune, obwohl es sie sehr schmerzte, mit ansehen zu müssen, wie ihr Bruder, der einstige Herr Europas, versuchte, sein Genie in die engen Grenzen seines Spielzeug-Königreiches zu zwängen.

Sie versammelte um sich die hübschesten Frauen der Insel, bereit zu handeln, wie sie das im Falle der Christine de Mathis getan hatte, aber wieder einmal war es ihre eigene Anwesenheit auf Elba, welche die Verfasser von Pamphleten als Gelegenheit aufgriffen, um den gestürzten Meteor durch ihre widerlichen Inzest-Geschichten in Mißkredit zu bringen. Für sie konnte Pauline gar keinen anderen Anlaß haben, nach Elba zu kommen, als den, wieder ihre verbrecherische Beziehung zu ihrem Bruder aufzunehmen. Familiensinn, schwesterliche Zuneigung? Diese Gründe hätten ja den Bonaparte zur Ehre gereicht, es galt aber, und jetzt mehr denn je, sie in Mißkredit zu bringen.

Es waren zuerst der »Revolutionäre Plutarch«, sodann Fouché, später der Engländer Lewis Goldsmith, der zuerst Napoleon gedient, sich dann aber mit ihm überworfen hatte, welche die Richtung des Verleumdungsfeldzuges bestimmten, der letztgenannte in einem 1810 veröffentlichten Verlagswerk mit dem Titel »The Secret History of the Cabinet of Bonaparte« (»Die geheime Geschichte des Kabinetts Bonapartes«). Dort schrieb er:

»Napoleon hat viel unmoralischen Umgang mit Frauen, doch hat er sich auch jenem Laster ergeben, dessen man Sokrates – vielleicht fälschlich, hinsichtlich Alcibiades – beschuldigt hat. Es sollte mich nicht wundern, wenn er, wie sein Urbild Nero, eines Tages einen Jungen heiraten würde... Er hat sich der schändlichsten Vergehen gegen Anstand und Sitte schuldig gemacht; er lebte in unverhülltem Konkubinat mit zweien seiner Schwestern, den Damen Murat und Borghese; die erstere prahlte damit sogar in der Öffentlichkeit.«

Einmal soweit, war es leicht fortzufahren, Pauline sei sogar unter den Augen ihrer Mutter auf Elba erneut ein Teil dieses finsteren Bildes gewesen, wenngleich niemand so unverschämt war zu behaupten, daß Madame Letizia selbst ein Auge zugedrückt habe angesichts des blutschänderischen Verkehrs zwischen ihrem Sohn und ihrer Tochter.

Der »Beweis« hierfür sollen zwei Briefe sein, die angeblich von Pauline an zwei ihrer Liebhaber geschrieben wurden, obwohl diese beiden Schriftstücke noch nie Bestandteil irgendeines Archivs waren, noch hat sie je ein menschliches Auge bisher zu Gesicht bekommen. Einer dieser Briefe soll an Oberst Duchand gerichtet gewesen sein, einen Mann von großer persönlicher Integrität, der durch den Stil des Schreibens sicher abgestoßen worden wäre. Der andere Adressat ist nicht einmal namentlich bekannt, noch kennt man das Datum der Briefe, doch ihre Authentizität wurde ohne jede Frage angenommen.

Gegenstand des einen erwähnten Briefes war Paulines Klage, daß ihr einziger Liebhaber auf Elba »dieser verkommene alte Mann« – »ce vieux pourri« – sei, worauf man ohne Zögern hierfür »Napoleon« einsetzte, obwohl sich Pauline über ihren Bruder sowohl bei Gesprächen wie auch in Briefen immer nur in Wendungen höchsten Respekts geäußert hatte. Ganz offensichtlich war er aber zu eifersüchtig, um ihr zu erlauben, den Mann, an den dieser Klagebrief gerichtet war, kommen zu lassen. Zu der Zeit, da der zweite Brief geschrieben war, hatte anscheinend seine Wachsamkeit nachgelassen, denn dieser Briefpartner wurde nach Elba eingeladen und sogar gebeten, ein als »Rob l'affecteur« für die »unstatthafte Krankheit« bekanntes Heilmittel mitzubringen oder es vorauszuschicken.

Hätte jedoch Pauline wirklich eines solchen Medikamentes bedurft, so wäre es ihr ohne weiteres möglich gewesen, es auf dem normalen Weg über ihre Korrespondenten in Paris zu erhalten, die auch ihre anderen Wünsche erledigten; und warum ausgerechnet die »Gratisinformation«, daß sie an einer Krankheit leide, über die man kaum gerne spricht, besonders einladend auf ihren Liebhaber gewirkt haben sollte, sie zu besuchen, hierüber können nur ihre Erfinder Auskunft geben.

Die Wahrheit über diese Dinge liegt ganz woanders. Es war jetzt eine Angelegenheit nationaler Politik, für eine Verleumdungskampagne die Zügel schießen zu lassen, um den Mann, welcher der Nationalheros gewesen war, von seinem metaphorischen Piedestal herunterzureißen, wie auch seine Statue von ihrem Platz auf der Place-Vendôme-Säule gestürzt worden war. Die Angst vor einem Wiederaufleben des Bonapartismus diktierte, was sonst dem Haß vorbehalten war.

Daneben gab es auch noch andere Gründe. Marie Louises Vater, der Kaiser von Österreich, hatte große Mühe, sie davon abzuhalten, sich mit ihrem kleinen Sohn, dem König von Rom, nach Elba zu begeben, um an der Seite ihres Mannes zu sein. Das Hauptabschrekkungsmittel in der österreichischen Rüstkammer war der einäugige Frauenheld Graf Neipperg, den man als Sonderbotschafter nach Neapel gesandt hatte, als es galt, Murat für eine Allianz mit Österreich zu gewinnen. Sollte er bei seiner Aufgabe, Marie Louise zu verführen, erfolglos bleiben, so war Verleumdung die Reservewaffe, und was konnte einen Ehemann seiner Frau gegenüber abstoßender erscheinen lassen, als zu erfahren, daß er sich an einem blutschänderischen Verhältnis mit der eigenen Schwester erfreue, während er gleichzeitig seiner Frau seine innigste Liebe und seine Sehnsucht, wieder mit ihr vereint zu werden, beteuerte. Ihn mit Pauline teilen?

Das Vertrauen, das die Österreicher in Neipperg setzten, wurde nicht enttäuscht; und auch die Briefe taten ihren Dienst, den Charakter des Kaisers anzuschwärzen. Man weiß jetzt, daß diese Geschichten erfunden waren, und daß die Quelle boshafter Klatsch königlicher Polizeispitzel war. Sämtliche von Elba kommende Post wurde auf dem italienischen Festland von der Polizei gelesen und dann an Talleyrand nach Wien weitergeleitet. Es bedurfte nur geringen Geschicks oder Einfallsreichtums, um die Fälschungen in ein Bündel abgefangener Briefe einzuschmuggeln. Sie hatten auch noch einen anderen Zweck. Ludwig XVIII. genoß es, zotige Stückchen aus dem Leben der Bonaparte unter der Zunge des Impotenten zergehen zu lassen, und die Heuchler und Vikare von Bray, die, um es mit den Worten Frédéric Massons zu sagen, jedem Regime mit der gleichen Treulosigkeit dienten, lernten sehr bald, daß ein wirkungsvolles Mittel, die Gunst des neuen Monarchen zu erringen, darin bestand, die Bonaparte zu verleumden.

Napoleon hatte sich auf Elba mit wesentlich ernsteren Problemen herumzuschlagen. Am 17. Februar 1815 schrieb er an seinen »Bruder und geliebten Schwager«, Murat, einen Brief mit äußerst wichtigen und eiligen Nachrichten, dessen Übermittlung der Kammerherr seiner Mutter, der Chevalier Colonna, übernahm.

»Der Chevalier hat die Vollmacht, jede Übereinkunft zu unterzeichnen, die Eure Majestät im Hinblick auf unsere Angelegenheiten für notwendig erachtet. Eure Majestät sollten insbesondere mit vollem Vertrauen zur Kenntnis nehmen, was er Ihnen über meine Ergebenheit und meine tiefe Zuneigung berichten wird ...«

Es ist offenkundig, daß die Versöhnung zwischen ihrem Bruder und ihrem Schwager, um deren Zustandekommen sich Pauline wesentlich bemüht hatte, jetzt vollständig war.

Sie war nicht über die Pläne ihres Bruders informiert worden, der vorhatte, die Insel zu verlassen, obwohl dies ganz offensichtlich die Nachricht war, die der Chevalier Colonna Murat zu überbringen hatte, aber sie ahnte, was im Gange war. Wieder einmal stellte sie Napoleon ihre Juwelen zur Verfügung, obwohl sie es sich im Augenblick wirklich nicht leisten konnte, sie aus der Hand zu geben.

Im Begriffe abzureisen, nahm Napoleon am 26. Februar 1815 Pauline mit in den Garten des Palazzo Mulini und verabschiedete sich dort von ihr. Traurig und überwältigt von der Vorahnung, ihn nie wiederzusehen, blieb sie zurück. Alles, was sie unter Schluchzen zu seiner Begleitung sagen konnte, als sich diese heimlich zum Hafen begab, wo man sich auf der L'Inconstant einschiffen wollte, war:

»Lebt wohl, meine Freunde. Alle meine Gedanken und Gebete begleiten Euch. Bleibt meinem Bruder verbunden und beschützt ihn.«

»Wenn«, so schrieb Pons de l'Herault, ein Elbaner Memorialist, »alle Prinzen und Prinzessinnen aus Napoleons Familie dieselbe uneigennützige Aufopferung gezeigt hätten wie Prinzessin Pauline, dann säße vielleicht Napoleon immer noch auf dem Thron . . .«

Elisa hatte ganz gewiß keine Zeit für solch eine Hingabe, es sei denn für ihre eigenen Interessen, aber zu ihrer Entschuldigung sei gesagt, daß sie sehr zur Unzeit in anderen Umständen war und daß sie, als die Zeit herankam, zu der das Kind geboren werden sollte, immer ängstlicher wurde, wo es zur Welt kommen werde.

Der Frieden, den sie in Bologna zu finden gehofft hatte, erwies sich als nur vorübergehend. Die Österreicher machten ihr den Aufenthalt recht ungemütlich, so daß sie sich zuerst nach Graz wandte, um in der Nähe ihres Bruders Jérôme zu sein, dann nach Triest; und hier wieder gab es Zeiten, in denen sie dachte, ihr Kind werde in einer einfachen Wirtschaft geboren werden. In Wirklichkeit aber kam ihr Sohn Jérôme-Frédéric im August 1814 in der Villa in Passeriano zur Welt, in der sich Napoleon 1797 während der Verhandlungen über den Vertrag von Campo Formio aufgehalten hatte, in jenen schon längst verklungenen Tagen, da sie eine junge und glückliche Braut war.

Am Ende gestattete man ihr, sich mit Felix in der Villa Caprara in Bologna wiederzuvereinen, wo er sich niedergelassen hatte und das

Leben eines Landedelmanns führte. Der neue Großherzog von Toscana stattete ihr während seiner Reise nach Florenz einen Besuch ab, entweder aus Mitleid oder aus Neugierde, oder aber auch, weil die Alliierten darauf erpicht waren, ihren Gemütszustand zu erfahren. Elisa fühlte sich geschmeichelt, wieder einmal einen regierenden Fürsten zu empfangen, und dies gab ihr auch eine kleine Spur Hoffnung im Hinblick auf die Zukunft.

Sie führte jetzt den Namen einer Comtesse de Compignano, nach einem ihrer schönen toscanischen Besitze, und begann eben, langsam vom königlichen auf den privaten Lebensstil umzulernen, als Napoleon von Elba entfloh. Damit war ihr Friede schon wieder zu Ende. Vier Tage nach dem Einzug Napoleons in die Tuilerien bemächtigten sich die Österreicher Elisas und der kleinen Napoleone und schafften sie in die Festung Brünn. Bacciocchi dagegen bekam die ganze Verachtung der Welt zu verspüren, indem man ihn zusammen mit dem Säugling Frédéric in Bologna zurückließ.

In Neapel hatte während des Jahres 1814 der Anschein von Stabilität und Frieden auf Fundamenten beruht, die weit davon entfernt waren, solide zu sein. Die Bourbonen waren in keiner Weise mit dem Verweilen eines emporgekommenen Königs auf dem Thron ausgesöhnt, der einem Zweig ihrer eigenen Familie zukam, wenngleich der Kaiser von Österreich lieber einen Murat als König in Neapel sah als ein Wiederaufleben der Bourbonenvorherrschaft in Europa. Zum Unglück für Murat war es Metternich, der die Politik bestimmte, und nicht Kaiser Franz. Legitimität war jetzt das Schlagwort, während Metternich auch Murats Hingabe an den italienischen Nationalismus fürchtete, denn wenn es ihm gelingen sollte, die Einigung Italiens zustande zu bringen, so würde das für Österreich den Verlust der italienischen Provinzen bedeuten.

Im Januar 1815 wurde zwischen Talleyrand, der für Ludwig XVIII. verhandelte, Metternich, der für Franz von Österreich sprach, und Castlereagh, der den Prinzregenten vertrat, ein Geheimpakt geschlossen, der verfügte, daß nach einem Übereinkommen der drei Mächte Murat aus Neapel vertrieben und die Bourbonen wieder eingesetzt werden sollten.

Diesen Vertrag fand Napoleon auf seinem Schreibtisch vor, als er, wie er vorausgesagt hatte, »mit den Veilchen« im März 1815 nach Paris zurückkam, und es ist sicher, daß er Murat den Vertragsinhalt mitteilte. Die Murat hatten wohl schon mit diesem Vertrag gerechnet, denn in jenen Augenblicken, da Caroline den österreichischen Botschafter Mier einlud, von den Fenstern ihrer privaten Räume aus einen Blick auf die Bucht von Neapel zu werfen, erfuhr sie Dinge von großer Bedeutung von ihm.

Da er Murat als einzigen Verbündeten in Europa hatte, war es jetzt für Napoleon lebenswichtig, seine Flanke durch eine neapolitanische Armee geschützt zu wissen. Einer der ersten Briefe, die er von Paris aus schrieb, war an den König von Neapel gerichtet:

»Es ist mein aufrichtiger Wunsch, wie Sie sich denken können, den Frieden zu bewahren, besonders, da die Zukunft Eurer Majestät davon abhängt. Sollten wir aber gezwungen sein, wieder zu den Waffen zu greifen, so werde ich mich bereithalten, mich von diesem Augenblick an den Ereignissen zu stellen, ganz gleich, was auch immer geschehen mag ... Meine Zuversicht ist gestiegen, seit ich weiß, daß mich Eure Majestät unterstützt. Wenn Ihre Zuneigung zu mir sich nicht geändert hat, so wird es mir eine Freude sein, Ihnen erneute Beweise zu geben, daß Sie immer mit meiner Freundschaft rechnen können.«

Murat war glücklich, jetzt wieder dazuzugehören. So richtig hatte er nie verstanden, daß seine Aktion in den vergangenen Jahren als Verrat angesehen worden war, bis er es zu seinem größten Schrecken aus dem Munde der Madame Récamier, die Neapel besuchte, erfuhr. Jetzt hatte ihm Österreich den Rücken zugewandt, und seine Zukunft lag wieder an der Seite des Kaisers, mit der Chance, der Schöpfer eines *Risorgimento* zu sein, das sich ihm wie eine *Fata Morgana* zeigte; aber es war nicht er, sondern Paulines Patenkind, Camillo Cavour, der diesen Traum viele Jahre später verwirklichen sollte.

Während sich Madame Letizia nach Napoleons Abreise von Elba nach Neapel auf den Weg machte, um Carolines Wunsch, Mitglieder ihrer Familie in ihrem Königreich begrüßen zu können, nachzukommen, hatte Pauline überstürzt die Flucht ergriffen. Sie war so beunruhigt durch die Drohungen des Oberst Campbell, des englischen Beauftragten, dessen kurze Abwesenheit von Elba das Entweichen Napoleons ermöglicht hatte, daß sie sich entschloß, die Insel unverweilt zu verlassen. Sie begab sich eiligst auf ein italienisches Schiff, das sie am nächsten Tag in Viareggio an Land brachte, von wo aus sie sich in Elisas Villa in Compignano zurückzog.

Der neue österreichische Gouverneur von Lucca, Wercklein, war im höchsten Maße alarmiert durch die so enge Nachbarschaft mit dieser gefürchteten Bonaparte, und er entsandte umgehend eine Schwadron Kavallerie, welche die Villa umzingelte. Murat und Caroline waren außerordentlich empört, daß zwei harmlose Frauen, Elisa und Pauline, von den Österreichern gefangengenommen worden waren. Paulines eigener Kummer war auf die Tatsache zurückzuführen, daß ihr Napoleon Anweisungen gegeben hatte, sich nach Rom zu begeben, und sie hatte diese aus lauter Angst vor Oberst Campbell nicht befolgt. »Ich bin«, äußerte sie, »um so mehr bestürzt, weil es das allererstemal ist, daß ich dem Kaiser nicht gefolgt habe.«

Ihr Bruder gab Befehl, eine Fregatte auszusenden, die sie befreien sollte, aber weder wurde diese Anordnung ausgeführt noch sah sich Murat in der Lage, seinen Einfluß bei dem Kaiser von Österreich geltend zu machen und ihre Freilassung zu erlangen. Er hatte einen Brief von Joseph Bonaparte erhalten, in dem ihm dieser schilderte, mit welcher Begeisterung Napoleon wieder in Frankreich empfangen worden war. Joseph führte weiter aus:

»Sie können sich mit den Taten der großen Nation vereinen, der Sie selbst zum Ruhm verholfen haben. Sie können es wirksam tun, sei es durch Verhandlungen, sei es durch Ihre Streitkräfte. Der Augenblick der Entscheidung ist gekommen ... Ihr Thron wird gefestigt werden durch Ihr Bündnis mit Frankreich und mit Österreich. Ich hoffe, daß der Prinz von Schweden [Bernadotte] diese Aktion gegen die Bourbonen in Frankreich und Italien unterstützen wird. Veranlassen Sie, daß Österreich dem Kaiser seine Frau und seinen Sohn zurücksendet. Sprechen Sie, lassen Sie Ihr Herz Ihre Handlungen diktieren und rücken Sie bis zu den Alpen vor, aber nicht darüber hinweg.

Ich versichere Ihnen, Sie werden glücklich sein, denn Ihre Politik wird dann in Übereinstimmung stehen mit Ihrer Pflicht als Franzose, als guter Verwandter, als Mann der Revolution, der alles dem Volk verdankt und nichts göttlichem Recht oder irgendwelchen Ideen des achten Jahrhunderts. Nie wieder die Bourbonen! Ehre den Männern der Großen Revolution!«

Es war lange her, daß jemand Murat als Mann der Revolution angesprochen hatte, ein Appell, dem er nicht widerstehen konnte. Er wurde nicht gewahr, daß die Rolle, die man ihm zu spielen zugedacht hatte, die eines Unterhändlers mit Österreich war, oder noch besser, daß er die Österreicher in Ungewißheit über die wahren Absichten halten sollte. Murat schrieb auch tatsächlich an den Kaiser Franz, und das kann als Entschuldigung für sein Verhalten im Jahr 1814 angesehen werden:

»Eure Majestät sind, wie auch ich, durch familiäre Bande mit dem Kaiser Napoleon verbunden. Ich war mir bewußt, daß Sie, als Sie an der Spitze der Koalition gegen ihn Krieg führten, nicht beabsichtigten, ihn zu entthronen, sondern ihn nur zu zwingen, maßvolle Friedensbedingungen anzunehmen. Ich wußte auch, daß die Bourbonen einen unauslöschlichen Haß gegen das Haus Österreich hegen, und nahm daher an, daß die Rückkehr des Kaisers nach Frankreich sowohl im Interesse Ihrer Politik läge wie auch Ihrer persönlichen Zuneigung entspräche.«

Murat fuhr dann weiter fort, sein Erstaunen darüber auszudrücken, daß Kaiser Franz nicht nur vorhatte, Krieg zu führen, sondern daß er seinen Alliierten dabei sekundierte, Napoleon, seinen Schwiegersohn, als Geächteten zu brandmarken. Wenn aber der vollständige Untergang des französischen Kaiserhauses beschlossene Sache sei, so bedeute dies, daß »auch mein eigener Untergang damit besiegelt ist«. Er schloß damit, daß er Kaiser Franz beschwor, die Dinge noch einmal zu überdenken, aber es war bereits zu spät für weitere Überlegungen.

Joachim war nicht wirklich davon überzeugt, daß es gelingen würde, den Kaiser von Österreich zu beeinflussen, doch Caroline war nicht willens, den Tatsachen in die Augen zu sehen. Sie glaubte, daß ihr Einfluß auf Metternich den Gang der Ereignisse ändern könnte, daß seine ihr früher bezeugte Liebenswürdigkeit die Oberhand über politische Zweckmäßigkeit gewinnen würde: der alte und immer gleiche Fehler, in den Frauen verfallen.

Ohne an Caroline zu denken und sich nur auf Josephs anfeuernde Aufforderung stützend, von der er irrtümlich annahm, sie komme direkt von Napoleon, verließ Murat überstürzt Neapel an der Spitze seiner Armee und marschierte nordwärts gegen die Alpen. Es war dies sein letzter Fehler. Joseph hatte keineswegs in Napoleons Auftrag geschrieben, im Gegenteil, die Taktik des Kaisers hätte verlangt, daß Murat in Neapel blieb, denn sobald er marschierte, würde selbstverständlich auch Österreich marschieren.

Pauline bekam Murat auf seinem Marsch durch Italien nicht zu sehen. Mit Hilfe einer ganzen Batterie von Ärzten hatte sie es fertiggebracht, von dem mißtrauischen Werdklein die Erlaubnis zu erhalten, sich nach Lucca zu begeben, um dort die Heilbäder aufzusuchen. Weniger angenehm war es Murat, daß ihm auch jetzt wieder die ihn anhimmelnde Caroline von Braunschweig folgte, die, obwohl selbst eine höchst eifrige Bonapartistin, befürchtete, daß Napoleons Aktionen den König – diesen Titel behielt sie ausschließlich Murat vor – kompromittieren könnten. Ihren armen, wahnsinnigen Schwiegervater Georg III. hätte das alles in höchsten Zorn versetzt, wäre es ihm zur Kenntnis gekommen.

Aber in Wirklichkeit war es Murat, der den Kaiser kompromittierte. Am 3. Mai stieß er bei Tolentino auf die Österreicher, und in diesem, seinem letzten Kampf wurde der Held eines Dutzends von Schlachten besiegt.

While the broken line enlarging,
Fell or fled along the plain,
There be sure was MURAT charging
There he ne're shall charge again!

Die Schlacht war entscheidend. Allen Prunks beraubt, in dem er geglänzt hatte, gehetzt und ausgepumpt kehrte Murat nach Neapel zurück, um von Caroline Abschied zu nehmen, ein Mann in seiner ganzen Blöße.

»Madame«, flüsterte er, »ich habe den Tod nicht finden können.«

Miss Davies, der seine Abreise sehr nahe ging, schrieb:

»Er verließ sie fast augenblicklich und bestieg ein Schiff, das ihn nach Ischia brachte; und sie sahen sich in diesem irdischen Leben nie wieder.«

Trotz ihrer Vorliebe für das Schachspiel hatte Caroline die Züge ihres Gegners falsch berechnet. Jetzt konnte sie nur noch hilflos zuschauen, wie er Könige und Königinnen, Türme und Springer vom Spielfeld fegte – bis nichts übrigblieb als armselige Bauern.

In Neapel war sie jetzt allein zurückgelassen worden, um über Unordnung und Verwirrung zu regieren. Murat war ihrem Rat und Einfluß entzogen, ja sie wußte nicht einmal, wo er sich befand. In Wirklichkeit hielt er sich in Frankreich auf, nahe bei Toulon, und hoffte vom Kaiser aufgefordert zu werden, an der bevorstehenden

Schlacht gegen die Alliierten teilzunehmen. Aus der Bucht von Cannes schrieb er am 25. Mai an Napoleon:

»Wenn Sie gezwungen werden, Krieg zu führen, dann biete ich Ihnen meine Dienste an, von denen Sie Gebrauch machen können, wie es Ihnen beliebt. Hoffen Sie den Frieden erhalten zu können und ist meine Anwesenheit im Kaiserreich ein Hindernis für Ihre Bemühungen, dann bitte ich Eure Majestät um Asyl für meine Frau und meine Kinder und ich selbst werfe mich Ihnen zu Füßen, damit Sie mich verstoßen. Ich habe meinen Mut noch nicht verloren und fühle mich fähig, alles zu ertragen, da die Hoffnung, Ihnen bei einem neuen Mißgeschick etwas nützen zu können, mein Herz über den augenblicklichen Schmerz hinwegheben würde. Sehen Sie jetzt nur auf die Interessen Ihrer Untertanen, was ich vor einem Jahr auch tat, in der Hoffnung, Ihnen eines Tages besser dienen zu können.«

Und dann, voller Pathos, denn jetzt, allerdings zu spät, sah er die Folgen seiner Unbedachtheit, fügte er noch hinzu:

»Es ist außerordentlich unglücklich gewesen, daß mir Prinz Joseph so geschrieben hatte. Ich könnte Ihnen sonst heute viel mehr nützen und hätte nicht so viele Menschen unglücklich gemacht.«

Aber Napoleon brachte es nicht über sich, Murats Versagen bei Tolentino zu verzeihen. Sein Anerbieten, ihm zu Diensten zu stehen, wurde zurückgewiesen und ihm verboten, nach Paris zu kommen. Was ihn jedoch am schwersten verwundete, war des Kaisers Feststellung, daß man ihn, den einstigen Stolz der französischen Armee, in der Armee nicht dulden würde. Und so rückte das Heer ohne den König von Neapel gegen die belgische Grenze vor.

In dem stürmischen Untergang ihrer Herrlichkeit bewies Caroline, daß sie sich angeeignet hatte, was sie ihrer Stellung als Königin schuldig war. Obwohl sie am 20. Mai 1815 gezwungen wurde, den Vertrag von Casalanza zu unterzeichnen, durch den ihre Länder an die Österreicher fielen, bestand sie darauf, daß eine Klausel eingefügt wurde, die all denen Amnestie gewährte, die zu ihrer Regierung in irgendeiner Beziehung gestanden hatten. Sie verblieb noch in Neapel, um die Bevölkerung zu beruhigen, doch traf sie die Vorsichtsmaßnahme, ihre Kinder in die Festung Gaeta zu schicken, wo sie, wie sie hoffte, sicherer wären als in der Stadt.

Madame Letizia und Kardinal Fesch, denen es gelungen war, sich mit ihr zu treffen, begleiteten die Kinder und waren auch gerne bereit, sie mit nach Frankreich zu nehmen, doch weigerte sich Caroline, von ihnen getrennt zu werden. Alle Mitglieder der Familie, soweit sie konnten, versammelten sich in Paris. Jérôme gelang es, der österreichischen Wachsamkeit in Triest zu entkommen und sich bis zu seinem Bruder durchzuschlagen, während Lucien, der Ausgestoßene, der Rebell, Italien verließ, um zu versuchen, ob er nicht wieder jene Rolle im Geschick seines Bruders spielen könne, wie er dies am 18. Brumaire getan hatte. Nur Pauline härmte sich in Bagni di Lucca, aufrechtgehalten nur durch die guten Nachrichten, die aus Frankreich zu ihr gelangten. Sie war überzeugt, daß es nicht mehr lange dauern würde, bis auch sie in der Lage wäre, sich bei Napoleon in Paris einzufinden.

Obwohl sich Caroline mit aller Zähigkeit an die letzten Fetzen ihrer Macht und Würden klammerte – vielleicht baute sie immer noch auf Metternichs Zuneigung –, war sie am Ende doch gezwungen, den Widerstand aufzugeben; die Kräfte, die sich gegen sie stellten, waren zu stark. Es galt sich endgültig mit dem Ruin aller ihrer Hoffnungen, ihrer Anstrengungen, ihrer Intrigen und ihrer Lieben abzufinden.

»Es regiert sich nur in Neapel gut!«

Mit dem Regieren war es vorbei.

Die Neapolitaner ließen sie nicht ruhig ziehen. Galeerensträflinge zettelten eine Verschwörung an und wollten sie ermorden, so daß sie um den Schutz des Kapitäns Campbell von dem mit 74 Geschützen bestückten englischen Kriegsschiff »Tremendous« nachsuchen mußte. Und so verbrachte Caroline Murat, die Königin-Regentin von Neapel, Schwester des Kaisers Napoleon, ihre letzten Tage in ihrem Palast in Neapel unter dem Schutz der britischen Marine.

Noch war sie eine Königin. Aus ihrer eigenen Schatulle gab sie Geld für die Entlohnung der Soldaten, und ehe sie sich auf das englische Schiff begab, das sie nach Frankreich zu ihrem Mann bringen sollte – von dessen Aufenthaltsort sie immer noch keine Ahnung hatte –, machte sie noch eine königliche Geste, um den Menschen Zuversicht einzuflößen und Ruhe und Ordnung zu sichern.

»In eine blaue Robe gekleidet bestieg sie ihr Leibpferd zum letztenmal und ritt in die königlichen Gärten, um den Freiwilligen für ihre Treue und den Schutz zu danken, den sie ihr gewährt hatten. Sie versuchte zu lächeln, doch konnte sie die Tränen nicht zurückhalten. Indem sie ihren Kopf beugte, tätschelte sie mit ihrer kleinen Hand den Hals des Pferdes, gleichsam als sage sie für lange Zeit Lebewohl zu allem, was zu ihrer früheren hohen Stellung gehörte; nicht einmal der Gleichgültigste hätte dies ungerührt mit ansehen können, so lieblich erschien sie in diesem Augenblick.«

Während sie über ihr privates Treppenhaus ihren Palast zum letztenmal verließ, betrat Erzherzog Leopold mit seinen österreichischen Soldaten das Gebäude durch den Haupteingang.

Caroline nahm von Neapel nur mit sich, was ihr persönliches und privates Eigentum war. Sie verschmähte es, die königlichen Paläste so auszuplündern, wie sie selbst diese sieben Jahre zuvor angetroffen hatte. Mit ihr gingen ihre einhörnige Lieblingskuh, die nach ihr Caroline benannt war, um die Kinder auf dem Schiff mit Milch versorgen zu können, außerdem ein Gefolge von 73 Personen, unter ihnen Murats treuer Ratgeber Agar, Comte de Mosbourg, und General Macdonald, der Kriegsminister. Was Caroline empfand, als sie an Bord eines britischen Schiffes ging und sich zu einem letzten langen Blick auf ihren königlichen Palast umwandte, kann man nur ahnen. Sofort stieß sie auch auf bösen Willen. Obwohl man übereingekommen war, daß sie nach Frankreich gebracht werden sollte, weigerte sich Kapitän Campbell aufgrund einer direkten Weisung des Admirals, sich danach zu richten; überall dürfe sie hingehen, nur nicht nach Frankreich. Da sie glaubte, der Kaiser von Österreich würde ihr die Beachtung schenken, die ihr die Briten verweigerten, entschloß sie sich, in Triest an Land zu gehen. Während der elf Tage dauernden Fahrt verbrachte Caroline die meiste Zeit auf der Brücke, ruhig und in ernster Verfassung; sie unterhielt sich mit ihren Bediensteten, während ihre Blicke die Spiele der Kinder zärtlich verfolgten. Vielleicht erinnerte sie sich jetzt an die Zeilen, die sie einst an Murat geschrieben hatte:

»Du wirst es erleben, daß wir eines Tages die glücklichsten Geschöpfe auf der Welt sind, und das werden wir dann unseren Kindern zu verdanken haben. Sie werden uns alle Liebe vergelten, mit der wir sie überschüttet haben, und unsere alten Tage werden durch ihre Tugenden verschönt werden.«

Vielleicht gab es doch noch etwas Glück für sie auf der Welt. Ihr Bruder war wieder Kaiser, und warum sollte er sich nicht auf dem Thron Frankreichs behaupten können? Wie schon oft in der Verganheit würde sie wieder seine Verzeihung für Murat gewinnen, und vielleicht könnten eines Tages sie, Joachim und ihre Kinder Neapel wiedersehen – der Traum einer im Exil lebenden Frau.

Caroline empörte sich heftig gegen die sich aus ihrer augenblicklichen Lage abzeichnende Wirklichkeit. Als diejenigen Personen ihrer Umgebung, die sie in Triest zu verlassen wünschten, sie in einer Bittschrift als »Ex-Königin von Neapel« ansprachen, trank sie den ersten Tropfen aus einem Becher voller Bitternis, der schon voll zu sein schien, der aber noch überlaufen sollte. In einem Augenblick waren die Menschen untertänige Höflinge, im nächsten ...

Eine Tragödie schlägt oft in Banalität um. Von all den Leuten in Carolines Gefolge konnte niemand gut englisch sprechen, und Kapitän Campbell war am meisten darüber aufgebracht, daß er es nicht fertigbrachte, daß seine Befehle verstanden wurden. Die Kinder jedoch sprachen dank Miss Davies und Mrs. Pulsford ausgezeichnet englisch. Als man sie als Dolmetscher einsetzte, ging fortan alles reibungslos vonstatten, doch gab es immer einige Unannehmlichkeiten, die er nicht ausschalten konnte.

Die *Tremendous* passierte das Schiff, das Ferdinand von Neapel an Bord hatte, der kam, um den noch vor kurzem von Joachim innegehabten Thron einzunehmen, und Kapitän Campbell war gezwungen, den Salut von 21 Kanonenschüssen feuern zu lassen. Er entschuldigte sich bei Caroline wegen des Lärms, den das machen würde, aber sie antwortete ihm stolz, daß sie als Schwester Bonapartes und Frau Murats dem Krachen von Kanonen keine besondere Bedeutung beimesse.

Carolines Ängste waren vielerlei. Die kleine Louise erinnerte sich, gehört zu haben, wie nachts einige große Pakete in das Meer geworfen wurden. Es waren Kassetten mit Papieren, aber was sie enthielten, wußte das Kind nicht, auch konnte sie nie dahinterkommen, was sich in der Schatulle mit Dokumenten befand, die ihre Mutter immer mit sich führte.

Ehe sie die *Tremendous* verließen, verteilte Caroline mit königlicher Geste Geschenke an die Mannschaft, hundert Pfund an die Matrosen, Diamantringe, Anstecknadeln, Broschen und goldene Siegel an die Offiziere. Kapitän Campbell bestand darauf, die königliche Gesellschaft an Land zu begleiten. Er war so von Rührung überwältigt, daß er sich, unfähig, ein Wort zu äußern, in seine Kajüte zurückzog. Weniger schön war, daß er für seine Liebenswürdigkeit und Sympathie gegenüber Caroline heftig gerügt wurde und in Ungnade fiel.

Als Caroline am 6. Juni 1815 in Triest das Schiff verließ, schritt sie durch eine österreichische Ehreneskorte von zwölf Mann und einem Offizier. Jetzt wurden die Ehrensalven für sie abgefeuert; Napoleon war noch immer Kaiser von Frankreich, wenn auch sie nicht mehr Königin von Neapel war. Man behandelte sie nach wie vor mit Ehrerbietung, denn noch war sie des Kaisers von Österreich »liebe Schwester«, und er war Ihrer Majestät »guter Bruder«. Dennoch veranlaßte Baron Spiegelfeld, der österreichische Gouverneur von Triest, daß jeder ihrer Schritte genauest überwacht wurde.

Metternich ließ sie wissen, daß jeder Ort in Österreich, an dem sie sich niederlasse, dem Kaiser Franz recht wäre. Hierauf antwortete Caroline mit Festigkeit, daß sie beabsichtige, sich nach Frankreich zu begeben und daß sie deshalb seinen Vorschlag, nach Graz zu gehen, nicht annehmen könne. Sie würde Triest nach eigenem Gutdünken verlassen.

Inzwischen befand sich Murat in Cannes im Zustand größter Aufregung wegen des Schicksals seiner Familie, und er schrieb voller Angst an den Kaiser:

»Meine Stellung ist nicht länger tragbar. Sie ist entsetzlich. Soviel ich erfahren habe, hat die Königin Neapel verlassen, doch ist sie weder hier noch in Toulon angekommen. Ich befürchte, daß sich die Engländer nicht an die Vereinbarung gehalten haben, wonach sie mit meiner Familie nach Frankreich hätte gebracht werden sollen. Sie muß sich daher entweder in Deutschland befinden, wo uns die Österreicher gern als Gefangene halten würden, oder aber in England ... Als ich nach Frankreich kam, hoffte ich, hier ein Asyl für meine Familie zu finden. Erst muß ich über das Schicksal der Königin Bescheid wissen, ehe ich daran denken kann, für meine eigene Person eine Entscheidung zu treffen.«

Soviel man es auch bestreiten mochte, in diesem Punkt bestanden Murats Befürchtungen zu Recht; Caroline war in der Tat Gefangene der Österreicher. Baron Spiegelfeld hielt sie weiterhin unter Bewachung, erlaubte ihr nicht einmal, französische Zeitungen in Empfang zu nehmen. Die Bewachung wurde noch verstärkt, als Napoleon am 12. Juni 1815 Paris verließ, um sich zu seiner Armee zu begeben – wiederum war Krieg.

In Triest kämpfte Caroline ihre eigene Schlacht, doch auf verlorenem Posten. Sie ängstigte sich um Achille, der krank war; sie machte sich Sorgen um Murat, von dem sie keine Nachricht erhalten hatte. Ihre Zeit war ausgefüllt mit Briefschreiben und Konsultationen, außerdem hatte sie den zusätzlichen Ärger, einen Namen für sich selbst zu finden. Sie selbst konnte sich nicht Ex-Königin nennen, noch konnte sie oder wollte sie wieder den Namen Murat tragen. Zuerst hatte sie vor, den Titel einer Comtesse de Bari anzunehmen, doch bedeutete man ihr, daß dieser zu sehr wie Comtesse du Barry klinge und eine unglückliche Gedankenverbindung bewirke. Schließlich entschloß sie sich, fortan den Namen Comtesse de Lipona zu führen, ein Anagramm des geliebten Namens Napoli, aber selbst dagegen hatten die Alliierten Bedenken.

Von Metternich erhielt sie einen sehr höflichen Brief. (Ob er wohl noch immer das Armband trug mit ihrer Locke?) Carolines Wohnort innerhalb der Länder des Kaisers sei durchaus eine Sache ihrer eigenen Wahl. Der Kaiser von Österreich könne nicht glauben, daß sie jetzt nach Frankreich wolle, aber wenn sie darauf bestehe, würde er ihr nichts in den Weg legen, obwohl er keine Möglichkeit sehe, wie diese Reise im Augenblick durchgeführt werden könne; in der Zwischenzeit möge sie in Triest bleiben. Das Datum von Metternichs Brief war der 18. Juni, der Tag, an dem die Schlacht von Waterloo geschlagen und gewonnen worden war, und jetzt gab es keinen Kaiser mehr auf Frankreichs Thron, sondern nur irgendwo in Frankreich einen Mann, der sich fragte, wohin er sich wenden solle.

Carolines Stimmung hob sich wieder nach Metternichs Höflichkeit. Sie fühlte, daß sie recht getan hatte, indem sie ihre Hoffnung auf die alte Zärtlichkeit setzte; trotz Murats Frontwechsel gegen die Österreicher wurde sie mit der Liebenswürdigkeit und Großzügigkeit behandelt, die sie erwartet hatte; doch war es eine Phase, die nicht lange währte.

Man gestattete ihr nur, drei Monate in Triest zu bleiben. Triest war ein Hafen, von dem aus es, trotz aller Wachsamkeit des Barons Spiegelfeld, allzu leicht war, zu entfliehen, deshalb lud sie Kaiser Franz mit ausgesuchter österreichischer Höflichkeit ein, ihren Aufenthalt näher bei Wien zu nehmen.

Und so verließen am 11. August die Comtesse de Lipona, ihre Kinder und ihre wesentlich verkleinerte Suite Triest, und der Baron

Spiegelfeld informierte seine Regierung, daß »die Lipona« nach Graz gegangen sei. Aber Graz war auch nur ein Zwischenaufenthalt. Am 24. August traf sie in dem düsteren Schloß Hainburg nahe bei Wien ein. Dieser Wohnsitz wurde nun wieder von den Österreichern launisch als zu nahe der Hauptstadt bezeichnet, und man bedeutete ihr, daß sie ihr Verweilen dort nur als vorübergehend zu betrachten habe.

Dritter Teil

XIV. Kapitel

Die Verbannten

Als im August 1815 *H. M. S. Northumberland* bei Regen und durch frische Winde begünstigt, von Torbay aus den Ärmelkanal durchsegelte, trug sie mit sich nicht nur den General Napoleon Bonaparte zu seinem Exil auf der steinigen Insel St. Helena im südlichen Atlantik, sondern auch eine unsichtbare Fracht all der Hoffnungen und Illusionen seiner Familie. Das Kaiserreich hatte fast über Nacht aufgehört zu bestehen; und die Bonaparte wußten, daß sein Verschwinden unwiderruflich war. Als »Napoléon retomba en Bonaparte« (als Napoleon wieder zum Bonaparte wurde), fanden sich selbst diejenigen, die sich, wie Lucien und Louis schon seit langem vom Geschick des Kaisers getrennt hatten, in Verlegenheit. Innerhalb und außerhalb seines Wirkungsbereiches war seine Anziehungskraft so stark und seine Ausstrahlung so groß, daß sie jetzt ohne seine Unterstützung und seine Entscheidungen, auf die sie sich, wie sehr sie auch immer ihre Unabhängigkeit betont haben mochten, verlassen hatten, verloren vorkamen wie Kinder, die allein einer sowohl im dunklen liegenden wie auch ungewissen Zukun' entgegensahen.

Fast grollend dachten einige der Zurückgelassenen, daß im Gegensatz zu ihnen ihr Bruder mehr vom Glück begünstigt sei. Seine Zukunft war gesichert, wenn es sich auch um die hoffnungslose Sicherheit eines Gefangenen handelte, während sie selbst, die doch Souveräne gewesen waren, die man umschmeichelt und denen man den Hof gemacht hatte, sie allesamt Cousins und Brüder der Monarchen Europas, sich über die Straßen Europas gejagt und in Frankreich geächtet wußten.

Bis zum allerletzten Augenblick, ehe er sich in Rochefort den Briten ergab, war es Napoleons Hoffnung gewesen, nach Amerika zu entkommen.

Lucien hatte schon an Pauline geschrieben: »Er geht nach Amerika und wir alle werden ihm dorthin folgen.«

Aber einzig und allein Joseph gelang es, seine Flucht erfolgreich zu bewerkstelligen. Mit beträchtlichem Vermögen ließ er sich auf großen Ländereien in Amerika nieder, wo er viele Jahre lebte, während er es seiner Familie in Europa überließ, selbst für sich zu sorgen.

Seine Frau Julie hatte Glück, sie nahm eine bevorzugte Stellung ein. Ihre Schwester Désirée konnte als Königliche Prinzessin von Schweden ihren Einfluß zu ihren Gunsten geltendmachen, so daß es ihr als einziger Bonaparte gestattet wurde, zu kommen und zu gehen wann und wie es sie gelüstete. Ihre Selbstbescheidung und ihre absolute Enthaltung gegenüber jeglicher Politik bewirkten, daß sie selbst von den mißtrauischsten Mächten unbelästigt blieb.

Madame Mère und Kardinal Fesch waren so glücklich, ein Asyl im Kirchenstaat zu finden; der Papst vergaß seine als Gefangener des Kaisers verbrachten Jahre und erinnerte sich nur noch daran, daß Napoleon es war, der Frankreich in den Schoß der Kirche zurückgeführt hatte und daß Rom immer schon der Zufluchtsort für alle Enterbten war. Bruder und Schwester schlugen ihren Wohnsitz in Rom auf, Fesch vollkommen davon in Anspruch genommen, seine Gemäldesammlung zu vergrößern und Letizia nur mit Familienangelegenheiten und vor allem mit dem Schicksal Napoleons beschäftigt.

Für die übrigen Familienmitglieder war die Lage weniger einfach. Vor allem anderen hatten sie zu vergessen, daß sie einmal Könige und Königinnen waren, daß sie als Herren in Palästen gelebt hatten. Sie mußten lernen, daß die großen vergoldeten Gittertore jetzt für immer für sie verschlossen blieben und daß nun nicht mehr bei ihrem Herannahen Wachen heraustraten und Säbel zum königlichen Salut rasselten.

Während sie sich so unter Schmerzen nach und nach in private Einzelpersonen verwandelten, hatten sie sich aber noch um weit dringendere Dinge vorweg zu kümmern: Wohnungen zu finden und zu genügend Geld zu kommen, um den gewohnten Lebensstil wenigstens annähernd beibehalten zu können.

Diese Bemühungen wurden immer wieder durch die hektische Verfolgungssucht gestört, denen die Bonaparte von seiten der triumphierenden Alliierten ausgesetzt waren, die als Alptraum nach wie vor die Möglichkeit eines zweiten Ausbruchs Napoleons aus der Gefangenschaft bedrückte, obwohl sie ganz genau wußten, daß eine Flucht von St. Helena so gut wie unmöglich war. Die Engländer gingen sogar soweit, in der Kapkolonie eine Fregatte bauen zu lassen (da es im Marinestützpunkt Simonstown keine Werft gab, mußte dies auf dem Festland geschehen), die ununterbrochen rund um die Insel zu segeln hatte, um jeden derartigen Versuch zu verhindern – eine Albernheit, die letzten Endes natürlich völlig überflüssig war.

Auch in Europa erfanden die Alliierten die absurdesten Dinge und Böswilligkeiten, wie es überhaupt kaum etwas Verächtlicheres geben kann, als Gestürzte zu hetzen. Die Bonaparte waren geächtet, ihrer Bürgerrechte verlustig gegangen, man enthielt ihnen den Schutz der französischen Botschaften, Gesandtschaften und Konsulate im Ausland vor, und sie durften keinerlei Dokumente in irgendeiner französischen Kanzlei beglaubigt bekommen. Kein Bonaparte hatte das Recht irgendwohin zu gehen, ehe er nicht um die Erlaubnis hierzu nachgesucht und die Genehmigung einer interalliierten Konferenz erhalten hatte, die in Paris tagte, um jeden Fall zu entscheiden.

Wer in Rom lebte, wie dies bei Lucien und Louis einige Jahre der Fall war, mußte sich zuerst an den Kardinalstaatssekretär wenden, der sein Gesuch dann an den apostolischen Nuntius in Paris leitete. Dieser reichte es an den französischen Außenminister weiter, der seinerseits die interalliierte Konferenz anrief, damit diese wichtige Frage behandelt werde. Wie immer die Entscheidung ausfiel, sie ging denselben umständlichen und langwierigen Weg wieder zurück.

Die Anordnung, die den Bonaparte den Aufenthalt in Frankreich untersagte, war am ehesten verständlich; es gab noch starke bonapartistische Strömungen unter den unzufriedenen ehemaligen Offizieren und genügend aussichtslose bonapartistische Komplotte, um die Maßnahmen der Bourbonen zu rechtfertigen, die darauf abzielten, eine etwaige 5. Kolonne in den Schranken zu halten. Was man aber nicht überlegte, war, daß die Bonaparte im allgemeinen an nichts anderes dachten, als zur Ruhe zu kommen und irgendwo ansässig zu werden. Sie alle zeigten recht wenig Anteilnahme am Geschick ihres Bruders. Wenn er sie auch zu hohem Rang und Vermögen gebracht hatte, so war es seine Schuld, daß beides wieder verlorengegangen war. Er schied aus ihren Berechnungen aus wie er anscheinend auch ihre Zuneigung nicht mehr besaß, und zwar so rasch, daß sich die Frage erhebt, ob er je von jemand von ihnen, mit Ausnahme seiner Mutter und Paulines, geliebt worden war. Zu ihrer Entschuldigung muß gesagt werden, daß sie in Europa um ihr Leben und ihren Lebensunterhalt kämpften, während es für Napoleon auf St. Helena nur um seine Legende, um die große Rückschau seines Lebens ging.

Während jener »hundert Tage« hatte Pauline ungestört in Bagni di Lucca gelebt, doch Wercklein, berauscht von der Tatsache, eine Bonaparte in seiner Gewalt zu haben, bemächtigte sich ihrer ganz unschuldigen Korrespondenz und quälte sie mit Drohungen, sie als Gefangene nach Brünn oder Graz zu schicken. Es sollte ihm aber noch ein weit größeres Vergnügen vorbehalten sein: er konnte ihr ohne vorherige Ankündigung brutal zur Kenntnis geben, daß ihr Bruder ein zweitesmal, am 22. Juni 1815, abgedankt hatte und sich auf der Flucht irgendwo in Frankreich befand.

Als Pauline diese bitteren Nachrichten vernahm, brach sie zusammen. Ihr ging es weniger um den Verlust des Kaiserreiches, ihre ganze Sorge galt dem Befinden des Bruders. Einen Augenblick lang wurde ihre Angst gemildert, als sie den Brief Luciens erhielt, den er von ihrem alten Wohnsitz in Neuilly geschrieben hatte und in dem er mitteilte, daß die Familie Napoleon nach Amerika folgen würde. Ihre Stimmung hob sich erneut in der Hoffnung, daß auch sie, wenn seine Bitte an den Prinzregenten, sich in England niederlassen zu dürfen, erfüllt werden sollte, dort zu ihm stoßen könnte. Als jedoch auch dieser Wunschtraum zunichte wurde, begann sie voller Angst zu begreifen, daß ihre Vorausahnung auf der Insel Elba, sie würde ihren Bruder nie wieder sehen, sich zu bewahrheiten drohte, es sei denn, die Alliierten gestatteten ihr, sich zu ihm nach St. Helena zu begeben. Sie dachte, daß vielleicht Metternich ihr Gesuch an die Alliierten befürworten würde; aber es hatte ja nie eine Verbindung zwischen ihm und ihr gegeben, aufgrund der er jetzt zu ihren Gunsten beeinflußt hätte werden können, und so wurde ihre Bitte abgelehnt.

Zu all ihrem Kummer und schlechten Gesundheitszustand gesellte sich jetzt noch die Sorge um das Geld. Von dem, was einmal Paulines Vermögen gewesen war, blieb kaum etwas übrig, so daß sie glücklich war, noch ihr Erbe von Leclerc zu besitzen. Ludwig XVIII. hatte nicht die Absicht, den Bonaparte auch nur einen Pfennig zukommen zu lassen, trotz des Vertrages von Fontainebleau, der die Unterschriften Talleyrands (für seine Person), Metternichs (für Österreich), Nesselrodes (für Rußland) und Hardenbergs (für Preußen) trug. Die Klauseln dieses Vertrages waren eindeutig.

Die Mutter, die Brüder, Schwestern, Neffen und Nichten des Kaisers sollten, wo immer sie sich befanden, den Titel als Prinzen seiner Familie führen dürfen. Dem Kaiser war ein jährliches Einkommen aus der Staatskasse ausgesetzt, aufgrund der Einkünfte und Domänen, auf die er verzichtete. Diese jährliche Zahlung in Höhe von etwa 2 500 000 Francs sollte ganz allein den Prinzen und Prinzessinnen seiner Familie gehören und anteilig ausgeschüttet werden, wobei Elisa und Pauline je 300 000 Francs zustanden. Da der Vertrag im Jahre 1814 unterzeichnet worden war, als Caroline noch als Königin in Neapel residierte, ist ihr Name dort nicht aufgeführt.

Zusätzlich zu diesem jährlichen Einkommen sollten die Prinzen und Prinzessinnen der kaiserlichen Familie alle ihre Wertsachen, Eigentum und Einrichtung gleich welcher Art behalten dürfen, die sie als Einzelpersonen besaßen, besonders aber die Einkünfte, die sie für ihre Person aus der französischen Staatskasse und vom Bankhaus »Monte Napoleone« in Mailand bezogen.

Was Ludwig XVIII. betraf, so war dieser Vertrag für ihn tot und begraben. Er hatte die konfiszierten Güter und Besitzungen der Bonaparte in seiner Tasche, die so lange Jahre leer gewesen war. Wenn sie jetzt um ihr Brot bettelten oder von Almosen lebten, so taten sie damit nichts anderes, als was auch er 23 Jahre lang tun mußte; es bereitete ihm Genugtuung, sie jetzt in der gleichen Lage zu sehen.

Einige Monate hielt sich Pauline in der Toscana auf, obwohl ihr der Papst, der klüger war als die Österreicher und nichts von seiten dieser zarten und welkenden Schönheit befürchtete, gestattete, nach Rom zu kommen. Es brauchte aber einige Zeit, bis sie sich entschließen konnte, wieder die Welt Camillos zu betreten. An Elisa schrieb sie, daß sie nicht anders handeln könne, da sie ihre Angelegenheiten mit ihrem Mann regeln müsse. Vielleicht würde sie später zu Elisa gehen. Mittlerweile, es war im Oktober 1815, begab sie sich nach Rom.

Hier fand sie die Hälfte ihrer Familie vor, ihre Mutter, ihren Onkel Kardinal Fesch und Louis. Kurze Zeit darauf stieß auch Lucien zu ihnen, der auf seiner Rückreise von Paris nach der Abdankung des Kaisers einige Monate in Turin als Gefangener festgehalten worden war.

Papst Pius VII. in Rom machte den Bonaparte keine Schwierigkeiten, aber sie waren alle immer noch Gegenstand schärfster Überwachung durch die Siegermächte, deren Hauptwachhund der französische Botschafter war.

Als die Bonaparte in Rom eintrafen, war dieser Posten noch von einem liebenswürdigen Kleriker, Courtois de Pressigny, besetzt, dessen Sympathien mehr auf der päpstlichen denn auf der französischen Seite lagen. Er ließ sie verhältnismäßig in Frieden, aber dann kam sein Nachfolger, der unversöhnliche Duc de Blacas, dessen Amtszeit unglücklicherweise sehr lange währte.

Blacas setzte sich als einziges Ziel seiner Aufgabe, den Bonaparte das Leben so unerträglich wie möglich zu machen. Seine einstigen großsprecherischen Worte, »daß jeder, der Bonaparte im Interesse Frankreichs diene, auch dem König diene«, hatte er längst vergessen. Der Herzog war ein verbitterter und enttäuschter Mann, ein Ultra-Royalist, der während seiner langjährigen Emigration weder etwas dazugelernt noch einige seiner veralteten Ansichten und Vorurteile abgelegt hatte. Das harte Los der Verbannung hatte tiefe Furchen in seine Seele gegraben, obwohl er, als Favorit Ludwigs XVIII. im Exil, zuversichtlich im Falle der Restauration einer strahlenden Zukunft entgegensehen konnte. Aber sogar die unerschütterlichsten Royalisten vermochten auf die Dauer seine reaktionären Ideen nicht mehr zu ertragen, so daß er, als die Opposition gegen ihn zu stark wurde, gezwungen war, die ehrenhafte Schande auf sich zu nehmen, Botschafter in Rom zu werden.

Wenn Ludwig XVIII. im Sinne gehabt haben sollte, die Bonaparte zu quälen, dann hätte seine Wahl gar nicht günstiger sein können. Blacas' Methoden der nadelstichartigen Verfolgung waren erbärmlich. Dauernd bespitzelte er die Bonaparte und bemühte sich, Sand in das Räderwerk ihres Lebens zu streuen. In seinen vertraulichen Berichten brachte er es nicht über sich, den verhaßten Namen Bonaparte zu nennen, ja er weigerte sich sogar, ihre Inkognito-Namen zur Kenntnis zu nehmen. So schrieb er immer nur von »Monsieur Louis« oder »Monsieur Lucien«, niemals jedoch von »Comte de St. Leu« oder »Fürst von Canino«, obwohl letzteres ein päpstlicher und kein französischer Titel war. Wollte er seiner Rachsucht besonderen Nachdruck verleihen, so sprach er nur verächtlich von einem »Sieur« Lucien oder »Sieur« Louis.

Als er berichten mußte, daß Pauline an einer sehr ernsten inneren Krankheit leide, teilte er dies sehr belustigt dem französischen Außenminister mit, und als er erneut schrieb, sie sei so krank, daß sie nach ihrem Beichtvater gesandt habe, war er offensichtlich noch vergnügter. Für ihn war es eine Enttäuschung, daß sie sich wieder erholte, doch waren die Ärzte sicher, daß die gefährliche Krankheit, an der sie litt, ein baldiges Ende bringen würde.

Jedes Anzeichen einer Mißstimmung innerhalb der Familie wurde von Blacas mit Entzücken aufgegriffen. Er strahlte vor Freude, als er von ihren finanziellen Nöten erfuhr, aber der geringste Anschein von Wohlhabenheit war ihm sofort verdächtig, weil ihre Mittel selbstverständlich zum Anzetteln von Komplotten benützt würden.

Für Blacas war es nur natürlich, das harmloseste Tun irgendeines Bonaparte sofort als Anzeichen einer Verschwörung aufzubauschen, und so hatte Caroline geradezu Glück, sich außerhalb seiner Jurisdiktion zu befinden, denn sie galt jedenfalls in den Augen der Alliierten als die vermutlich gefährlichste der Familie.

Caroline wäre gerne von Hainburg nach Triest zurückgekehrt, seit der Kaiser von Österreich ihrer Absicht, sich nach Rom zu begeben, ein endgültiges »Nein« entgegengesetzt hatte. Aalglatt schrieb Metternich im Auftrage seines Herrn: »Trotz des echten Interesses, das der Kaiser am Geschick der Familie Bonaparte nimmt, liegt es nicht in seiner Macht, die Vereinbarungen, die er mit seinen Verbündeten getroffen hat, beiseite zu schieben, um Ihnen zu Diensten zu sein. Zu Ihrem Vorhaben müßte auch die Zustimmung Frankreichs eingeholt werden, und ich überlasse es Ihnen, Madame, zu beurteilen, ob die letztgenannte Macht wohl bereit sein würde, Ihnen die Erlaubnis zu geben. Es hieße eine Illusion nähren, wenn man in Ihnen eine Hoffnung in dieser Hinsicht bestärken würde, und so schmerzlich die Wahrheit auch für Sie sein mag, ich glaubte es nicht verantworten zu können, Sie darüber im ungewissen zu lassen.«

Rom lag zu nahe bei Neapel, von Triest aus war es zu leicht, zur See zu entkommen. Da aber Caroline weder die Mittel noch die Möglichkeit und vielleicht nicht einmal den Wunsch hatte, es zu versuchen, Neapel ohne Murat zurückzugewinnen, konnte ihr der Verdacht der Alliierten nur als ironische Schmeichelei erscheinen, auf die sie gerne verzichtet hätte. Man zwang sie, weiterhin auf Schloß Hainburg in Österreich zu bleiben.

Monatelang hatte sie keine Nachricht von Murat, was ihre qualvolle Lage noch erschwerte, stündlich schaute sie nach ihm aus, ob er sich nicht bei ihr einfinde, aber er ließ sich noch nicht blicken. Statt dessen drangen Gerüchte an ihr Ohr, denen sie kaum Glauben zu schenken wagte.

Murat hatte sich in Frankreich herumgetrieben, stets in der Hoffnung trotz allem Vergangenen noch aufgefordert zu werden, an der Seite Napoleons zu kämpfen, aber der Kaiser konnte ihm sein überstürztes Einvernehmen mit den Österreichern in Italien nicht verzeihen, und er betrachtete ihn immer noch als den Urheber seines Scheiterns.

Murats Lage in Südfrankreich war so unsicher, daß er gezwungen war, »in die Berge zu gehen«, und sich da und dort zu verstecken, wie es eben möglich war. Dabei wurde seine Situation immer verzweifelter, je mehr die Royalisten das Land in ihren Griff bekamen. Und trotzdem hätte er vielleicht auf dem Seeweg zu Caroline gelangen können, da er Pässe für Österreich besaß, aber er vermochte es ganz einfach nicht, sich sein Königreich aus dem Sinn zu schlagen und seine Sehnsucht aufzugeben, die Italiener zur Einheit zu führen.

Als er erfuhr, daß sich die Kalabresen in hellem Aufruhr befanden und daß die Österreicher ihre besten Truppen dorthin schicken mußten, war er überzeugt, daß sie sich nicht mehr in Neapel halten könnten, und Murat dachte, auch er brächte fertig, was Napoleon gelungen war, als er mit einer kleinen Schar Getreuer von Elba entfloh und ganz Frankreich um sich sammelte. Deshalb segelte er von Frankreich aus nach Korsika, diesem Stützpunkt des Bonapartismus, wo es ihm tatsächlich gelang, eine Handvoll Männer um sich zu scharen. Mit dieser kleinen Bande segelte er dann weiter nach Italien, um sein Königreich wiederzugewinnen. Caroline nahm die Nachrichten, die sie schließlich erreichten, daß Murat in Korsika aufgetaucht sei und dort Anhänger für sein Unternehmen suche, mit Vorsicht auf; sie meinte, er sei verrückt, wenn er daran im Ernst dachte. Als Elisa in Brünn von seiner Ankunft in Kalabrien erfuhr, beeilte sie sich, diese Neuigkeiten an Caroline weiterzugeben, aber beide Schwestern nahmen an, daß er von widrigen Winden dorthin getrieben worden sei und daß man ihm sicher Mittel an die Hand geben werde, um seine Reise auf österreichisches Territorium fortzusetzen. Niemand ahnte seine wirklichen Pläne.

Als die Zeit verstrich und Murat nicht eintraf, wurde Caroline zunehmend besorgter. Sie schrieb an Elisa:

»Ich bin in größter Sorge, was ihm passiert sein könnte und ich werde nicht eher beruhigt sein, bis ich ihn wiedersehe. Oh, meine geliebte Elisa, der Verlust von Vermögen ist nichts gegenüber der

Qual, die mich überwältigt. Ich würde selbst in der größten Armut glücklicher sein, wenn dies der Preis wäre, meinem Mann und mir die Aufregungen der Tage zu ersparen, die bereits vergangen sind und die noch verstreichen werden, bis zu dem Augenblick, da er hier eintrifft und ich wissen werde, daß er in Sicherheit ist.«

Es war aber schon zu spät. Joachim Murat war für die Kalabresen nicht das, was Napoleon Bonaparte für die Franzosen gewesen war. An genau demselben Tag im Oktober 1815, an dem die »Northumberland« in der Jamestown Bay von St. Helena vor Anker ging, stand in der kleinen Stadt Pizzo im rauhen Kalabrien ein abgerissener und hagerer Mann vor einem Erschießungspeloton; sein Versuch war fehlgeschlagen.

Nach seiner Gefangennahme durch die Österreicher war Murats summarische Verurteilung eine Farce; er hörte dem Urteilsspruch nicht einmal zu, da er es ablehnte, die Kompetenz der militärischen Kommission anzuerkennen, die Ferdinand von Neapel gesandt hatte, um über ihn zu richten.

An Caroline schrieb er seinen letzten Brief:

»Vergiß mich nie. Mein Leben war durch keine unrechte Tat befleckt. Adieu, mein Achille, adieu, meine Letizia, adieu, mein Lucien, adieu, meine Louise. Zeigt Euch vor der Welt meiner wert. Ich lasse Euch zurück ohne Königreich und ohne Vermögen inmitten meiner zahlreichen Feinde. Denkt daran, daß Ihr Euch über das Unglück erheben könnt. Erinnert Euch, was Ihr seid, was Ihr wart, und Gott wird Euch segnen. Flucht nicht meinem Andenken. Mein größter Schmerz in diesen meinen letzten Tagen ist, fern von meinen Kindern zu sterben. Ich sende Euch meinen väterlichen Segen, meine Küsse und meine Tränen. Erinnert Euch immer Eures unglücklichen Vaters.«

Dem Brief legte er eine Haarlocke bei. Dann beichtete der Mann, der bei seiner Trauung so seltsam nach dem Segen der Kirche verlangt hatte, sich selbst, und vielleicht gingen dabei noch Gedanken durch seinen Kopf über das Seminar in Quercy und ein Leben, das seines hätte sein können, wenn er die Soutane und nicht den Pallasch gewählt hätte. Indem er das Bild seiner Frau an seine Brust drückte, ging er ruhig hinaus, um sich dem Peloton zu stellen. Als die letzten Strahlen der Herbstsonne auf dem Metall der Gewehre, die auf sein Herz gerichtet waren, aufglänzte, rief er selbst das Kommando, mit dem er so oft seinen eigenen Soldaten das Zeichen zum Angriff gegeben hatte:

»Soldaten, tut Eure Pflicht! Zielt auf das Herz, aber schont das Gesicht! Feuer!«

War dies ein letzter Zug von Eitelkeit, oder erinnerte sich Joachim Murat in diesem Augenblick an das nicht mehr erkennbare Gesicht des Herzogs von Enghien? Er fiel von sieben Kugeln getroffen. Die blaue Emailleuhr in seiner Tasche mit seiner Miniatur und der Carolines tickte weiter, nachdem das Herz schon aufgehört hatte zu schlagen.

»Armer, lieber Murat« schrieb Byron an Tom Moore. »Was für ein Ende!, Du weißt, nehme ich an, daß sein weißer Helmbusch ein Sammelpunkt in der Schlacht war, wie seinerzeit der Heinrichs IV. Er lehnte einen Beichtvater ab, und eine Augenbinde, da er weder seine Seele noch seinen Körper gebunden wissen wollte.«

Hier irrte sich Byron; und auch der weiße Federbusch, den Murat trug, war kein Zeichen seines Mutes. Diesen bewies er in Fülle beim Kämpfen und Sterben; aber zu leben verlangt noch mehr Courage.

Bei seinem Ende triumphierten seine zahlreichen Feinde. Einer von ihnen schrieb: »Es ist gut zu sehen, wie alle diese feinen Herren einer schrecklichen Familie sich selbst die Kehle durchschneiden.«

In Wien, wo noch immer der Kongreß tagte, machte ein Scherz die Runde. Ein Theaterzettel kündigte an:

Le trône ébranlé par un mur abattu
2 ième Représentation de Napoléon Détrôné
MURAT BATTU
Bénéfice des Alliés
Places en haut: Un Louis
Parterre: Un Napoléon

Der verächtliche Ferdinand von Neapel ließ eine Medaille prägen, um Murats Hinrichtung festzuhalten. Sie trug den Text: »Für die seltene Treue der Stadt Pizzo zu ihrem König.« Im Jahre 1860 veranlaßte Garibaldi, der Murat, trotz allem, was geschehen war, als einen Mann anerkannte, der als Vorläufer der italienischen Einigung angesehen werden konnte, daß die Gußform vernichtet wurde.

In unseren Tagen hat sich das Urteil über Murat gewandelt. Die kleine Stadt Tolentino, wo er von den Österreichern geschlagen worden war, ersuchte darum, zur Zwillingsstadt seines Geburtsortes La

Bastide-Murat erklärt zu werden. Wenn Tolentino für die Franzosen eine Schlappe war, die ihre eigene Niederlage bei Waterloo heraufbeschwor, so fiel für die Italiener dort der erste Streich für ihre Freiheit. Für die Bürger von Tolentino waren die Österreicher die Eindringlinge und nicht Murat, in dessen Herz nach ihrer Meinung das Wort »Italien« eingraviert war.

Es gibt ein Porträt Murats von Gros, das ihn fast als einen Halbgott auf einem sich aufbäumenden Schimmel zeigt, wie er, mit seinem Türkensäbel an der Seite, auf eine Schar verängstigter Osmanen deutet.

Nur so sollte man sich seiner erinnern in der Blüte seiner Jugend und Stärke, ehe ihm seine Heirat mit Caroline Bonaparte die unheilvolle Mitgift einer Krone brachte. Nur bedeutende Taten oder Charaktereigenschaften können in den Augen der Menschen den plötzlichen Aufstieg zu großer Macht rechtfertigen. Murat besaß nicht die Eigenschaft der Größe, aber innerhalb seiner Grenzen folgte er einer Vision. Von Haus aus war er ein gutgearteter Mann, freundlich, bis zum letzten Augenblick ein aufopfernder Vater, wenn auch nicht immer ein guter Ehemann. Jetzt hatte man seine Frau und vor allem seine Kinder seiner Liebe und Fürsorge beraubt. Was war ihr Leben noch ohne ihn?

Erst im Januar 1816 erreichten die Nachrichten von Murats Hinrichtung Napoleon.

»Es war seine Bestimmung, uns Kummer zu bereiten«, rief er aus. »Als er uns im Stiche ließ, verursachte er unseren ersten Sturz und dann durch sein allzu ungestümes Eingreifen den endgültigen Zusammenbruch. Er hatte jede Vernunft verloren, als er die Österreicher ohne einen sinnvollen Plan mit unzureichenden Kräften angriff und unterlag, ohne einen Schlag geführt zu haben.

Ich hätte ihn gerne bei Waterloo dabei gehabt, aber die französische Armee war so voller Patriotismus, so durchdrungen von moralischem Verantwortungsgefühl, daß es zweifelhaft schien, ob sie einen Mann in ihren Reihen geduldet hätte, den sie für einen Verräter an Frankreich und den Schuldigen am Unglück des Vaterlandes hielt. Ich glaubte nicht stark genug zu sein, mich dieser Haltung widersetzen zu dürfen, und doch könnte seine Anwesenheit uns den Sieg gebracht haben – nie war ein Mann an der Spitze der Kavallerie entschlossener, tapferer oder fähiger.«

Und Madame Letizia schrieb an Joseph in Amerika: »Du hast von Murats unglücklichem Ende gehört. Ich habe leider keine Nachrichten von Deiner Familie, von Caroline oder von Elisa.«

Carolines Umgebung versuchte Murats Tod vor ihr geheimzuhalten, aber schließlich mußte man ihr doch eine Zeitung mit dem Bericht über die letzten Tage in Pizzo bringen; die Nachrichten waren schon alt.

Die ganze Nacht über wurde sie von heftigen Schmerzausbrüchen erschüttert, die bis zum Morgen andauerten.

Hier im Feindesland, als Kriegsgefangene, obwohl man sie ironisch einen Gast nannte, blickte die Ex-Königin von Neapel, bekannt als Comtesse de Lipona, zurück auf die Vergangenheit und voraus in die Zukunft. Die Vergangenheit gehörte Murat und vielleicht wallte in ihr wieder die ganze Liebe auf, die sie einmal wirklich für ihn empfunden hatte. An ihr war es jetzt, die Zukunft zu gestalten, aber was würde sie bringen? Sie hatte den Thron verloren, den zu bekommen sie solche Mühen auf sich nehmen mußte, und den zu erhalten sie solche Nachteile auf sich zu nehmen hatte. Sie war erst 33 Jahre alt, eine noch junge und schöne Frau; ein Großteil ihres Lebens lag noch vor ihr.

Carolines Lage war bedeutend schlechter als die Elisas oder Paulines; sie war aus einer größeren Höhe gestürzt als alle anderen. Wenn Napoleon es für unverzeihlich hielt, daß sie ohne ausreichende Mittel war, so war sie in Wirklichkeit nicht nur das, sondern sogar sehr arm. Dabei hatte sie vier Kinder großzuziehen.

An Elisa schrieb sie einmal:

»Ich habe weder einen Erzieher noch eine Erzieherin für meine Kinder. Einzig General Macdonald und Madame Courval sind bei mir. Meine Mittel erlauben mir nicht die kleinste Ausgabe.«

Murats Tod brachte Elisa und Caroline einander näher. Elisa wäre gerne zu ihrer jüngeren Schwester gereist, um sie zu trösten, doch wurde ihr der Paß, den sie beantragte, selbstverständlich verweigert. Da alle Briefe, welche die Bonaparte einander schrieben, von der österreichischen Geheimpolizei abgefangen und gelesen wurden, bestand für die Alliierten kein Zweifel, daß Elisas Antrag von geschwisterlichen Gefühlen diktiert war, doch konnte der »schrecklichen Familie« die Gunst, normale Gefühle zu haben, nicht gestattet werden.

»Schreib' mir oft, liebe Elisa«, sagte Caroline. Diese Briefe waren alles, was sie erhoffen konnte. Als sich die beiden Schwestern dann später, als man ihnen ein wenig mehr Freiheit zugestand, trafen, empfanden sie im Gefühl des gemeinsamen Unglücks mehr Sympathie füreinander als während der Jahre, da Caroline noch Königin von Neapel und Elisa Großherzogin von Toscana gewesen war. Dieses Wiederaufleben der Zuneigung hatte große Bedeutung für Caroline; trotz ihrer Armut war ihr größtes Problem moralischer Natur. Bis jetzt war ihr ganzes Leben beherrscht von dem schier zwangsläufigen Streben nach Macht. Jetzt galt es für sie, ein anderes Leitprinzip zu finden und zu pflegen, nach dem sie ihr Leben ausrichten konnte, und sich gleichzeitig mit der Tatsache abzufinden, daß sie nicht länger mehr Königin war. Auf eigenartige Weise gaben ihr die Alliierten etwas von der Bedeutung zurück, die sie verloren hatte, indem man gerade sie für die grausamste Drangsalierung auswählte.

In diesem Augenblick, im November 1815, war ihre vordringlichste Beschäftigung die Beschaffung von Geld. Es gibt zahlreiche Beweise dafür, daß die Murat nur sehr wenig aus Neapel mitnahmen, da sie einen beträchtlichen Teil ihres persönlichen Vermögens zugunsten ihres Königreiches aufgewendet hatten.
Das ihnen im Vertrag von Bayonne zugesicherte Jahreseinkommen stand jetzt nur auf dem Papier, und die Geltendmachung dieser Ansprüche füllte fortan ein Großteil von Carolines Leben aus, da ihre unaufhörlichen Anfragen, Beschwerden und Forderungen stets auf taube Ohren stießen.

Zu allererst aber hatte sie ihre Verpflichtungen gegenüber Murat zu erfüllen. Er mußte standesgemäß in schwarzer Kleidung, die bei Leroy bestellt wurde, betrauert werden, obwohl dessen Preise jetzt weit über ihre Mittel gingen. Für wen trug sie eigentlich die aufwendige Witwenkleidung, die er für sie anfertigte? Sie verfügte nicht mehr über ein Gefolge von Sekretär, Arzt, Damen, vierzehn Dienstboten, zwei weiblichen Chefköchen, zwei Hilfsköchen, einem Küchenverwalter, sieben Kammerzofen und sechs Pferdeknechten, die Neapel mit ihr verlassen hatten. Ihr zur Seite stand allein der General Francesco Macdonald, ein Verwandter des Marschalls Macdonald und Abkömmling einer der schottischen Familien, die den Stuarts nach Frankreich gefolgt waren. Als treuester Freund der Murat war er es, der Caroline mit unendlichem Takt den Trost gab, den sie jetzt nötig hatte, wobei das Gerede über ihre morganatische Ehe, das Napoleon so abstieß, als es ihm zu Ohren kam, nie offiziell bestätigt wurde. Sein ganzes Leben lang blieb Macdonald, mit oder ohne den Segen der Kirche, der vollendete, treue und ergebene Diener und Liebhaber, der nie die ihm durch die Etikette gesteckten Grenzen überschritt.

An der Etikette hielt Caroline nach wie vor fest; sie gab ihrer schwankenden Existenz einen Halt. Obwohl ihr Haushalt im Grunde auf nichts verkleinert worden war, und obwohl sie sich eine Zeitlang selbst um die Kinder zu kümmern hatte, bestand sie doch noch auf den äußeren Formen der Ehrerbietung, die dem Rang zukamen, den sie nicht mehr innehatte. Es muß erniedrigend für sie gewesen sein, daß sie Miss Davies nur vierzig Pfund schenken konnte, als diese wegen ihres Gesundheitszustandes gezwungen war, sie zu verlassen – ein Geschenk, das so wenig ihrer bisherigen königlichen Großzügigkeit entsprach.

Als ob nicht schon die Sorge für ihre Kinder und ihren Haushalt genug Last gewesen wären, hatte ihr Murat noch ein unerwünschtes Erbe hinterlassen. Aus Frankreich, aus Korsika und aus Italien stürmten Geldforderungen auf seine Witwe ein für Schulden, die er während seiner Flucht und bei seinem Versuch, sein Königreich wiederzugewinnen, gemacht hatte. Caroline fragte nie, ob diese Ansprüche auch berechtigt waren, sondern spannte mit königlicher Geste ihre letzten Mittel an und bezahlte alles, um der Welt zu zeigen, daß sie das Andenken ihres Mannes ehrte.

Gerne hätte sie gehabt, daß Pauline zu ihr zog, da deren Einkünfte ein willkommener Beitrag zur Aufrechterhaltung des Haushalts gewesen wäre, doch zog es Pauline vor – selbst wenn sie die Erlaubnis zu diesem Ortswechsel bekommen hätte – in Rom zu bleiben und ihre Unabhängigkeit zu behalten. So sehr sie Caroline schätzte, so befürchtete sie doch von ihr, da es jetzt keinen Murat zu beherrschen gab, bevormundet und kontrolliert zu werden.

Als das Unglücksjahr 1815 seinem Ende entgegenging, sahen sich die Bonaparte-Schwestern vor die Aufgabe gestellt, ein neues Leben aufzubauen mit der Energie, die jede für sich aufbringen konnte. Pauline mußte sich über den Verlust der Anwesenheit ihres geliebten Bruders hinwegtrösten und sich mit dem Verzicht auf ein Gutteil Luxus und der Geselligkeit abfinden, an die sie sich gewöhnt hatte;

Caroline und Elisa konnten nur mehr über ihre Familien und ihre Haushalte regieren, über ihre Königreiche und Provinzen in der Rumpelkammer.

Es war Elisa, die von allen am besten abschnitt.

XV. Kapitel

Die Comtesse de Compignano

Nach Charakter und Umständen war Elisa besser als Caroline gerüstet, mit Widrigkeiten fertigzuwerden. Sie begegnete ihnen mit der Energie, die ihr Bruder vorausgesagt hatte. Ihr Wesen, das von Haus aus ernst war, wurde dies noch mehr, als sie älter wurde. Als sie jetzt ihr Leben im Exil begann war sie fast 38 Jahre alt und konnte sich als Selbsthilfe, und um sich über den Verlust von Rang und Stand hinwegzutrösten, die in St. Cyr erworbene Philosophie zunutze machen, die sie durch ihre Unterhaltungen mit gelehrten Männern noch bereichert hatte.

Ihre leidenschaftliche Vertiefung in die Künste hatten in ihr selbst größere Hilfsquellen von praktischerem und andauerndem Wert gefördert, als der korrumpierende Ehrgeiz, durch den Carolines Leben beeinflußt und zerstört, oder die Leichtfertigkeit, durch die Paulines Dasein aufgezehrt wurde. Ein weiterer Vorteil, über den Elisa gegenüber ihren Schwestern verfügte und der sogar ihre Erziehung und persönlichen Qualitäten übertraf, war die Dauerhaftigkeit ihrer Ehe.

Trotz der beiderseitigen gelegentlichen Untreue war ihre Ehe eine echte Gemeinschaft; im Gegensatz zu den meisten ihrer Zeitgenossinnen, deren Männer fortwährend von zu Hause abwesend waren, hatte Elisa ihren Bacciocchi immer zur Seite und so konnte sich durch Zeit und Gelegenheit zwischen den Eheleuten ein harmonisches Verhältnis entwickeln. Allzuoft spielte in der »guten Gesellschaft« des Kaiserreiches der Ehemann durch sein kurzes und unregelmäßiges Erscheinen mehr oder weniger die Rolle eine Liebhabers, so daß es der tatsächliche Liebhaber, der »Mann am Platz« war, der seine Stelle an sich riß. Wenn dann der Ehegatte schließlich zu Heim und Herd zurückkehrte, traf er in seiner Frau häufig eine Fremde an.

Dies war bei den Bacciocchi nie der Fall gewesen. Mehr noch, als Mann, der fast alles seiner Heirat mit einer Bonaparte zu verdanken hatte, gab sich Bacciocchi immer zumindest den Anschein der Dankbarkeit, weil er aus seinem ursprünglichen Niveau herausgehoben worden war; er hatte immer alles getan, was man von ihm verlangte. Seine größte Tugend in Elisas Augen war vielleicht gar nicht so sehr sein ausgeglichenes Temperament, sondern daß er, während er ihre Erfolge bewunderte, nie versuchte, diesen nachzueifern oder ihr etwa auf irgendeine Weise Konkurrenz zu machen.

Wenn sich jetzt Felix' Neigung in Richtung auf die Gouvernante der Kinder verirrte, so zuckte Elisa hierüber nur die Achseln; er mußte ja, da es keine Regimenter mehr zu besichtigen gab, seine Zeit anderweitig vertreiben. Seine Flirts waren ein Kreuz, das leichter zu tragen war, als die Schande und die Sorgen eines Endes, wie es Murat erfahren hatte. Sie selbst war auch nicht willens, stets eine treue Frau zu sein. Wahrscheinlich unternahm sie ihre außerehelichen Liebesabenteuer nach dem Vorbild ihrer Schwester, oder weil sie der Meinung war, daß ihrer Stellung eine gewisse laxe Moralauffassung zukam, die ihr ganz allgemein zugeschrieben wurde, oder aber weil sie ihre amourösen Exkursionen während der Jahre ihres Regimentes als unumgänglichen Bestandteil des hektischen Treibens der kaiserlichen Gesellschaft ansah.

Nachdem diese Gesellschaft jetzt zerfallen und die Epoche ihrer Macht vorüber war, entschloß sich Elisa zu einem Dasein, das sicher dem sehr ähnlich war, das sie erwartet hätte, wenn sie als Madame Bacciocchi auf Korsika geblieben und ihr Bruder niemals Kaiser der Franzosen geworden wäre. Und es ist durchaus möglich, daß, abgesehen von der Erinnerung an vergangene Größe, die ihre gegenwärtige Niedrigkeit wie Hohn erscheinen ließ, die Comtesse de Compignano glücklicher war als es die Großherzogin von Toscana je sein konnte.

Zu dieser Haltung hatte sich aber Elisa noch nicht durchgerungen, solange sie als Gefangene in Brünn festgehalten wurde. Dort benahm sie sich so arrogant wie nur möglich, und war um so wütender über ihre Inhaftierung, weil Pauline in Rom leben durfte und auch Caroline in Österreich den Anschein von Freiheit genoß. Ihre immer etwas schwächliche Gesundheit litt unter der Gefangenschaft und der Verbitterung, so weit von ihrem kleinen Sohn entfernt zu sein. Im

Oktober 1815 schrieb sie an Jérôme, daß sie eine tödliche Krankheit überstanden habe, aber dies schien ihr weit weniger wichtig zu sein als die Tatsache, daß der kleine Fritz jetzt seinen vierten Zahn bekommen hatte.

Ihre Gedanken drehten sich immer um das Kind, und ihre Sorgen waren um so größer, als sie bereits drei Söhne im Säuglingsalter verloren hatte. Daß sie von Felix getrennt war, beunruhigte sie bedeutend weniger.

Auf ihre Forderung, in ein ihr zuträglicheres Klima gebracht zu werden, als es das von Brünn war, antwortete man mit dem Vorschlag, entweder Karlsbad oder Teplitz als Wohnort zu wählen, doch glaubte sie – beinahe unbegreiflich – immer noch, man würde ihr gestatten, nach Bologna zurückzukehren, um ihren Sohn besuchen und ihre Gesundheit wiederherstellen zu können. Sie schrieb sogar an Jérôme, daß sie sich freuen würde, wenn ihre Mutter käme, um mit ihr in Ravenna zu leben. Es war eigenartig, daß gerade eine Frau von der Intelligenz Elisas sich ganz einfach weigerte, die Tatsache zur Kenntnis zu nehmen, daß weder sie noch Caroline, die in Italien Herrscher gewesen waren, je wieder die Erlaubnis bekommen würden, dort ihren Wohnsitz aufzuschlagen. Da man ihr einen Aufenthalt in Italien verweigerte, lehnte sie hochmütig jede Alternative ab und entschloß sich, in Brünn zu bleiben.

Sehr bald gesellte sich auch noch der Geldmangel zu ihrem wachsenden Zorn und ihrer Verzweiflung. Er machte den Verkauf eines großen Teils ihrer Juwelen und die Verkleinerung ihres Gefolges nötig. Doch gerade, als sie das Gefühl hatte, in ihrem Kampf mit den Alliierten einigen Boden zu gewinnen, versuchte Murat seine Invasion von Neapel.

Wenn sich schließlich auch die Bonaparte selbst jetzt im Exil nicht länger als Clan, sondern als Einzelpersönlichkeiten fühlten, so blieben sie in den Augen der Verbündeten nach wie vor eine Familie; was immer einer von ihnen unternahm, wirkte sich auf die anderen aus, so frei von Mitschuld sie auch sein mochten. Konnte nicht auch Elisa, nachdem Murat versucht hatte, seinen Thron wiederzuerobern, einen Einfall in die Toscana planen? Die Alliierten hörten nicht auf, sich zu fragen, wie die zarte, so streng bewachte Elisa, wohl ein so kühnes Wagnis beginnen oder woher Bacciocchi, der bislang ein einzigesmal Initiative gezeigt hatte, als er seine feige Anhänglichkeitsadresse an die Bourbonen richtete, plötzlich den Mut, die Kühnheit und die Findigkeit zu einem so verrückten Unternehmen hernehmen würde. Ihr weisester Schluß war, Elisa weiterhin als Gefangene festzuhalten.

Im zeitigen Frühjahr 1816 änderten die Verbündeten plötzlich ihre Meinung. Metternich war jetzt zur Überzeugung gelangt, daß Elisas politische Bedeutung gleich Null und sie selbst belanglos war. Dies war eine letzte Beleidigung, die nur dadurch erträglicher wurde, daß man sie freiließ. Man gestattete ihr sogar, ihren Willen zu haben und in Triest zu leben, das, wenn es auch nicht Italien war, so doch wenigstens in Sichtweite lag.

Sobald sie in Triest mit ihrer Familie vereint war, stellte sich Elisa sofort die Aufgabe, für sie alle ein Heim und die zu ihrem Lebensunterhalt nötigen Mittel zu finden. Mit ihrer gewohnten Energie machte sie sich daran, von den Österreichern einige Entschädigung für die Wertgegenstände und den Hausrat herauszuholen, die sie in der Toscana zurückgelassen hatte, indem sie behauptete, daß alles mit ihren eigenen Mitteln angeschafft worden und ihr persönliches Eigentum sei.

Als sie erfuhr, daß der neue Gouverneur der Toscana, General Starhemberg, alle ihr gehörenden Livreen, Geschirr, Wagen und Pferde verkauft hatte, schrieb sie voller Empörung an Metternich:

»Ich möchte, daß man den Kaiser von Österreich über diese Dinge unterrichtet, nicht aus einem Rachegefühl heraus, was unter meiner Würde wäre, denn man wünscht sich nur an dem zu rächen, was man haßt, nicht aber an dem, was man verachtet ...« Auch im Unglück hatte Elisa nichts von der Großsprecherei ihres glänzenden Jahrhunderts verlernt; sie drückte sich nach wie vor im Stile Corneilles aus, wenn sie zum Beispiel an Katharina, Jérômes Frau, schrieb: »Der Mensch ist geschaffen zu leiden; wenn er leidet und sich selbst nichts vorzuwerfen hat, dann kann er stolz sein ...«

Stolz war Elisa, aber sie war auch klug. Sie hatte, auch in den Zeiten, da sie noch mit ihrem Bruder als Großherzogin von Toscana zu tun hatte, immer die Vorteile der Klugheit zu schätzen gewußt. Und obwohl sie entschlossen war, ihr Eigentum wiederzugewinnen, war sie in gleicher Weise nicht bereit, »wieder auf Reisen zu gehen«; während sie bei ihren Forderungen festblieb, vermied sie peinlichst jede Handlung, die sie in Konflikt mit den Behörden gebracht hätte.

Am Ende gelang es ihr durch Hartnäckigkeit und Beredsamkeit

mit den Österreichern einen Kompromiß auszuhandeln, und schließlich einen beträchtlichen Teil ihres Vermögens wiederzuerlangen, so daß sie zu einem jährlichen Einkommen von 300 000 Francs kam. Sie wurde dadurch zu einem der wohlhabensten Mitglieder der Familie im Exil. Jetzt konnte sie nicht nur ein Haus am Märzfeld in Triest kaufen, sondern zusätzlich noch ein wenig später die an der Küste gelegene Villa Vicentina, an die sie ihr Herz verloren hatte, erwerben.

Bei der Einrichtung und Instandsetzung ihrer Häuser und Grundstücke befolgte Elisa dieselben Grundsätze der Ordnung und Methoden, die sie zur Verwalterin in weit größerem Rahmen so befähigt hatten. Sie hielt sich selbst in einem ständigen Zustand der Geschäftigkeit, den sie ihr angemessen empfand. Die Villa Vicentina wurde in eine bemerkenswerte Nachahmung eines der bonapartischen Landhäuser in Frankreich verwandelt, doch wies keines ihrer Heime in Triest je die Wohnlichkeit und die Schönheit ihrer Residenzen in Lucca oder Marlia auf.

So widerwillig, wie die Alliierten Caroline das Inkognito einer Comtesse de Lipona zugestanden hatten, gestatteten sie jetzt Elisa, den Titel einer Comtesse de Compignano zu führen, vorausgesetzt, daß sie keinen anderen Namen gebrauche. Sie hatten sich kaum über ihr Benehmen zu beklagen, doch als der Kaiser von Österreich, Franz, im Jahre 1818 durch Triest reiste, wurde ihr und der übrigen französischen Kolonie strengstens eingeschärft, daß niemand um eine Audienz nachzusuchen habe. Darüber hinaus wurde Elisa unter strengste Bewachung gestellt; man überwachte auf das genaueste jeden ihrer Schritte und ihre gesamte Korrespondenz, obwohl sie sich sorgfältigst hütete, auch nur den Anschein von Unabhängigkeitsgelüsten zu erwecken, durch den ein Ausweisungsbefehl hätte provoziert werden können.

Das Leben in Triest war trotzdem eintönig. Vier Monate im Jahr verbrachten die Bacciocchi in der Villa Vicentina, den Rest der Zeit in der Villa am Märzfeld, mit Ausnahme der kurzen Unterbrechungen, wenn Elisa in ein Heilbad reiste, wo sie dann gelegentlich Caroline oder Jérôme und Katharina traf, die jetzt als Prinz und Prinzessin de Montfort angesprochen wurden.

Jérôme war nunmehr das Mitglied der Familie, auf das Elisa die einst Lucien vorbehaltene Zuneigung konzentrierte, es bereitete ihr daher eine große Freude, als auch er im Jahre 1819 nach Triest kam, um dort mit seiner Familie zu leben.

Madame Letizia beneidete Elisa um die Gelegenheit, sich mit anderen Familienmitgliedern zu treffen, da sie selbst das päpstliche Staatsgebiet nicht verlassen konnte, wie niemand es von außen betreten durfte.

»Wann werde ich Euch wieder einmal alle sehen und umarmen können? Mein Vertrauen auf Gott läßt mich darauf hoffen, und ich zweifle nicht, daß es geschehen wird.«

Dieses Ereignis trat nicht mehr ein. Madame Letizia hatte Elisa seit 1810 nicht mehr gesehen und sollte sie auch nie wiedersehen. Daß ihre Mutter sich einmal darüber beklagte, sie würde so wenig Post von Elisa erhalten, deutet an, daß diese ganz offensichtlich von ihrer bis dahin geübten Gewohnheit abgegangen war, bei jeder Gelegenheit einen Brief zu schreiben; es muß ihr schon lange klar gewesen sein, daß ihre frühere Überzeugung, sie sei die Lieblingstochter ihrer Mutter, unbegründet war.

Als dann Madame Letizia erneut schrieb, war es nur, um zu sagen, sie zweifle nicht, daß Elisa sicher alles für ihren unglücken Bruder tun werde, was in ihrer Macht stehe. Napoleons Mutter war eifrig bemüht, jedes Jahr von ihren Kindern einen Zuschuß für Napoleons Unterhalt und zu seiner Unterstützung zu sammeln. Dieser Betrag erreichte schließlich eine Höhe von 15 000 Francs im Jahr von seiten der Brüder und Schwestern, und ihre eigene Leistung war noch wesentlich größer.

Elisa dachte sicherlich nicht allzuoft an Napoleon. Vielleicht, daß sie, wenn sie gerade einmal Muße hatte nachzudenken, die alten Ressentiments in ihr aufsteigen fühlte und sie sich daran erinnerte, daß er sie als seine Schwester nicht nur niemals begünstigt hatte, sondern daß er sie während der Jahre in der Toscana dauernd kurz am Zügel hielt, daß er ihre Leistungen mit Kritik bedachte und beständig zum Schaden ihres eigenen Budgets Geld aus ihr herauspreßte. Auch Caroline war so mit ihren eigenen Problemen beschäftigt, daß sie nicht viel Mitleid für ihren Bruder aufzubringen schien.

Aus Rom schrieb Madame Letizia schroff an sie:

»Ich möchte nicht die Höhe des Betrages festsetzen, den meine Kinder aufbringen sollten, um die Bedürfnisse ihres Bruders zu dekken. Meine Kinder haben ein Gefühl für Ehre, Takt und Herz, und ihr Verdienst wird um so größer sein, je geringer der Zwang zum Geben ist. Ich habe angefangen einen Grundstock zu legen, indem ich 30 000 Francs an Herrn de Las Cases geschickt habe. Jeder sollte die Verbindung zu ihm aufnehmen. Was mich betrifft, so bin ich bereit, dem Kaiser meinen letzten Pfennig zu geben. Trotzdem hat mich das Mitgefühl, das Du in Deinem Brief ausgedrückt hast, sehr gefreut, Ich habe nichts anderes von Dir erwartet ...«

Der Brief aber war unterzeichnet mit »Madame«, also mit der Unterschrift, die sie gewöhnlich nur Fremden gegenüber gebrauchte, während ihre Briefe an die Schwiegertochter unendlich wärmer waren und mit »Deine Dich liebende Mutter« schlossen.

Es heißt, daß Madame Letizia Caroline den Treuebruch vom Jahre 1814 nicht verzeihen konnte, den diese ihr gegenüber mit der Erklärung entschuldigt haben soll, sie habe keine Macht über ihren Mann. Madame Letizias Antwort war, wie Napoleon behauptet: »Wenn Du ihn schon nicht kontrollieren konntest, so hättest Du Dich ihm widersetzen sollen, aber welche Kämpfe hast Du mit ihm ausgefochten, welches Blut ist geflossen? Nur über Deine Leiche hätte es Deinem Mann möglich sein dürfen, Deinen Bruder, Deinen Wohltäter, Deinen Herrn, zu durchbohren.«

Als sich jedoch Madame Letizia 1815 in Neapel aufhielt, waren die Beziehungen zwischen ihr und Caroline vollendet freundschaftlich. Obwohl sie bei dieser Gelegenheit Carolines Entschuldigung sicherlich auch zu hören bekam, war dies vielleicht gar nicht einmal die Ursache der zwischen ihnen aufkommenden Abkühlung. Es kann sein, daß Madame Letizia, als sie in Rom über den Leiden ihres Sohnes brütete, nach allen Seiten um sich schlug. Zweifellos war ein spürbarer Mangel an Herzlichkeit in ihren Empfindungen Caroline gegenüber vorhanden, denn im gleichen Jahr beklagte sie sich in einem Brief an Elisa: »Da niemand mehr mir schreibt, lasse Du mich Neuigkeiten wissen von Königin Katharina, von Caroline und der ganzen Familie.«

Da gab es wenig zu berichten. Immer schon ichbezogen, konzentrierte Elisa, als sie älter wurde, ihre ganze Energie auf ihre eigene kleine Familie und den Ausbau ihres Eigentums zu deren Nutzen. Sie hatte ihren ganzen Ehrgeiz jetzt auf ihre Kinder übertragen, in der Erkenntnis, zu der ja auch Caroline gekommen war, daß ihr wirkliches Glück in ihnen begründet liege. An Pauline schrieb sie:

»Der Haushalt scheint eine einzige Familie zu sein; dies sind Schätze, die weder Eifersucht noch Haß rauben können und ich verdanke es meinem Charakter und meiner Philosophie ganz allein, daß ich sie besitze.«

Nachdem die jährliche Abwechslung, der Besuch eines Heilbads, vorüber war, kehrten die Bacciocchi nach Triest und damit zum gewohnten Tageslauf zurück. Einen großen Teil ihrer Zeit verbrachte Elisa mit der Verwaltung ihrer Besitzungen. Immer noch fand sie in der Arbeit ihre größte Freude. Als Ausgleich dienten dann Zerstreuungen, wie sie Triest zu bieten hatte, und diese waren nicht sehr zahlreich. Da gab es die tägliche Ausfahrt im Wagen und Abende im Theater, für das sich Elisa ihre Liebe bewahrt hatte, und hierbei bestand sie auf einer eigenen Loge trotz österreichischer Mißbilligung. Daneben wurde auch ein wenig zu Hause musiziert. Man spielte Billard und andere Spiele, gelegentlich wurde getanzt. Noch seltener waren Liebhaberaufführungen, doch fehlte jetzt der bewundernde Hof; nur das kleine Gefolge war anwesend, um Elisas Deklamation der Klassiker Applaus zu spenden. Alles war sehr ruhig und häuslich, ein Leben, das eher zu wohlhabendem Landadel paßte als zu einer Frau, die einmal regierende Großherzogin und die »Semiramis des Serchio« war.

Es gab nur in engen Grenzen eine »Gesellschaft« in Triest; die Triestiner waren weder besonders gastfreundlich noch sehr daran interessiert, sich selbst zu zeigen. Sie waren in der Mehrzahl Kaufmannsfamilien, die nichts mit der großen Welt und ihren Sitten oder ihren Gewohnheiten gemeinsam hatten. Von Zeit zu Zeit kamen, um diese Monotonie etwas aufzulockern, einige verbannte Franzosen und Französinnen nach Triest, die einst prominente Mitglieder des kaiserlichen Hofes waren – Maret, Herzog von Bassano, dessen Gattin eine der elegantesten Frauen in den Tuilerien gewesen war, dann Arrighi, Herzog von Padua, ein Cousin der Bonaparte, weiter Savary, Herzog von Rovigo, der einst Fouché als Polizeiminister abgelöst hatte. 1819 gab es dann eine unerwartete Verstärkung dieses kleinen bonapartistischen Zirkels durch Fouché selbst, den Herzog von Otranto, den Ludwig der XVIII. aus seiner Regierung hinausgeworfen hatte, als seine Brauchbarkeit zu Ende ging, und der Ex-Seminarist und Königsmörder aus Gründen der Schicklichkeit nicht länger toleriert werden konnte.

Fouchés Anwesenheit war um so willkommener, als 1820 die anderen kaiserlichen Herzöge amnestiert wurden und nach Frankreich zurückkehrten. Elisa wußte, daß die Bonaparte niemals mehr in ihrem ganzen Leben amnestiert werden würden; vielleicht war sie auch so fest mit Triest verbunden, daß sie es gar nicht mehr verlassen wollte. Seit ihrer Schulzeit hatte sie nur kurz in Frankreich gelebt; für sie gab es jetzt dort gar nichts, was sie hätte fesseln können. Triest war ihr Heim, hier lebte ihre Familie, hier lagen ihre Interessen, unter ihnen in erster Linie die archäologischen Ausgrabungen, die sie mit der für alle Bonaparte typischen Begeisterung für diese Arbeiten in der benachbarten Römersiedlung Aquileja in Gang gebracht hatte.

Mit Fouchés Ankunft in Triest stieß zu Elisas beschränktem Kreis ein äußerst begabter und intelligenter Mann, mit dem sie jedes Problem auf ihrer eigenen Ebene besprechen konnte. Er stellte für sie wieder die Atmosphäre her, die sie vermißt hatte und die Felix nie in der Lage gewesen war zu schaffen. Mit Fouché konnte sie sich unterhalten über die aufwühlenden Tage des Kaiserreiches, und dessen Errungenschaften und Irrtümer analysieren. Über ihre eigenen Fehler breiteten sie einen Schleier. Sie dachte nur daran, daß es Fouchés Überredungskunst war, die den Kaiser veranlaßte, sie mit der Souveränität über Lucca und Piombino zu betrauen; Fouché, daß Elisa sich zu seinen Gunsten bei ihrem Bruder einsetzte, als er 1810 in Ungnade gefallen war und in Toscana Zuflucht gesucht hatte.

Ehe Fouché in Triest ankam, warnte ihn Elisa, daß er sie nicht verändert vorfinden werde:

»Ich bin immer noch dieselbe, als die Sie mich zu der Zeit kannten, als ich mit wichtigen Aufgaben beschäftigt war. Meine Lage und die meiner Familie ist so, daß mir sicher einige Eigenheiten erlaubt sein werden« (Fleuriot de Langle: »Elisa«). Diese Eigenheiten waren nicht sehr ernster Natur und zeigten sich im wesentlichen darin, daß sie sich angewöhnte, sich von den Dingen um sie herum abzuschließen. Und wenn sie sich dann von der Gesellschaft zurückzog, dann war da immer noch Felix, zwar nicht gerade der ideale Gefährte in den Augen Fouchés, aber Verbannte haben keine Wahl. Glücklicherweise hatten beide Männer eine gemeinsame Tugend und die gleichen Interessen; beide waren sie hingebende Väter. Die Triestiner hatten daher die Möglichkeit, sich am Anblick des Mannes zu erfreuen, der einst Europa terrorisierte und der jetzt friedlich Seite an Seite mit der harmlosen Fliege Bacciocchi am Strand der Adria spazierenging, während beide über ihre Kinder mit zärtlichen Blicken wachten. Kein Goldenes Vlies oder Großer Adler der Legion zierte jetzt Felix' Anzug – seine Erscheinung war nicht zu unterscheiden von der jedes anderen wohlhabenden Bürgers, der mit seinen Kindern bummelte.

Es war Elisas Interesse an der Archäologie, das diesem ruhigen Dasein ein Ende bereitete. Im Juli 1820 erkrankte sie an Sumpffieber, das sie sich in dem ungesunden Marschland in der Umgebung Triests am Ort ihrer Ausgrabungen zuzog; ihre zarte Konstitution konnte der Infektion nicht genügend Widerstand leisten. Als Jérôme an ihr Krankenlager eilte, lag seine Schwester schon in den letzten Zügen; sie kämpfte gerade noch solange, um ihrem Bruder die Anweisung zuwispern zu können, er solle sich um Bacciocchi kümmern und ihm ausrichten, daß alle ihre Angelegenheiten geregelt seien – als ob Elisa sie überhaupt hätte anders zurücklassen können.

Am 7. August 1820 starb Elisa Maria-Anna Bonaparte Bacciocchi, vormals Ihre Kaiserliche Hoheit, die Großherzogin von Toscana, in der Verbannung. Allen Bonaparte ging ihr Tod sehr nahe, denn sie war erst dreiundvierzig Jahre alt; ganz besonders war Napoleon ergriffen, denn zu der Zeit, da ihn die Nachricht von ihrem Ableben erreichte, war es schon gewiß, daß auch er nicht mehr lange zu leben hatte.

Außer Jérôme konnte niemand von der Familie bei ihrer Beerdigung anwesend sein.

Der kleinen Napoleone, die vom Schmerz überwältigt war, schrieb ihre Großmutter, um sie zu beruhigen, daß die Mutter für sie bete und daß ihr durch diese Gebete die Gnade zuteil werde, die sie in ihrer Trauer trösten könne. Madame Letizia schien einige Bedenken gehabt zu haben im Hinblick auf die Lebensweise, die Napoleone von nun an an der Seite ihres Vaters zu erwarten hatte, denn sie fügte hinzu: »Ich wollte, ich könnte Dir nahe sein, um Dich mit Ratschlägen aufgrund meiner Erfahrung und vor allem nach den Grundsätzen, die zu befolgen Kindern meiner Familie Verpflichtung sein sollte, in die Welt einzuführen ...«

Was Bacciocchi anbetrifft, hatte sie wahrscheinlich recht. Mit einem beträchtlichen Vermögen ausgestattet, verließ er bald darauf Triest und eilte zurück nach Bologna, wo er sich in großem Stil einrichtete. Was er tat, war den Alliierten gleichgültig; sie erhoben auch keinen

Einspruch, als er das Inkognito eines Grafen von Compignano ablegte und wieder zum Fürsten Bacciocchi wurde.

Sie waren auch so gnädig, der Überführung von Elisas Leichnam von der Villa Vicentina zum Märzfeld und auch Bacciocchis Wunsch, sie endgültig im Dom von Bologna beisetzen zu lassen, kein Hindernis in den Weg zu legen. Dort ließ er zu ihrem Gedenken ein stattliches Grabmal errichten.

Nichts von Elisas Werk blieb erhalten. Die Toscana vergaß sie, wie auch die Welt sich ihrer nicht mehr erinnerte. Sie hatte die Größe geliebt, die Pracht, die Macht und einen Thron, aber sie hatte der Welt auch bewiesen, daß sie ohne dies alles leben konnte; vielleicht ist von ihr am meisten in Erinnerung, daß sie mit Mut ihre letzten Jahre durchstand.

Caroline hatte Elisa ihre Villa am Märzfeld hinterlassen, aber es dauerte mehrere Jahre, ehe man ihr erlaubte, sie in Besitz zu nehmen. Diese Ruhe der letzten Lebensjahre Elisas blieb Caroline versagt; sie wurde unentwegt von den Österreichern gequält, trotz der Zuneigung, die Metternich ihr gegenüber nach wie vor empfand und die Gegenstand des allgemeinen Klatsches in Wien war.

Sie blieb mehrere Jahre in Hainburg, wo sie sich die erste Zeit sehr gut mit Jérôme und Katharina verstand, bis sie dann wegen Geldfragen in Streit gerieten und sich nie wieder versöhnten. Ehe es zu dieser Auseinandersetzung kam, hatten sie ein ergreifendes Erlebnis, das viele Erinnerungen an die Vergangenheit wach werden ließ.

Außerhalb Wiens bekamen sie eines Tages flüchtig ihren kleinen Neffen, Napoleons Sohn, den König von Rom, zu sehen, den »Herzog von Reichstadt« zu nennen sie inzwischen gelernt hatten. Seine Wächter hatten Mühe, ihn vor einer »Befleckung« durch seine bonapartischen Tante und Onkel zu schützen; man erlaubte ihnen nicht, mit ihm zu sprechen.

Caroline fand keine weitere Gelegenheit mehr, den Knaben noch einmal zu sehen, denn sie zog von Hainburg nach Schloß Frohsdorf, wo sie einige Jahre bleiben durfte.

Ihre Mittel waren zunehmend knapper geworden, so daß sie gezwungen war, die goldenen Borten von Murats Uniform und dazu einige ihrer besten Kunstwerke zu verkaufen, um etwas flüssiges Geld in die Hand zu bekommen. Dieser Verkauf an den Marquess of

Londonderry erbrachte die Summe von 250 000 Francs. Unter den Gemälden, die Murat in Spanien von dem Friedensprinzen erhalten hatte, befanden sich zwei Correggios »Die Erziehung zur Liebe« und »Ecce homo«, die jetzt in der Nationalgalerie in London hängen. Trotzdem war sie 1821 fast am Ende ihrer finanziellen Quellen, da ihre fortgesetzten Klagen vor französischen Gerichten um die Rückgabe ihrer Güter in Frankreich, den Elyséepalast, ihre Häuser in Neuilly und La-Mothe-Sainte-Héraye, erfolglos blieben. Dazu kam, daß sich auch ihre Söhne genauso zu einem Problem ausgewachsen hatten wie Geld und Sicherstellung. Ihr ältester Sohn Achille war besonders schwierig. Er hatte den gleichen aufbrausenden Charakter wie sein Vater. Auch war er ein glühender italienischer Nationalist, der mit Verachtung seine französische Abstammung von sich wies. Achille sah für sich selbst in Europa keine Zukunft. Im Jahre 1822 gelang es ihm, die Erlaubnis zu bekommen, in die Vereinigten Staaten auszuwandern, wo er sich zu seinem Onkel Joseph begab, der in Bordentown, New Jersey, als Comte de Survilliers lebte. Im Jahr darauf ging auch sein jüngerer Bruder Lucien nach Amerika.

Wenn Caroline auch durch die Abreise ihrer Söhne von einer gewissen Sorge befreit war, da Achilles politische Anschauungen ihn den Österreichern außerordentlich verdächtig erscheinen ließen, so blieb sie dadurch vollkommen isoliert von ihrer Familie in Österreich zurück. 1823 heiratete die liebliche Letizia den Marchese Pepoli, der von einer alten und vornehmen Bologneser Familie abstammte, und ließ sich in Bologna nieder; es war dies eine durchaus respektable Verbindung, doch konnte sie natürlich in keiner Weise mit der Heirat verglichen werden, die eine Tochter des Königs von Neapel sicher gemacht hätte.

Caroline blieb jetzt ganz allein mit ihrer jüngeren Tochter Louise. Es waren düstere Jahre für sie.

»Sie muß jetzt sehr viel gelitten haben«, sagte Napoleon zu Las Cases auf St. Helena, »um so mehr, als man sagen könnte, daß sie zur Königin geboren war. Sie hatte nie wie wir erfahren, was es heißt, eine schlichte Privatperson zu sein. Sie, Pauline und Jérôme, waren noch Kinder, als ich der Erste Mann Frankreichs wurde, so daß sie nie eine andere Stellung kannten, als die, welche sie während der Zeit meiner Macht innehatten.«

Napoleon hatte recht. Das war die schwierigste Rolle, die Caroline je zu lernen hatte, aber genau wie sich in einem Spieler nach und nach eine tiefe Abneigung gegen seine sinnlose Jagd nach dem Gewinn entwickelt, so verlor auch sie im Laufe der Zeit das Verlangen, über andere Menschen zu herrschen. Sie setzte an die Stelle der Liebe zur Macht den Wunsch, geliebt zu werden. Obwohl sie niemals ihre königliche Haltung aufgab, die ihr geradezu angeboren war, wurde sie mit der Zeit wieder zu dem, was sie als junges Mädchen gewesen war, liebenswürdig, friedfertig, bemüht Freunde zu gewinnen und zu halten, und sich endlich mit den Gegebenheiten eines bescheidenen Daseins abzufinden.

Dieses Leben konnte sie sich schließlich nach einer erbitterten Auseinandersetzung mit den Alliierten in der Villa gestalten, die ihr von Elisa in Triest vererbt worden war. Dort fand sie auch den Trost, den schon ihre Schwester gefunden hatte, wenigstens in Sichtweite Italiens leben zu können.

XVI. Kapitel

Herbst

Pauline führte in Rom ein Doppelleben. Physisch war sie in der Ewigen Stadt, aber ihr Herz und ihre Gedanken weilten bei ihrem Bruder auf St. Helena; solange er lebte, war ihr hauptsächliches Bemühen, sein Los soweit zu erleichtern, wie es in ihrer Macht lag. Es war wenig genug, was sie für ihn tun konnte. Sie stand mit ihm im Briefwechsel und schickte ihm regelmäßig Pakete, obwohl die Verkehrswege qualvoll langwierig waren, denn schon Briefe benötigten fünf bis sechs Monate, bis sie ihn erreichten. Als sein Küchenchef starb, sandte sie ihm ihren eigenen, aber was auch immer von der Fürstin Borghese kam, war Napoleons Kerkermeister, Sir Hudson Lowe, verdächtig. Auf seinem Schreibtisch lag ständig ein Exemplar von Lewis Goldsmiths gemeinem Werk, und Paulines Besorgtheit muß ihm als eindeutiger Beweis für ihre widernatürliche Zuneigung erschienen sein, und dies war nur dazu angetan, seine unnachgiebige Haltung gegenüber einem Gefangenen von solch schändlicher Moralauffassung noch zu verhärten als etwa sie zu mildern.

Pauline machte sich selbst zum Verteidiger ihres Bruders, aber innerhalb der Familie fand sie anfangs nur die Unterstützung ihrer Mutter, denn weder Lucien noch Louis zeigten dieselbe Besorgtheit um Napoleons Schicksal. Lucien hatte seine große Geste bereits 1815 gemacht, und Louis war mittlerweile völlig zum Hypochonder und Neurastheniker geworden. Er ging ganz und gar in dem Rückzugsgefecht gegen seine Frau Hortense auf.

Als später der Comte de Las Cases von St. Helena zurückkehrte und die Familie Einzelheiten darüber erfuhr, was Napoleon zu erdulden hatte, trat bei Lucien ein Gemütsumschwung ein. Er erbot sich, für zwei Jahre nach St. Helena zu gehen, weil er »den Gedanken nicht länger ertragen konnte, seinen Bruder in der Verbannung dahinsiechen und sterben zu sehen«.

Indessen führte auch die Zeit nicht zu einer Abnahme der gegenseitigen Abneigung zwischen Pauline und Camillo; die ersten Jahre ihres Aufenthaltes in Rom waren verdüstert durch Streitigkeiten zwischen ihnen, Streit um Geld, um ihren Wohnort und um ihre Ehe, die Camillo, allerdings vergeblich, versuchte annullieren zu lassen. Schließlich wurde Camillo, nicht zuletzt mit Hilfe Pius' VII., der gegenüber dieser widerspenstigen Tochter eine gewisse väterliche Zuneigung verspürte, veranlaßt, Pauline die Benutzung des Palazzo Borghese zu gestatten und ihr die ihr laut Heiratsvertrag zustehende Rente auszuzahlen. Sie zog es jedoch vor, sich ein anderes Heim einzurichten, und zwar die Villa Paolina an der Porta Pia in Rom, in der jetzt die französische Botschaft untergebracht ist. Die Ausstattung des Erdgeschosses ist noch so, wie Pauline sie zurückgelassen hat, Fresken aus ägyptischen Tempeln und Szenen am Nil, eine Erinnerung an die Feldzüge ihres Bruders im Osten.

Eine weitere Villa Paolina ließ sich Pauline in Viareggio errichten, die sie bewohnte, wenn sie in die Toscana reiste, um die Heilquellen aufzusuchen. Trotz der Verfolgung der Bonaparte durch Blacas, war sie eine römische Fürstin und stand unter dem besonderen Schutz des Papstes. Es war daher für ihn schwierig, ihrer Bewegungsfreiheit in Italien einen Riegel vorzuschieben, und sehr bald gab er es sogar ganz auf, das zu versuchen. Obwohl sie häufig die Heilquellen in Bagni di Lucca aufsuchte, traf sie dennoch nie mit Borghese zusammen, der jetzt glücklich mit der schönen Herzogin in Florenz lebte.

Paulines Einkünfte hatten nie mit ihren Ausgaben Schritt gehalten, doch jetzt unternahm sie einige Anstrengungen, wenigstens die Extravaganzen in ihrer Kleidung etwas einzuschränken. Sie kam zu dem Schluß, daß es wirtschaftlicher sei, sich mit nur drei Farbtönen zu bescheiden – weiß, perlgrau und rosa; alle ihre Kleider sollten sehr einfach sein, ohne Crêpe, ohne Tüll, ohne Satin, ohne Borten und Bänder. Aber sie legte sich keinerlei Beschränkungen auf beim Bau und bei der Ausstattung ihrer Häuser noch bei ihren häufigen Reisen außerhalb Roms. Dieser Aufwand beunruhigte ihre Familie so sehr, daß Madame Letizia sehr bekümmert an Joseph nach Amerika schrieb:

»Trotz ihrer täglichen Ausgaben und obwohl es feststeht, daß sie jeden Tag mehr von ihren Juwelen verkauft [ihre Diamanten hatte sie Napoleon gegeben], hat sie Einkünfte in einer Höhe von 120 000 Francs und aus ihrer Aussteuer und Geldanlagen weitere 42 000 Francs im Jahr. Darüber hinaus fordert sie mehrere Millionen von der französischen Regierung und von der Gesellschaft, welche die deutschen Salzbergwerke ausbeutet. Aber das hängt alles in der Luft, und selbst wenn diese Hoffnungen verwirklicht werden sollten, glaube ich nicht, daß sie irgend etwas haben wird, das sie den anderen geben könnte. Sie vertreibt sich die Zeit damit, Haushaltspläne aufzustellen, doch hält sie sich nie länger als einen Monat daran.«

Endlich gelang es der Familie, einen Intendanten für sie zu finden, der sich um ihre Finanzen zu kümmern hatte, da sie selbst ganz offensichtlich dazu nicht fähig war.

Da die französische Regierung genauso wenig Neigung zeigte, Paulines Forderungen anzuerkennen wie die Carolines, war sie froh, daß die Engländer wenigstens alle Kosten für das Hôtel Borghese in Paris übernahmen, in einer Zeit, da so viele andere Leute ihren Zahlungsverpflichtungen nicht nachkommen konnten. Obwohl sie beharrlich versicherte, daß sie es nicht bedauere, von Paris entfernt zu sein, weil sich die Franzosen so häßlich gegenüber Napoleon benommen hatten, muß ihr der Gedanke einen Stich versetzt haben, daß jetzt Lord Castlereagh von ihren schönen Salons Besitz ergriffen hatte und daß später der Erzfeind, der Herzog von Wellington, dort die frühere Mätresse ihres Bruders, die Diva Grassini, aushielt.

Seit 1815 war Paulines Pariser Heim Sitz der britischen Botschaft. Jahre später wurden große Anstrengungen unternommen, die Staatszimmer wieder in den Zustand zu versetzen, den sie zu der Zeit hatten, als sie dort lebte, obwohl die herrliche Gartenanlage durch den Anbau eines Thronsaales und eines Speisezimmers während der Regierungszeit der Königin Victoria zerstört wurde.

Nur wenig atmet das Haus noch von Paulines Gegenwart, in dem allzulange britisches Beamtentum regierte. Möbel und Tapeten allein schaffen noch keine Atmosphäre; die Miniatur von Canovas Statue von Pauline blickt kalt über den gelben Salon.

Es heißt, daß manche britische Botschaftersgattinnen keine Bedenken haben, ihr Schlafzimmer mit Paulines Geist zu teilen und daß ihr Schlaf manchmal gestört werde durch die Geister ihrer nächtlichen Besucher. Niemand sollte sich vor Pauline fürchten, denn ihr Schatten ist ein guter Geist, und man sollte ihr auch ihr Nachtwandeln durch die Räume nicht übelnehmen, in denen sie einige ihrer glücklichsten Stunden verbrachte, denn trotz all ihrer Schönheit und ihrer zahlreichen Liebesaffären, war ihr Leben durch viel Kummer getrübt.

Hinter ihrer gespielten Munterkeit und der gesellschaftlichen Fassade, die sie zur Schau trug, verbarg sich nagender Schmerz. Auch die Verheerungen ihrer unvergleichlichen Schönheit durch Krankheit und Alter galten ihr nicht soviel wie die nie weichenden Schatten des Leidens ihres Bruders auf St. Helena. Gegen das unaufhaltsame Schwinden ihrer Schönheit konnte sie wenig tun außer künstliche Mittel anzuwenden, obwohl nichts wirklich mit Aussicht auf Erfolg die Auswirkungen ihres schlechten Gesundheitszustandes, der durch ihre Sorgen noch verschlimmert wurde, bessern konnte. Sie war sich sehr wohl des Verfalls dessen bewußt, was einst ihr Ruhm gewesen war, und so bat sie Borghese, ihre von Canova geschaffene Skulptur wegzuschließen, damit die Leute nicht in Versuchung kämen, Vergleiche darüber anzustellen, was sie einst dargestellt hatte. Das war auch der Grund, warum Madame de Staël bei ihrem Besuch Italiens schreiben konnte, daß sie einer Sondergenehmigung bedurfte, um diese Statue sehen zu können.

Schönheit entschwindet, Schönheit vergeht,
so außergewöhnlich sie auch sein mag ...

Lamartines Dichterauge hielt die herbstlichen Spuren fest, die jetzt Paulines Schönheit verfärbten, wie er sie als junger Mann in Rom sah. Er traf nicht mit ihr zusammen, bekam sie aber mehrmals zu Gesicht, wenn sie unter den Schirmföhren der Borghesegärten ausfuhr.

Er fand, daß die vielen Statuen, welche die Anlagen schmückten, immer noch von ihrer wahren Schönheit etwas vermissen ließen.

»Es war während der letzten Jahre ihres kurzen Lebens; sie war immer noch im Glanz des Widerscheins ihrer untergehenden Sonne, wie das Haupt einer griechischen Venus in einem Museum, auf dem zärtlich die letzten Strahlen des Abends liegen.

Ich weiß nicht aufgrund welcher Laune sie, die bis zu ihrem Todestag voller Kaprizen steckte, regelmäßig einen armen Mönch neben sich in ihrer Karosse sitzen ließ. Der Kontrast zwischen seiner braunen rauhen Kutte mit jenem Haupt christlichen Asketentums darüber, daneben ihr Kopf, in Blumen gebettet, und dieses Antlitz einer jetzt sterbenden Schönheit nach soviel Glanz, brachte einen entweder zum Lachen oder ließ Tränen in die Augen steigen. Welch liebenswertes Geschöpf, das noch wie ein Kind starb!«

Pauline besaß aber immer noch soviel Schönheit und Grazie, um zahlreiche Bewunderer anzuziehen, viele von ihnen Ausländer, da sie sich jetzt auch so wenig um die römische Gesellschaft kümmerte, wie sie das 1803 getan hatte, als sie zum erstenmal nach Rom kam. Der Eifer dieser Besucher, die Bekanntschaft der Fürstin Borghese zu machen, war eine unaufhörliche Quelle großen Ärgers für Blacas, der es sehr bedauerte, keine Möglichkeit zu haben, ihr den Empfang ausländischer Gäste zu untersagen.

Besonders die Engländer wurden von Pauline bevorzugt. Sie gab sich dabei der rührenden Hoffnung hin, sie könnte die einflußreichsten unter ihnen überreden, das Los ihres Bruders zu erleichtern. Große Befriedigung verschaffte ihr einerseits der Gedanke, sich die Vertreter der Nation unterwürfig zu machen, die ihren Bruder unter ihrem Joch hatte wie anderseits die Gelegenheit, auf ihre nonchalante Weise das blaue Blut Englands buchstäblich als ihren Fußschemel zu benutzen. Den Marquis of Douglas machte sie zu ihrem Schoßhund, während andere in ihrem Circle, darunter der Herzog von Devonshire, Lord Kensington, Lady Morgan und Lord und Lady Holland, aufrichtige Wertschätzung und Dankbarkeit ernteten für die Verehrung, die sie Napoleon entgegenbrachten.

Als sein Gefolge Napoleon mit einiger Bestürzung von Paulines Vorliebe für die englische Gesellschaft erzählte, lachte er nur.

»Gut! Dann werde ich um so weniger Feinde haben!«

Mochte ihm die Zeit auch viele Enttäuschungen bereitet haben,

Pauline hatte ihm keine eingebracht. Sie blieb für ihn die geliebte Schwester von strahlender Schönheit und Charme, wie auch er stets für sie der verehrte ältere Bruder war, den sie immer noch mehr liebte, als sonst jemand auf der Welt.

Paulines Gelegenheiten zu lieben und geliebt zu werden, wurden weniger. Einen Augenblick lang hatte sie gehofft, daß Oberst Duchand, für den sie große Zärtlichkeit empfand, nach Rom kommen würde, doch wurde er unterwegs von den Behörden festgenommen, und es ergab sich für ihn auch später keine Möglichkeit mehr, ihr Gesellschaft zu leisten.

In dieser Ära der Heiligen Allianz, des Friedens auf Erden, wenn auch nicht des Wohlwollens für alle Menschen, gab es keine strahlenden jungen Offiziere mehr, die anziehen oder angelockt werden konnten, doch blieb ihr immer noch jene andere Sphäre, die sie immer gefesselt hatte, die Welt der Musik. Als Pauline von der schweren Krankheit, über die Blacas mit so großem Vergnügen berichtet hatte, genesen war, trat ein neuer Mensch, der sie interessierte, in ihr Dasein, der junge Komponist Giovanni Pacini, der einst ein Rivale Rossinis zu werden schien. Er war ein sehr fruchtbarer Komponist, schrieb er doch mehr als siebzig Opern; doch verfügte er nur über mäßiges Talent und heute kennt man sein Werk nicht mehr.

Es war recht gut, daß Pauline Pacini fand, denn sie wurde auf eine harte Probe gestellt, als ihre Mutter und Kardinal Fesch unter den Einfluß eines Mystikers gerieten, dem sie kritiklos glaubten, als er ihnen versicherte, daß dem Kaiser die Flucht gelungen sei und daß er sich nicht mehr auf St. Helena befinde.

So gerne auch Pauline heißen Herzens ihren Glauben geteilt hätte, daß dies zutreffe, so war sie doch zu klug, als daß sie sich davon einfangen ließ. Eine Zeitlang erreichten die Beziehungen zu ihrer Mutter einen solchen Grad der Kälte, daß es fast zu offenem Streit kam, bis sich schließlich Madame Letizia von dem Mystiker freimachte und angesichts der bitteren Wirklichkeit aufwachte, daß ihr Sohn immer noch, trotz all ihrer Gesuche an die Alliierten, Gefangener war und es wohl auch bleiben werde.

Obwohl es Pauline danach verlangte, sich zu ihrem Bruder zu begeben, war die Ausführung dieser Absicht immer wieder durch ihren schlechten Gesundheitszustand vereitelt worden; doch gab es für sie kein Zögern mehr, als sie jetzt Briefe von seinem Gefolge erhielt, daß er wohl nicht mehr lange zu leben habe, daß sein Todeskampf schrecklich sei und daß er sie bitte, bei den einflußreichen Engländern ihres Bekanntenkreises zu intervenieren, man möge ihn doch in ein milderes Klima schaffen.

Am 11. Juli 1821 schrieb sie an Lord Liverpool, den Premierminister:

»Die Krankheit, an welcher der Kaiser leidet, ist auf St. Helena tödlich und ich bitte jetzt im Namen seiner sämtlichen Familienangehörigen die britische Regierung, einem Klimawechsel zuzustimmen. Wenn dieser gerechte Wunsch abgeschlagen wird, so bedeutet das sein Todesurteil, und dann ersuche ich um die Genehmigung, mich nach St. Helena begeben zu dürfen, um bei dem Kaiser als Zeuge seiner letzten Augenblicke sein zu können... Ich weiß, daß die Stunden des Kaisers abgelaufen sind, und ich würde mir ewig Vorwürfe machen, wenn ich nicht alles in meiner Macht Stehende versucht hätte, um seine letzten Augenblicke zu erleichtern und seiner verehrungswürdigen Person meine hingebungsvolle Zuneigung zu beweisen.«

Die Liebe verlieh Paulines Feder eine ungewohnte Beredsamkeit. Sie gab sich nicht damit zufrieden, nur an Lord Liverpool zu schreiben. Briefe von ihr gingen an alle Souveräne, an alle europäischen Minister, an alle Persönlichkeiten, bei denen sie Anteilnahme für den Todeskampf ihres Bruders zu finden hoffte. Ihre Schreiben blieben unbeantwortet. Aber auch wenn Paulines Bemühungen die unversöhnlichen Verbündeten gerührt hätte, wäre es zu spät gewesen.

Schon fünf Tage nachdem sie an Lord Liverpool geschrieben hatte, traf in Rom die Nachricht ein, daß der einstige Kaiser der Franzosen, Paulines »fratello caro«, Napoleon, am 5. Mai 1821 gestorben war. Für Pauline war der Schock um so größer, weil sie die Hoffnung genährt hatte, wenigstens bei ihm einzutreffen, ehe er seinen letzten Atemzug tat.

Tagelang lehnte sie es ab, jemanden zu sehen, nicht einmal ihre Mutter und auch nicht ihren Onkel. Sie wollte die schreckliche Tatsache nicht wahrhaben, daß sie ihren geliebten Bruder auf dieser Welt nie wieder sehen würde. Weder Caroline noch ihre übrigen Brüder empfanden Napoleons Tod mit der gleichen Heftigkeit. Madame Letizias Brief an Caroline als Antwort auf deren Beileidsbezeigung muß dieser erneut klargemacht haben, daß im Herzen der alten Frau nach wie vor ein gewisser Groll, ein nagender Zweifel wohnte, ob Caroline ihren Bruder wirklich aufrichtig geliebt hatte. Es schien fast, als ob sie sich das alleinige Recht zusprach, Napoleons Tod zu betrauern.

»Wenn Du mich um nichts weiter fragst, als um Neuigkeiten, die Deine eigene Trauer mildern sollen, so kann ich Dir sagen, daß selbst all das, von dem man annahm, es würde unaussprechlichen Schmerz auslösen, mir nicht erlaubt hat, auch nur eine einzige Träne zu vergießen.

Alles was von einem solchen Sohn nun übrigbleibt, ist ein lebloser Körper auf St. Helena! Oh, was könnte ich Dir also sagen? Laß mich meine Tage in Sorgen und Kummer allein verbringen. Erhalte Dich selbst Deinen Kindern und mache Deinem Schmerz ein Ende.«

An Carolines Kinder schrieb sie mit mehr Wärme und Zuneigung. Vielleicht war es diese Kälte ihrer Mutter und die Überlegung, daß sie in Rom, solange ihre Mutter am Leben war, dazu verdammt sein würde, im Schatten St. Helenas zu leben, was Caroline veranlaßte, jeden Gedanken aufzugeben, eine Genehmigung zu erreichen, um sich nach Rom begeben zu können.

Für Pauline war das anders. Es ist wahrscheinlich, daß ihr das Leben nach dem Jahre 1821 nicht mehr sehr viel bedeutete. Sie war über 40, ihre Jugend war dahin, und ihre Schönheit welkte jetzt rasch. Müde, krank und unglücklich, hatte sie nichts mehr, an das sie sich klammern konnte, als einen launischen Musiker. So versuchte sie, in der jüngeren Generation ihrer Familie jemanden zu finden für die Fülle an Liebe, die sie zu vergeben hatte. Wenn es nur der Sohn ihres Bruders hätte sein können, der Herzog von Reichstadt, um in seinem Gesicht die Züge ihres Bruders aufzuspüren und in ihm vielleicht einige Eigenschaften Napoleons wiederzufinden! Aber der Herzog von Reichstadt wurde in Wien isoliert von der Familie seines Vaters festgehalten.

Pauline wandte sich Jérômes Sohn aus dessen Ehe mit Elizabeth Patterson zu, der jetzt in Rom lebte, aber ihre Anteilnahme an dem Jungen erboste Jérôme. Damit war Pauline wiederum enttäuscht worden, und so blieb nur Pacini und die Förderung seiner Karriere, und dieser Aufgabe verschrieb sie sich nunmehr ganz. Als Pacini seine Ernennung zum »maestro di cappella« der Fürstin von Lucca erhielt, die jetzt Elisas Platz einnahm, folgte ihm Pauline in die Toscana.

Ausnahmsweise war sie diesmal gezwungen, ihre Launen den seinen unterzuordnen, wodurch sie sehr schmerzhaft daran erinnert wurde, daß er ein junger Mann und sie eine alternde Frau war, und daß die Fürstin Pauline Borghese längst nicht das zu bieten hatte, wie ihre Kaiserliche Hoheit Prinzessin Pauline, die Schwester des Kaisers Napoleon.

Die Liebenden waren miteinander in Viareggio an jenem Tag des Jahres 1822, an dem Shellys Leichnam dort am Strand verbrannt wurde, obwohl Paulines Anwesenheit von Byron und Trelawney unbemerkt blieb. Von Viareggio begaben sie sich gemeinsam nach Pisa in den Palazzo Lanfranchi, den Shelly »eines jener Marmorgebäude, die für die Ewigkeit gebaut scheinen«, genannt hatte. Hier hatte Byron gelebt in – wie er es ausdrückte – »einem Bau groß genug für eine ganze Garnison, mit Kerkern in der Tiefe und Zellen in den Wänden, und so voll von Geistern«, einem Heim, das Pauline zu finster und auch zu feierlich war.

Sie scheint jedoch von seiner Düsterkeit unberührt geblieben zu sein, da sie guter Laune war, als sie Henry Fox, der nachmalige Lord Holland, dort besuchte. Bei seiner Ankunft in Pisa sandte er Pauline seine Karte aufgrund der Freundschaft, die seine Eltern mit ihr verband, aber er war dann doch einigermaßen nervös, als er sie zu der vereinbarten Zeit aufsuchte. Sie war dabei, erfuhr er, ein Konzert zu geben, doch mußte er einundeinehalbe Stunde warten, bis sie erschien.

»Ihre Art, sich zu geben, und ihr Empfang hätten nicht königlicher sein können, wenn Napoleon noch auf dem Thron gewesen wäre, den er durch seine Anwesenheit einmal so strahlend gemacht hatte. Sie ist sehr krank gewesen. Ihr Gesicht ist sehr schön, aber spitz, der Ausdruck ihre Züge sehr lebendig und voller Begabung; ihre Stimme klang, durch eine Erkältung angegriffen, leise, aber sehr harmonisch, und ich war alles andere als enttäuscht.

Ihr Wesen ist sehr königlich, und jenes wohlerzogene Unbeteiligtsein, das Persönlichkeiten in solch gehobener Stellung an den Tag legen müssen, und das sie während einer Unterhaltung ein höfliches Wort nach dem anderen sagen läßt, verhindert ein zusammenhängendes Gespräch. Sie war bezaubernd liebenswürdig zu mir und redete ziemlich viel. Dann und wann streiften ihre Worte die Grenzen der Leichtfertigkeit.«

Der Sohn der Holland, die ihren Dank durch die ihrem Bruder bezeugte Güte verdient hatten, mußte Pauline willkommen sein. Doch mehr noch – er war ein junger Mann, und die Verehrung und Bewunderung, die er zeigte, mochten auf Pacini Eindruck machen, der zunehmend reizbar und ungeduldig wurde wegen seiner Bindung an eine nicht mehr junge Frau.

Niemals war Pauline genötigt gewesen, einen unwilligen Liebhaber zu halten, aber diesmal bedurfte es all ihrer Entschlossenheit und Würde als Frau, um ihn gehen zu heißen. Sie begann einzusehen, daß es, selbst wenn sie ihn gegen seinen Willen festhielte, nicht für lange Zeit sein würde. Vielleicht auch um ihren Mut zu stärken, rief sie sich die Worte ihres Bruders ins Gedächtnis zurück, die vor so langer Zeit geschrieben worden waren: »Alles auf Erden ist vergänglich mit Ausnahme der Spuren, die wir in der Geschichte hinterlassen.«

Zum erstenmal in ihrem Leben begann Pauline darüber nachzudenken, was wohl die Geschichte über sie sagen werde; es schien ihr, daß sie sich im Interesse ihres guten Namens und Rufes auf irgendeine Weise mit ihrem Mann und mit der Kirche wieder aussöhnen müsse. Durch die guten Dienste Leos XII., des Nachfolgers Pius' VII., wurden Mann und Frau wieder zusammengebracht, so unwillkommen Camillo diese Versöhnung auch war. Es machte ihm Ehre, daß er Anfang 1825 einwilligte, wieder mit Pauline unter einem Dach zu leben, und sein Glück mit der Duchessa Lante delle Rovere aufgab.

Doch wurde Camillos Selbstaufopferung nicht allzu lange von ihm gefordert. Wenige Monate nach der Wiederaufnahme des früheren gesellschaftlichen Lebens erkrankte Pauline sehr ernstlich unter Symptomen, die offensichtlich auf eine Lungentuberkulose schließen ließen; ihr Leiden verschlechterte sich noch dadurch, daß man ihren Wunsch ablehnte, Napoleons sterbliche Reste nach Europa überführen zu lassen. Da die Alliierten den Kaiser im Tod noch genauso fürchteten wie im Leben, verweigerten sie den Mitgliedern der Familie, die den Verstorbenen geliebt hatten und immer noch liebten, sogar diesen Trost.

Ein Echo der Stimme ihres Bruders erreichte Pauline, als das Tagebuch von St. Helena veröffentlicht wurde, eine Sammlung von Gedankensplittern, die er auf St. Helena dem treuen Las Cases diktiert hatte. Sie war beglückt zu hören, daß er ihrer gedachte, und daß er so gut von ihr dachte:

»Pauline war wohl die schönste Frau ihrer Zeit und wird bis ans Ende ihres Lebens das beste Geschöpf auf der Welt bleiben.«

Selbst der wohlbekannte Ton des Tadels muß ihr willkommen gewesen sein, denn er kam ja von ihm:

»Pauline war zu verschwenderisch, zu zügellos. Mit all dem, was ich ihr gab, hätte sie ungeheuer wohlhabend sein können, aber sie gab alles weg, obwohl sie ihre Mutter oft rügte und ihr prophezeite, daß sie eines Tages im Arbeitshaus sterben werde.« Ein Lächeln spielte wieder um ihre Lippen, als sie mit eigenen Augen jetzt lesen durfte:

»Ohne Widerspruch war man sich einig, daß Pauline die hübscheste Frau in Paris war; die Künstler hielten sie einstimmig für eine zweite Venus von Milo.«

Jetzt bedurfte sie des Trostes. Am 13. Mai schrieb sie in ihrem letzten Brief an ihren Bruder Louis in Rom:

»Ich bestehe nur noch aus Erbrechen und Leiden; ich bin nur noch ein Schatten meiner selbst. Hier wird die Straße ausgebessert, und ich kann den schrecklichen Lärm nicht länger ertragen. Der Fürst will eine Villa in einem Vorort mieten und dort sollen wir dann den Monat Mai verbringen. In meinem augenblicklichen Zustand ist es mir unmöglich zu unserer Villa in Lucca zu reisen ... Umarme Mama, und ich sende tausend gute Wünsche an die Familie.«

Eigenhändig fügte Pauline ein Postskriptum hinzu: »Ich bin krank, so krank, aber ich umarme Dich.«

Um dem unerträglichen Lärm zu entkommen, unternahm Pauline die letzte ihrer schmerzhaften Reisen in die Villa Strozzi, wo ihr am 9. Juni 1825 Camillo Borghese die Augen schloß.

Eine letzte Eitelkeit leistete sie sich noch; es sollte kein erleuchtetes Trauergerüst geben und ihr Leichnam nicht ausgestellt werden, damit die Welt nicht sehe, wie verwüstet dieses Antlitz war, dem sie einen so verschwenderischen Kult gewidmet hatte.

Ihr letzter Wille galt weniger der Verteilung ihrer Besitzungen, er stellte mehr einen Tribut zum Ruhme ihres Bruders dar. Sie vergaß niemanden. Jeder bekam irgendein Andenken an Pauline Bonaparte; ihr Neffe, Napoleon-Louis, der älteste Sohn ihres Bruders Louis, und seine Frau Charlotte, die Tochter Josephs, ihre Villa Paolina in Rom; ihr Neffe Napoleon – sie verschmähte es, ihn den

Herzog von Reichstadt zu nennen – die Villa San Martino auf Elba und das kleine goldene Schmuckstück, das ihr Napoleon hinterlassen hatte. Ihm vermachte sie auch das Porzellan-Service, das bei der Krönung benützt worden war, »das den Sohn an eine glorreiche Epoche in der Geschichte seines Vaters erinnern wird«. Die Villa Paolina in Lucca erhielt Camillo »für die aufrichtige und echte Anteilnahme, die er während meiner letzten langen Krankheit bewiesen hat«, und »weil er sich gegenüber dem Kaiser, meinem Bruder, immer von der größten Loyalität und Treue gezeigt hat«. Ihr kleines Haus und den Garten in Viareggio hinterließ sie mit der gesamten Einrichtung ihrer Schwester Caroline Murat.

Allen englischen Freunden hatte sie Andenken zugedacht; dem Herzog von Hamilton vermachte sie das kleine Toiletten-Kästchen aus vergoldetem Silber, dem Herzog von Devonshire die kleine schmiedeeiserne Kassette, die ihr der Kaiser vererbt hatte; die Herzogin von Hamilton bekam zwei Sèvres-Vasen aus ihrer Villa Paolina in Rom, Lord Gower ihr Sèvres-Porzellan-Teeservice und Lord Holland die Bibliothek in ihrer Villa in Rom.

Pauline hatte darum gebeten, in der Borghese-Kapelle in der Kirche Santa-Maria-Maggiore in Rom beigesetzt zu werden. Hier ruht jetzt der Leichnam Pauline Bonapartes zwischen den Borghese-Päpsten Clemens VIII. und Paul V., »vergnügt unter den altehrwürdigen Toten«.

Pauline hatte alle Fehler, die Frauen aufweisen, die von frühester Jugend an durch die Bewunderung der Männer verdorben wurden; aber wahrscheinlich wäre sie nicht so unberechenbar gewesen, hätte sie nicht gewußt, daß ihre Launen immer vergeben würden. Ihre beste Eigenschaft lag im verborgenen und war nur denen bekannt, die wirklich zu ihren Vertrauten gehörten. Selbst sehr liebenswert, war sie der größten Hingabe fähig.

Oberflächlich betrachtet, war ihr Leben unnütz, der Leichtfertigkeit ergeben, verdorben durch ihre unaufhörliche Suche nach der vollkommenen Liebe, die ihr nach der Affäre Fréron versagt blieb. Und doch hatte auch sie, vielleicht ihr gar nicht bewußt, ihre vollkommene Liebe; nicht die Leidenschaft, der sie nachjagte, nicht die widernatürliche Zuneigung, die ihr jene unterschoben, die nur danach trachteten, ihre Familie in den Schmutz zu ziehen, sondern jene tiefe, aufrichtige und uneigennützige Liebe, die zwischen ihrem Bruder und ihr selbst bestand. Nicht als Königin der Herzen, nicht als eine der Frivolität, dem Narzismus und der Promiskuität ergebene Frau verdiente Pauline Bonaparte in der Erinnerung zu leben, sondern als hervorragendes Beispiel einer treuen und liebenden Schwester.

XVII. Kapitel

Caroline allein

Mit Paulines Tod war ein Kapitel im Leben der Bonaparte abgeschlossen. Niemand würde sie mehr durch Skandale beunruhigen, aber auch niemand sie gleichzeitig so bezaubern. Wunderlicherweise war sie es auch gewesen, die Napoleon durch ihre Verehrung für die Familie lebendig erhalten hatte. Jetzt nach ihrem Tod wurde aus dem französischen Kaiserreich noch mehr eine Geschichte, die man weitererzählte.

Obwohl sie sich seit 1814 nicht mehr gesehen hatten, war für Caroline der Tod Paulines ein weiterer Faktor, der ihre Abgeschlossenheit unterstrich. Seit Jérôme von Triest zuerst nach Rom und dann nach Florenz verzogen war, hatte sie keinerlei direkte Verbindung mehr zu ihrer Familie. In ihrer Einsamkeit war es ihr eine angenehme Überraschung, einen Brief von Madame Récamier zu erhalten, die sich in Italien auf Reisen befand.

Caroline antwortete ihr umgehend und schrieb ihr, daß ihr dieser Brief, den sie an ihrem Geburtstag erhalten hatte, eine größere Freude bereitet habe als der schönste Blumenstrauß.

»Als ich das Datum auf Ihrem Brief sah, fing ich an zu zittern; zehn Jahre lang war mir dieser Name nicht mehr zu Gesicht gekommen, und ich selbst habe immer vermieden, mich daran zu erinnern, nicht aus Gleichgültigkeit, sondern aus Angst, Menschen zu kompromittieren, die mir Zuneigung entgegengebracht hatten und die mir lieb waren.«

Wieviel Bitterkeit und Enttäuschung sprachen doch aus diesen Worten, welche Erinnerung an Zurückweisungen und Kränkungen! Wie hatte man sie herabgesetzt und erniedrigt!

In ihrem Brief schrieb sie weiter:

»Wie gerne würde ich dieselbe Freude wiederfinden. Es wäre nur möglich, wenn ich Sie wiedersehen könnte, um Ihnen von allen Verfolgungen im Namen der französischen Regierung zu erzählen, die ich erdulden mußte, denn für einen Brief ist das alles viel zu lang.«

Weder in Italien noch in den Niederlanden oder in der Schweiz gestattete man ihr sich niederzulassen; nur nach Deutschland und nach Amerika hätte sie gehen dürfen.

»Durch eine nie dagewesene Ungerechtigkeit bin ich dazu verurteilt zu reisen, immer wieder das Land zu wechseln, in dem ich lebe, während zur gleichen Zeit mein Privatvermögen in Frankreich und Neapel beschlagnahmt ist. Sie können sich denken, wie jämmerlich es um meine Finanzen in Triest steht, und Sie verstehen, daß ich Ihnen nichts über meine Zukunft berichten kann. Ich bin sicher, daß Sie, wenn ich in der Lage wäre, mich mit Ihnen zu treffen und zu unterhalten, nach Ihrer Rückkehr nach Paris meine berechtigten Klagen dort mit Erfolg aufgreifen könnten.«

Caroline konnte nicht länger uneigennützig sein, wenn es auch für sie schmerzlich gewesen sein muß, zu bitten statt zu schenken. Jetzt war sie zur Bittstellerin geworden, die Hilfe suchte bei jedem Freund aus den alten Tagen, der ihr vielleicht irgendwie nützlich sein konnte; Juliette Récamier war eine sehr alte Freundin, ihr zutiefst verbunden, und mehr noch Chateaubriand, der jetzt Außenminister war. Ihr schüttete Caroline ihr Herz aus über ihre Einsamkeit, und mit Bitterkeit hielt sie sich darüber auf, daß man sie geradezu ausgewählt habe, um sie zu verfolgen.

»Meine Isolierung sollte eigentlich jede Besorgnis beschwichtigen und mir gestatten, mich an dem Wenigen zu erfreuen, auf das ich schon solange warte und das ich nicht bekommen kann. Wer in meinem Herzen lesen könnte, würde sehen, daß mein geheimster Wunsch der Friede ist, und warum wird mir das verweigert, was meine Familie so leicht erlangt hat? Man läßt sie in Rom zufrieden, alle können reisen, sie haben keine Behinderungen zu erdulden – ich bin die einzige, die verfolgt wird.«

Im Frühling des folgenden Jahres machte Madame Récamier einen Umweg über Triest, um sich mit Caroline zu treffen. Die beiden alten Freundinnen unterhielten sich bis tief in die Nacht hinein; am nächsten Tag nahm Caroline Juliette mit hinaus zur Villa Vicentina, in der sie dank der Freundlichkeit ihrer Nichte Napoleone, der Tochter

Elisas, die jetzt mit dem Grafen Camerata verheiratet war, während der Sommermonate leben durfte.

Madame Récamier bemerkte, daß Caroline immer noch hübsch war und über alle ihre früheren Verführungskünste verfügte. Zu ihrer Tochter Louise, die kürzlich den Grafen Rasponi geheiratet hatte, war sie ausgesprochen zärtlich, während sie dem General Macdonald eine Zuneigung zeigte, die von einer Spur Herrschsucht gefärbt war. Gegenüber Juliette selbst war sie voller Schwärmerei. Als sie wieder in Paris eintraf, lag dort schon ein Brief von Caroline für sie vor, in welchem sich diese entschuldigte, weil sie so umgehend geschrieben hatte, aber sie sehe so wenig Freunde aus der alten Zeit; nie würde sie die rührenden Beweise von Juliettes Freundschaft vergessen. Doch konnte auch Madame Récamier jetzt nichts mehr unternehmen, um Caroline bei ihren Forderungen zu helfen, denn während ihrer Abwesenheit war Chateaubriand als Außenminister ausgeschieden.

Verlassenheit überkam wieder Caroline, so daß die Gräfin Potocka, als sie sich 1826 sechs Wochen in Triest aufhielt, mit Wärme aufgenommen wurde. Die Gräfin gestand, daß sie eine gewisse Verlegenheit vor diesem Wiedersehen beschlichen habe; zuletzt hatte sie Caroline 1812 in Paris auf dem Höhepunkt ihres Glanzes gesehen, und deshalb war sie unsicher, wie die Begegnung mit einer Ex-Königin verlaufen würde:

»Als ich sie wiedersah, stellte ich fest, daß ihr Gesicht immer noch so anziehend war wie ehedem. Man spürte, daß sie von jedem, der ihr nahekam, geliebt werden wollte. Sie verfügte über eine seltene Charakterstärke, eine ernste Art zu denken, Güte und ein ausgeglichenes Temperament.«

Da sie Caroline jeden Tag traf, hatte die Gräfin reichlich Gelegenheit, sich ein Urteil darüber zu bilden, welche Spuren die Zeit bei ihr hinterlassen hatte. Sehr beeindruckt war sie von dem vorzüglichen Geschmack, mit dem Caroline ihr Heim, das jetzt als Villa Murat bekannt ist, ausgestattet hatte; ein großer Salon war den Andenken an die Familie vorbehalten und beherrscht von einem prächtigen Reiterbild Murats. General Macdonald war die Sorge für diesen Raum übertragen worden; Caroline selbst zeigte ihn nie irgendwelchen Besuchern; die Erinnerungen die er weckte, waren vielleicht zu schmerzlich.

Die Gräfin Potocka wußte natürlich von dem Gerede, daß Caroline und der General verheiratet seien, doch konnte sie im Benehmen der beiden nichts entdecken, was diese Gerüchte bestätigt hätte; in der Öffentlichkeit behandelte er sie immer mit größtem Respekt.

Caroline sprach jetzt sehr häufig über ihren Bruder und versicherte, daß sie lange Zeit seine Lieblingsschwester gewesen sei, ja, mehrere Male habe er sogar Ratschläge von ihr angenommen. Für ihre Schwägerin Marie-Louise hatte sie nur Verachtung übrig; ungezogen imitierte sie ihr Gehaben und äffte sie ihren österreichischen Akzent nach. Mit Heftigkeit sprach sie sich für energisches Handeln aus und bekannte, daß sie unwiderrufliche Entscheidungen provisorischen Notbehelfen vorziehe; das sollte zweifellos eine versteckte Rechtfertigung ihres Verhaltens im Jahre 1814 sein, doch fügte sie traurig hinzu:

»Leider bin ich jetzt davon überzeugt, daß allzuviel Intelligenz oft zum Nachteil für das Glück ausschlägt.«

Während sie weiter durch Italien reiste, stieß die Gräfin Potocka immer wieder auf Erinnerungen an die Bonaparte. In Rom war Paulines Villa Paolina verlassen und das Grundstück von Unkraut überwuchert; in Carolines Villa in Portici war sie überrascht von der Einfachheit ihres Schlafzimmers.

Aus allen Städten, in denen sie sich aufhielt, schrieb die Gräfin an Caroline, die ihre Briefe eifrigst beantwortete. Es sei ein trauriger Winter für sie, stellte sie fest. Im nächsten Sommer würde sie sich aufmachen und einige wenige Tage bei ihrem Schwager Fürst Bacciocchi verbringen, der mit seinem Sohn Frédéric in Bologna lebte: »Dieser Ortswechsel ist notwendig, und eine kurze Reise wird mir guttun.«

Im Laufe der Zeit jedoch fand sich Caroline mit dem Gedanken ab, sich für ständig in Triest niederzulassen, und Lady Holland schrieb, sie habe gehört, daß Madame Murats Gesellschaft dort entzückend sei. Obwohl sie immer noch peinlichst überwacht wurde, schien es Caroline, daß die Alliierten ihr endlich den Frieden gewähren würden, nach dem sie sich sehnte. Doch schon bald merkte sie, daß dies ein Irrtum war.

Im Mai 1830 brach sich Madame Letizia, die jetzt 80 Jahre alt und sehr gebrechlich war, eine Hüfte; es schien unwahrscheinlich, daß sie diesen Unfall überleben würde. Sofort schrieb Caroline an Metternich und bat um die Erlaubnis, sich nach Rom begeben zu dürfen: »Ich möchte nicht glauben, daß man mir die Genehmigung zur Reise verweigern wird, um meine sterbende Mutter noch einmal umarmen zu können.«

Diese Genehmigung wurde widerwillig für einen Zeitraum von zehn Tagen erteilt.

Nach einem Zwischenraum von 15 Jahren konnte das Wiedersehen zwischen Mutter und Tochter nicht ohne Peinlichkeit verlaufen. Sicherlich ist Caroline wegen ihrer Annäherungsversuche an die französische Regierung getadelt worden. Die Meinung ihrer Mutter hierüber war eindeutig:

»Ich habe es mir selbst nie gestattet, irgendwelche Illusionen zu hegen«, schrieb sie an Hortense. »Außerdem war ich immer der Ansicht, daß es die Pflicht unserer Familie sei, nicht die Erfüllung des Vertrages von Fontainebleau zu verlangen. Ich würde auch nur den geringsten Schritt in dieser Richtung in meinem Namen ablehnen, und selbst wenn meine Kinder anderer Meinung sein sollten, so wäre ich entschlossen, nichts von einem Bourbonen anzunehmen.

Die Ehre sollte den Vorrang vor dem Geld haben und ich würde nie das Andenken des Kaisers schänden, indem ich Schritte unternähme, die den Anschein erwecken, als würde ich anerkennen, daß alles, was 1815 geschehen ist, null und nichtig sei. Laßt uns mit dem haushalten, was wir haben, und wenn wir nicht in königlichem Stil leben können, dann laßt uns in Ehren als private Bürger unser Dasein fristen und uns nicht Erniedrigungen aussetzen und unserem Gewissen Schande machen ... Wenn man mich um Rat gefragt hätte, wäre die Schmach, umsonst gebeten zu haben, vermieden worden.«

In Rom traf Caroline Henry Fox, jetzt Lord Holland, an den sie sich einst um Hilfe bei ihren Forderungen gewandt hatte. Als er sie aufsuchte, fand er sie in einem Raum voller halbgepackter Koffer, Schachteln, Packpapier und in vollkommener Unordnung. Sie war außerordentlich aufgebracht; die zehn Tage, die man ihr für Rom zugestanden hatte, waren auf acht Tage verkürzt worden. Seit sie sich in der Stadt befand, hatten ihretwegen nicht weniger als zwölf Zusammenkünfte des diplomatischen Korps stattgefunden und waren mehrere Ries Papier beschrieben worden. Lord Stuart de Rothesay, der britische Botschafter in Paris, unterzeichnete eine Protestnote gegen die ihr gewährte Aufenthaltsgenehmigung für Rom.

»Wie restlos wir doch«, seufzte Lord Holland, »Werkzeuge dieser verrotteten alten Dynastien werden.«

Caroline selbst fand er sehr anmutig und würdig in ihren Bewegungen, obwohl sie jetzt kräftig, dick und stämmig war. Es war immer noch viel von ihrer Schönheit übriggeblieben. »Ihr Mund hat einen ganz besonderen Ausdruck von Festigkeit und Entschiedenheit, und wenn er sich mit einem Lächeln entspannt, ist er ungewöhnlich hübsch und neckisch. Ihre Stimme ist sehr anmutig. Sie spricht Französisch mit sehr stark italienischem Akzent.«

Es war schon solange her, seit Caroline in Frankreich gewesen war.

Caroline lud ihn ein, mit ihr das Colosseum zu besichtigen, »wenn er sich nicht fürchte, in ihrem Wagen gesehen zu werden«. Lord Holland fürchtete sich tatsächlich, denn er bangte, daß man ihm einen Paß für Neapel verweigern würde im Zuge der unentwegten Verfolgung der unglücklichen Caroline. Doch konnte er sich als englischer Edelmann im Ausland nicht feige zeigen, und so begleitete er sie trotz seiner Ängste. »Sie spricht mit großer Erregung über die Verfolgungen, denen sie von seiten der Alliierten ausgesetzt ist, und sie sagte, sie würde es jetzt fast bedauern, überhaupt gekommen zu sein, denn wenn man sie jetzt von ihrer Mutter wegreiße, so müsse sie sich darüber im klaren sein, daß sie einander diesseits des Grabes nicht wieder sehen würden.

Doch wird ihrer Eitelkeit erheblich geschmeichelt durch die Bedeutung, die alle ausländischen Höfe ihren Bewegungen beimessen und durch die ganz besonders hartnäckige Verfolgung, die man ihr im Gegensatz zu den anderen Mitgliedern der Bonaparte-Familie angedeihen ließ.

Sie hat keineswegs die Vorstellung aufgegeben, noch der Gegenstand der Bewunderung der Männer zu sein ... sie verfügt über viel Würde und nichts Abstoßendes in ihrer ausgesprochen freimütigen Art, sich zu geben.«

Während sie mit Lord Holland zusammen war, erhielt sie die Nachricht, daß man ihr erlaube, noch am nächsten Tag in Rom zu bleiben, aber am darauffolgenden Tag müsse sie abreisen. »Sie wurde sehr blaß, ihre Stimme zitterte vor Erregung. ›Gut also, ich werde gehen, wenn sie kommen und mich hinauswerfen. Auf eine Beleidigung mehr oder weniger wird es ihnen nicht ankommen‹.«

Es war eine Ironie, das die geschmacklose Aufgabe, eine Frau zu verfolgen, die um nichts weiter bat, als in Frieden gelassen zu werden, ausgerechnet einem Manne zufiel, der mehr als alle anderen ein so mitfühlendes Verständnis für die Qual der Verbannten hatte. Die Ausführung dieses herzlosen Befehles, der von der Rachsucht des Hofes von Neapel diktiert war, wurde dem Grafen Auguste de La Ferronays übertragen.

Blacas Nachfolger in der Botschaft in Rom war kurze Zeit Chateaubriand, der, wenn auch jetzt ein Ultra-Royalist, niemals vergaß, daß er Elisas Intervention die Streichung von der Liste der Emigranten verdankte und daß er von Napoleon mit seinem ersten diplomatischen Posten betraut worden war. Er erinnerte sich an seine Verpflichtungen, ließ die Bonaparte in Frieden und benahm sich gegenüber ihnen allen, besonders gegenüber Fesch, mit großer Höflichkeit.

Chateaubriand wurde von La Ferronays abgelöst, einem Mann von womöglich noch strengeren royalistischen Prinzipien, die in ihm aber mit liberalen und humanitären Ideen verknüpft waren. Anders als Blacas, sein Schwager, war er mit seinen fünfundzwanzig Jahren nicht als Emigrant verbittert; im Gegenteil, sein Charakter hatte sich im Exil erweitert und vertieft, und er kannte selbst die Erniedrigungen und Sorgen zu gut, um nicht Mitleidgefühl mit jedem Verbannten zu haben, sei er Bourbone oder Bonaparte. Es war jener Mann, der einmal seine eigene Zukunft mit den Worten befragt hatte: »Was wird mit uns dann geschehen, armselige Kreaturen, die wir sind, ausgelöscht aus der Zahl der Lebenden, ohne Land, ohne Heim, zurückgewiesen und verfemt überall?«, der jetzt gezwungen war, Caroline Bonaparte vom Bett ihrer achtzigjährigen Mutter wegzuweisen. Möglicherweise war er erleichtert, als ganz kurz danach die Julirevolution seine Mission beendete und damit auch der Zwang entfiel, solch widerwärtige Maßnahmen zu treffen.

Madame Letizias alte Knochen waren solider als die ihrer Kinder; sie überlebte den Unfall noch weitere sechs Jahre, aber Caroline hat ihre Mutter nie wieder gesehen.

Mit dem Verschwinden des Bourbonen-Regimes wandelte sich auch die offizielle Einstellung gegenüber den Bonaparte. Louis-Philippe, der neue König der Franzosen, benötigte dringend Popularität, und diese konnte billig erstanden werden, indem man den starken bonapartistischen Gefühlen, die es noch in Frankreich gab, Zugeständnisse machte.

Aufgrund seiner Überredung gaben die Neapolitaner soweit nach, daß sie Carolines Rückkehr nach Italien, allerdings nicht nach Rom oder Neapel, aber nach Florenz, keine Hindernisse in den Weg legten. Dort ließ sie sich auch im Januar 1831 nieder in einem Haus, das heute das Hôtel Excelsior im Borgo Ognissanti an der Lung-'Arno ist.

Dreißig Jahre waren vergangen, seit Caroline in Florenz gelebt hatte und Achille noch ein Säugling war; die Stadt hatte sie in guter Erinnerung behalten und bereitete ihr einen warmen Empfang. Nach so vielen Wechselfällen schien es Caroline, als ob sie nach Hause gekommen wäre.

Sechs Jahre lebte sie ruhig in Florenz; jetzt konnte sie endlich die Villa in Viareggio in Besitz nehmen, die ihr Pauline hinterlassen hatte. In Florenz hielten sich jetzt auch ihre Brüder Louis und Jérôme auf, aber der Zwist mit Jérôme war nie verheilt und wurde noch in die nächste Generation fortgetragen.

Ihre Nichte Mathilde de Montfort hatte nicht das geringste für ihre Tante übrig. »Es geschah mehr als einmal, daß wir, wenn ich sie in den Cascines traf, kehrtmachen und in eine andere Richtung blicken mußten, so daß wir nicht gezwungen waren, sie zu grüßen. Ich muß zugeben, daß wir ihr gegenüber nicht sehr freundschaftliche Gefühle hegten. Sie schenkte uns keinerlei Beachtung und versäumte keine Gelegenheit, einige unfreundliche Bemerkungen uns gegenüber zu machen. Sie machte sich lustig über meine Kleider, was für mich demütigend war. Manchmal pflegte sie zu sagen: ›Mathilde wird zu dick‹, oder ›Napoleon ist keinen Zoll gewachsen‹. Kurz gesagt, sie war niemals nett zu uns.«

Ihre Freunde hatten von Caroline einen ganz anderen Eindruck. Joseph Méry, der Schriftsteller, sprach mit Wärme von ihrer Gastfreundschaft. Er wurde eingeladen, sie einen Tag, nachdem die Catalini mit ihrer Tochter, einer glänzenden Altstimme, die Litanei der Hl. Jungfrau in einer Dorfkirche in der Nähe von Florenz gesungen hatte, zu besuchen:

»In ihrem Haus fragt niemand nach der politischen Überzeugung der Gäste. Auf der Schwelle sagt man ganz einfach: ›Ich bin Franzose‹, und die Türen gehen auf und man wird herzlich willkommen geheißen. Die ganze Welt ist im Salon der Comtesse de Lipona vertreten – ob Königreich, Kaiserreich oder Republik, das hat alles nichts zu sagen; jeder Staat schickt seine Botschafter und Höflinge, um bei der Königin Caroline vorzusprechen, und das ohne jede weitere Absicht. Es gibt keine Titel und keine Ämter bei der Schwester des Kaisers zu holen.«

Mérys Bericht wird von Horatio Greenough, einem der frühesten amerikanischen Bildhauer, bestätigt, der Italien bereiste. Amerikaner waren in Carolines Haus besonders willkommen, weil ihre beiden Söhne noch in den Vereinigten Staaten lebten. Beide waren verheiratet; Achille mit Catherine Dudley, einer Großnichte Washingtons, und Lucien mit Carolina Fraser, einer reichen Erbin. Achille hatte einen hohen Posten bei der Postverwaltung der Vereinigten Staaten inne, später ging er nach Florida, wo er eine große Plantage besaß, die er Lipona nannte. Lucien erlitt einige schwere Schicksalsschläge und war gezwungen, mit seiner Frau eine Schule für junge Damen aufzumachen. Keiner von ihnen kehrte zu Lebzeiten ihrer Mutter nach Europa zurück.

Greenough war sehr erfreut über den freundlichen Empfang:

»Ich war bei Madame Murat eines Abends eingeladen und sah dort eine schöne Büste des Königs, ihres Mannes. Sie gibt jeden Abend einen Empfang, und zwar auf eine Weise, die ich für sehr angenehm halte. Im allgemeinen spielt sich das in vier oder fünf Räumen ab: in einem sind Kartentische; in einem anderen stehen Billards; im dritten wird den ganzen Abend über Tee serviert. Sie hat dabei nur die Mühe, ihre Freunde zu begrüßen, wenn sie eintreffen, dann werden sie ihren Ehrendamen zur Unterhaltung überlassen, während sie weitergeht und alles überblickt, sich an einem Kartentisch niederläßt oder der Musik zuhört. Es ist alles sehr erfreulich.«

Von Carolines Ehrendamen zu sprechen, war eine leichte Übertreibung. Als sie nach Florenz kam, war ihr Haushalt auf eine Gesellschaftsdame, drei Zofen und, natürlich, General Macdonald zusammengeschrumpft. Aber in dem Punkt hatte Greenough vollkommen recht, es war ein sehr liebenswürdiges Haus; Méry war voller Begeisterung:

»Man geht in ihr Haus, um sie zu sehen, sie zu bewundern, ihr zuzuhören, und vor allem von ihr gefesselt zu sein, denn nie hatte eine Frau mehr Grazie oder verführerischen Reiz in allem, was sie sagte ... Sorgen und Jahre gingen über sie hinweg, ohne daß der leuchtende Glanz ihrer Jugend durch die Tränen, die sie vergossen hat, getrübt wurde. Wenn ein Fremder zum erstenmal in den mit den schönsten Frauen von Florenz angefüllten Salon käme, so würde er nicht zögern, diejenige auszuwählen, die sich heute die Comtesse de Lipona nennt.«

In dem Salon, wo Murats Bildnis hing, gemalt vor dem Hintergrund des Vesuvs – zwei Vulkane, einer erloschen, der andere schlafend –, tranken die Gäste Tee und nahmen Biskuits zu sich, Biskuits, die von den Armen der Königin von Neapel geformt worden waren; die Comtesse de Lipona vergaß niemals die Königin Caroline. Früh am Abend lauschte man der Musik, die Carolines Leidenschaft geworden war; neue Musik und neue Sänger konnten alle im Palazzo Murat gehört werden, und die Catalani war ein häufiger Gast.

Wenn gegen Mitternacht das Konzert zu Ende war – oft wurden Bellinis Werke gespielt und gesungen –, blieben die Gäste noch zusammen und unterhielten sich, Musik erklang vom Piano, Karten lagen auf den Whist-Tischen, während Caroline die Konversation lenkte, die bis in die frühen Morgenstunden andauerte. Mit bezaubernder Liebenswürdigkeit konnte sie dann teils französisch, teils italienisch sagen: »Drei Stunden Schlaf sind ausreichend für mich; es ist dies eine gute Angewohnheit, die ich meinem Bruder, dem Kaiser, verdanke.«

Napoleon nahm jetzt einen viel größeren Raum in Carolines Bewußtsein und Unterhaltung ein, sei es, weil sie mit dem Älterwerden in Gedanken die Tage ihrer Kindheit zurückrief, sei es aus Opportunismus, um ihre eigene Wichtigkeit herauszustellen, indem sie die seine betonte.

Als sie einmal ein Stegreifgedicht las, das ihr Méry in ein Album geschrieben hatte, sagte sie zu ihm:

»Ich führe zwei Namen, auf die ich stolz bin; ich bin die Schwester Napoleons und die Frau Murats. Schreiben Sie mir eine Ode auf diese beiden Namen ›Bonaparte und Murat‹.«

Gehorsam schuf Méry auf der Stelle ein heroisches Gedicht in achtzehn Versen. Als Caroline sie las, brach sie in Tränen aus. Vielleicht dachte sie daran, wie sie diese beiden Namen zum erstenmal vereint gehört hatte, als Murats Bote an Madame Campans Tür donnerte und rief: »Bonaparte und Murat haben Frankreich gerettet!«

Im Februar 1836 starb Madame Letizia in Rom. Mit ihr erlosch der Clan Bonaparte. Niemand der noch lebenden Familienmitglieder hatte genügend Autorität, ihn zusammenzuhalten; jeder lebte jetzt für sich selbst. Dies wurde fast augenblicklich offenkundig, bei der Auseinandersetzung über ihr Testament. Caroline war unzufrieden mit ihrem Anteil und sie benahm sich bei dieser Gelegenheit so häßlich, daß sie den Zorn Josephs erregte, der jetzt aus den Vereinigten Staaten zurückgekehrt war und in London lebte.

Zu so später Zeit konnte Joseph die Autorität als älterer Bruder nicht wiederaufrichten. Als aber Caroline endlich gestattet wurde, sich nach Paris zu begeben, schrieb er in scharfem Ton an seinen Freund Menéval, in dessen Haus sie wohnte, daß er nicht daran denken würde, aufgrund einer *Genehmigung* in Paris zu leben. Er verstand, daß seine Schwester alles in ihrer Macht Liegende tat, um das Schicksal ihrer Kinder zu verbessern, daß ihre Anwesenheit in Paris von ihrem Mutterherz diktiert war, aber für die Schwester des Kaisers gab es diese Entschuldigung nicht.

Lange Zeit hatte der Comte de Mosbourg, der treue Freund der Murat, in aller Stille in ihrem Interesse gewirkt; seinen guten Diensten war es zu danken, daß sich die Stimmung in der Abgeordnetenkammer, in die er als Abgeordneter für Cahors gewählt worden war, so wesentlich gewandelt hatte, daß Caroline im September 1836 nach Paris kommen konnte, um persönlich ihre Forderungen auf Freigabe ihrer beschlagnahmten Güter zu verfechten. Einst war sie als Königin aus Italien hergereist und überall mit allen Ehren empfangen worden. Jetzt reiste sie sehr bescheiden und fand ein Paris, das sich von der Stadt, die sie zuletzt 1812 gesehen hatte, fast bis zur Unkenntlichkeit unterschied.

Der Schmuck und die Pracht, die ihres Bruders kaiserliche Herrschaft ausgezeichnet hatten, waren dahin; Louis-Philippe spazierte durch die Straßen von Paris in schlichter, ziviler Kleidung, bewehrt mit seinem bürgerlichen Regenschirm. Der Hof war ebenfalls bürgerlich und entbehrte gänzlich der glänzenden Repräsentation der Kaiserzeit; die Pariser selbst jubelten den Schneidern, Tuchmachern und Schuhmachern zu, die jetzt die Tuilerien bevölkerten und die sowohl von der alten Aristokratie des Faubourg St. Germain wie auch vom Adel des Kaiserreiches mit Verachtung angesehen wurden. Die »Jeunesse dorée«, die neuen jungen Auserwählten, die Musset, Vigny, Hugo, in ihren engen Shepherd-Plaid-Hosen, Gehröcken und

Kastorhüten, konnten es nicht an Glanz aufnehmen mit den Flahaut, den Balincourt, den Canouville, in ihren mit Schnüren besetzten Dolmans und Husarenuniformen, ihren hohen Tschakos, den üppigen Federbüschen, Reiherstößen und Pferdeschweifen. Der Bürgerkönig ließ die Sehnsucht der Pariser nach Pomp und Schaustellung völlig unerfüllt; eine mausgraue Wohlanständigkeit hing wie eine Wolke über Paris.

Obwohl sie durch ihre Korpulenz rasch unbeweglich wurde, trat Mademoiselle George, einst Napoleons Mätresse, immer noch auf, jetzt allerdings nicht mehr in den klassischen Stücken, die der Kaiser so geliebt hatte, sondern in den neuen romantischen Melodramen. An der Oper gab es nur neue Namen; Rubini, Tamburini, Lablache und Grisi trillerten ihre Noten, wo einst Grassini, Catalani und Crescenti sangen. Fanny Elßler, deren Name im Zusammenhang mit Reichstadt genannt worden war – er hatte vor vier Jahren das Zeitliche gesegnet – galt jetzt das Entzücken der Pariser.

Unbewußt hatte Caroline ihren Augenblick recht glücklich gewählt. Der Bonapartismus begann sich wieder in Frankreich zu regen. Wieder blickte der Kaiser von seiner Säule auf der Place Vendôme über Paris. Horace Vernets große Gemälde der Schlachten von Jena, Friedland und Wagram lockten die Menge an; Bérangers Verse waren in aller Munde und ließen des Kaisers Ruhm wiederaufflammen.

»Il avait petit chapeau
Avec redingote grise . . .
Il vous a parlé, grand 'mère!
Il vous a parlé!«

Caroline zitterte, als ihr Neffe Louis-Napoleon, der seit dem Tod seines Cousins Erbe des Kaiserreiches war, es jetzt für einen günstigen Zeitpunkt hielt, von Straßburg aus die Regierung zu stürzen; mit einiger Berechtigung fürchtete sie, daß sein überstürztes Unternehmen die Behörden gegen sie einnehmen würde. Und in der Tat versuchte die französische Regierung ihr Wort wieder rückgängig zu machen und forderte Caroline auf, Frankreich zu verlassen; doch mit ihrer alten Entschlossenheit beharrte sie darauf, zu bleiben, um ihre Sache bis zum Ende durchzufechten. Während sie darauf wartete, daß ihr Fall in der Kammer behandelt würde – was immer wieder hinausgezögert wurde –, traf Caroline mit alten Freunden zusammen. Juliette Récamier hatte sich jetzt nach Abbaye-aux-Bois zurückgezogen und Chateaubriand befand sich immer noch in ihrer Begleitung.

Von Menévals Haus zog Caroline in ein Appartement, das sie in der Rue Ville l'Evêque mietete, in jener Straße, in der Pauline gelebt hatte, als sie zum erstenmal als junge Frau nach Paris kam, fast gegenüber des Elysée; aber welche Welten lagen nicht zwischen der stillen, kleinen, unglücklichen und hoffnungslos verarmten Comtesse Lipona, und der damaligen Großherzogin von Cleve und Berg, die im Elyséepalast mit ihrer Liebesaffäre mit Junot, dem Herzog von Abrantès, paradiert hatte. Ob Caroline Laure sah? Die Restauration war mit ihr nicht freundlicher verfahren als mit den Bonaparte; ihre Lage war immer schlimmer und schlimmer geworden. Mit der Hilfe Balzacs schrieb sie ihre Memoiren, doch reichten ihre Einkünfte nie zur Deckung ihrer Schulden aus; Gläubiger und Gerichtsdiener mischten sich unter ihre Gäste, zu denen immer noch einige der Paladine aus ihrer Glanzzeit zählten, so Forbin, Balincourt und gelegentlich sogar Chateaubriand. Paris verschlang gierig ihre Erinnerungen, aber Laure d'Abrantès konnte, genau wie ihr Mentor Balzac, nicht schnell genug schreiben, um mit ihren Ausgaben Schritt zu halten. Caroline habe beim Lesen der Memoiren über die ihr gewidmeten unfreundlichen Stellen geweint, berichtete ihre Tochter. Es war solange her, daß sie und Junot Laure gedemütigt hatten, so daß sie sich vielleicht gar nicht mehr daran erinnerte und überrascht war, Laure könnte eine derartige Feindschaft ihr gegenüber genährt haben.

Aber Caroline hielt sich nicht in Paris auf, um die Vergangenheit wieder lebendig werden zu lassen; sie war hier, um ihre Zukunft und die ihrer Kinder sicherzustellen. Im August 1837 berichtete »The Times«, daß ihre Klage im Herbst von der Kammer behandelt werden sollte, und bemerkte, Madame Murat sei sehr arm und habe von ihrer Mutter nicht soviel geerbt, wie sie erwartet hatte. Immer noch zögerte die Kammer, doch war Caroline jetzt voller Hoffnung. An die kleine Miss Davies schrieb sie:

»Meine liebe Davies, Ihr Brief hat mir soviel Freude bereitet. Der Beweis Ihrer Zuneigung und Ihr Gedenken hat mich gerührt, aber es hat mich auch sehr betrübt zu lesen, daß sie fast immer krank sind. Auch ich selbst war lange Zeit krank, doch hat mir die Reise hierher gutgetan. Meine Magenschmerzen sind hier wesentlich geringer als in Florenz.

Ich hoffe im nächsten Jahr nach London reisen zu können, um dort meine Söhne und deren Familien zu treffen, die ich noch nicht kenne. Wenn wir dort sind, werde ich Ihnen schreiben, damit Sie dann kommen und uns besuchen. Ich höre oft von ihnen. Es geht ihnen und auch meinen Töchtern gut. Letizia hat vier strahlende Kinder, Louise drei, Lucien zwei und Achille keines.

Ich habe mich sehr gefreut, die Dame kennenzulernen, die Ihren Brief überbrachte, und ich habe ihr eine Menge Fragen über Sie gestellt. Ich habe ihr ein kleines Päckchen für Sie mitgegeben und ich bedauere so sehr, daß ich jetzt, da ich Ihre Lage kenne, nicht mehr tun kann, aber es ist wirklich unmöglich.

Auf Wiedersehen, meine liebe Davies, bis zum nächsten Jahr, wenn nichts dazwischenkommt und mich an der Durchführung meines Planes hindert.«

Während ihres Aufenthaltes hatte Caroline noch eine traurige Pflicht zu erfüllen. Ihre alte Freundin und Schwägerin Hortense de Beauharnais starb im Winter 1837 in der Schweiz; ihr Sohn erhielt die Genehmigung, ihren Leichnam nach Paris zu überführen, damit er dort in der Pfarrkirche von Malmaison beigesetzt werden konnte. An einem Wintermorgen des Jahres 1838 schritt Caroline in Abwesenheit Louis-Napoleons, der in Amerika Zuflucht gesucht hatte, an der Spitze des Trauerzuges bei Hortenses Beisetzung. Es muß sie nicht nur vor Kälte so geschaudert haben, denn jetzt wußte sie um die Natur der Krankheit, an der sie solange litt.

Valerie Masuyer, Hortenses treue Gefährtin, hielt sie für »sehr gut erhalten, besonders was ihre edle Haltung anbetrifft, aber doch sehr verändert gegenüber dem, was sie früher darstellte; dies habe das Magenleiden verursacht, an dem auch ihr Bruder gestorben sei.«

Ein anderer Todesfall in diesem Jahr berührte Caroline noch viel näher. Während ihres Aufenthaltes in Paris starb General Macdonald in Florenz.

Schließlich kam das Gesetz, durch das Caroline zwar nicht die Rückgabe ihres Vermögens, aber doch ein regelmäßiges Einkommen zugestanden werden sollte, zur Beratung vor die Abgeordnetenkammer. Es war schon viele Monate lang auf der Tagesordnung gestanden, doch wurde es erst im Juni 1838 zur Diskussion vorgelegt. Der Fall ging keineswegs leicht über die Bühne. Es kam zu einigen ärgerlichen Szenen und Zusammenstößen in der Kammer; harte

Worte fielen über Murat, die Caroline und ihre Töchter sehr verbitterten. Las Cases sprach zu Carolines Gunsten:

»Das Ihnen vorliegende Gesetz ist eine Sache der Gesinnung; es gibt Zeiten, in denen eine große Nation Mitleid haben sollte.«

Endlich beschloß man mit 213 gegen 137 Stimmen, daß Caroline eine Pension in Höhe von 100 000 Francs im Jahr erhalten solle, aber: »Dies ist ein Akt nationaler Dankbarkeit, nicht gegenüber der Witwe Murats, sondern zugunsten der Schwester Napoleons.«

Die Kammer machte es ganz deutlich, daß es keinerlei Anerkennung für die Witwe jenes Mannes geben konnte, der 1814 den Vertrag mit den Österreichern unterzeichnete.

Als Ende Juni des Jahres 1838 das Gesetz offiziell veröffentlicht wurde, war Carolines Mission erfüllt, und sie kehrte nach Florenz zurück; fast zwei Jahre lang war sie in Paris gewesen, lange genug, um zu wissen, daß es fortan dort für sie keinen Platz gab. Ihre Freunde waren am Aussterben. Allein in diesem Jahr waren Laure dahingegangen – in einem Zimmer, das außer dem Bett, in dem sie lag, nichts mehr enthielt, denn alle Möbel waren von ihren Gläubigern geholt worden —, und La Vauguyon, einst Carolines Liebhaber, als sie Königin von Neapel war, außerdem Bassano, der ehemalige Außenminister ihres Bruders. Vielleicht war sie sogar von Dank erfüllt, als sie nach Florenz zu ihren Kindern und in ihr Heim zurückkehrte, hatte doch ihr zwanzigjähriger Kampf um die Anerkennung ihrer Forderungen mit ihrem Sieg geendet.

Es gab jetzt nicht mehr viel zu tun, die Aufgabe, den Namen ihres Mannes reinzuwaschen, mußte anderen überlassen bleiben. Während ihres Pariser Aufenthaltes hatte sie sich viel mit Mosbourg über die Vergangenheit unterhalten; als er sich dann eines Tages auf den Gipfel seines hohen Hügels bei Mercuès in der Nähe von Cahors zurückzog, schrieb Caroline an ihn, denn in seinem Besitz befanden sich viele der Schriftstücke, die Murats Handlungsweise rechtfertigten:

»Sagen Sie die ganze Wahrheit. Die Wahrheit allein kann dauerndes Vertrauen schaffen. Glücklich der Mann, der es nicht nötig hat, seine Fehler zu beschönigen oder zu verstecken, wenn er seine Lebensgeschichte erzählt, weil seines Königs Charakter reich genug ist, alles zu verstehen. Wie alle leidenschaftlichen Naturen hatte auch der König seine Schwächen, doch waren es immer Schwächen, wie Sie es ausdrücken, die von edelmütigen Gefühlen erhellt wurden.«

Noch einmal focht Caroline einen Kampf mit ihrem Bruder aus, nur daß es jetzt eine Schlacht des gedruckten Wortes war. In St. Helena schien Napoleon geradezu von Murat verfolgt zu sein; immer und immer wieder kam er auf diesen Gegenstand zu sprechen. Gewiß pries er stets seinen Mut, seine Kühnheit, seine Überlegenheit als Kavallerieführer, doch war er in seinen Augen ohne Verstand, ein Hanswurst in Kleidung und Benehmen. Diese Nadelstiche verletzten nicht; Caroline hatte sie schon des öfteren gehört, aber es gab schwerwiegendere Anschuldigungen, die nicht unangefochten bleiben konnten:

»Murat war verantwortlich für die Katastrophen von 1814. Doch der ursächliche Fehler lag bei mir. Ich machte einige von ihnen zu groß und erhob sie über das Maß ihrer Fähigkeiten hinaus.

Erst vor einigen Tagen las ich zum erstenmal seine Proklamation, mit der er sich vom Vizekönig lossagte. Es ist schwer, sich eine größere Schändlichkeit vorzustellen; er sagte, die Zeit sei gekommen, da es gelte zwischen zwei Haltungen zu wählen, zwischen dem Verbrechen und zwischen der Tugend. Meine Haltung war es, die er ein Verbrechen nannte. Und es war Murat, er, den ich gemacht hatte, der Gatte meiner Schwester, der Mann, der mir alles verdankte, der ohne mich nichts gewesen wäre, der nur dank meiner lebte und bekannt war, der dies schrieb! Es würde geradezu schwergefallen sein, sich mit größerer Brutalität vom Unglück zu trennen und noch schamloser, hinter einer glänzenderen Gelegenheit herzujagen ...

Murat war sehr schneidig und sehr dumm. Der weite Bereich zwischen diesen beiden Eigenschaften erklärt den Mann. Es wäre schwer, wenn nicht unmöglich gewesen, tapferer zu sein als Murat oder Lannes. Murat war nie mehr als tapfer.«

Aber Mosbourg kam niemals dazu, die Geschichte Murats zu schreiben; die Schriftstücke, in denen sie erzählt wurde, lagen verstreut in ganz Europa. Vielleicht ist »die ganze Wahrheit« noch gar nicht bekannt.

Nur Caroline in Florenz kam der leere Platz, den Macdonald hinterlassen hatte, zu Bewußtsein. Wie Elisa und Pauline konnte auch sie nicht allein leben, aber schließlich waren diese doch von ihren Ehemännern unterstützt worden. Caroline fiel einem Abenteurer namens Clavel in die Hände, der das Verlangen der alternden, an einer tödlichen Krankheit leidenden Frau nach Zuneigung ausnützte.

»Die Närrin!«, hatte Napoleon ausgerufen, als er die Nachricht von ihrer geplanten Heirat mit Macdonald erhielt. »In der Liebe ist sie schon immer an der Nase herumgeführt worden!«

Die Affäre Clavel war nur das Aufflackern glimmender Kohlen, ehe das Feuer ganz erlosch.

Am 13. Mai 1839 verschied Caroline Murat. Als sie starb, war ihr Bruder Jérôme bei ihr, mit dem sie sich zuletzt doch noch ausgesöhnt hatte, und ihre Tochter Louise; Letizia in Bologna war zu krank, um ihrer Mutter in der letzten Stunde beistehen zu können. Ihr Sarg mußte nicht weit getragen werden, denn sie wurde in der Kirche von Ognissanti, nicht weiter als einen Steinwurf von ihrem letzten Heim entfernt, beigesetzt.

Ihr Tod erfolgte fast unbemerkt; allein »The Times« war freundlicher als die französischen Zeitungen und berichtete darüber am 30. Mai:

»Die Ex-Königin erlag derselben Krankheit, die auch ihren Bruder, den Kaiser Napoleon, und ihren Vater vernichtete, einem Magenkrebs. Sie redete irr und hatte gelegentlich lichte Momente. Man sagt, daß die Abwesenheit ihrer Söhne in den Vereinigten Staaten die Bitternis ihrer letzten Augenblicke in hohem Maße vermehrt habe.«

In Paris war es nur »La Quotidienne«, die ihr eine kurze Notiz widmete, weit weniger, als ihrem Onkel Fesch zugestanden worden war, der fünf Tage vor ihr starb. »Sie hatte aktiven Anteil an der Murat anvertrauten Verwaltung und ihre Regierungszeit in Neapel war nicht ohne Würde. Nach dem Zusammenbruch des Kaiserreiches gelang es ihr, viele Freundschaften aufrechtzuhalten.«

Ein magerer Tribut und eine letzte Erniedrigung einer Frau gegenüber, die sich bemüht hatte, Führerin eines Volkes zu sein.

Carolines letzte Tat zeigte, daß die Comtesse de Lipona, die so leutselig zu jedermann und nicht im geringsten »hochgestochen« war, eine Maske trug. Ihr letzter Wille begann:

»Ich, Caroline, Witwe des Königs Joachim Murat, Schwester des Kaisers Napoleon, zur Zeit bekannt unter dem Titel Comtesse de Lipona ...«

Weder Elisa noch Pauline, weder Madame Letizia noch Napoleon selbst hatten in ihren Testamenten eine derart arrogante Einleitung gebraucht. Bis zuletzt beharrte sie auf ihrem Königinnentum, aber gerade sie, die so sehr ihre Unabhängigkeit ersehnt hatte, die soweit gegangen war, um die Oberhand ihres Bruders abzuschütteln, konnte sich am Ende keinen Platz in der Geschichte schaffen ohne das Eingeständnis, daß sie ihn ihrer Verwandtschaft zu Kaiser Napoleon verdankte.

XVIII. Kapitel

Die Folgen

Zwei Jahre nach dem Tode Carolines starb Bacciocchi, kurz vor seinem achtzigsten Geburtstag, nach einem ruhigen Lebensabend. Er überlebte Elisa einundzwanzig Jahre, die er dank dem Vermögen, das ihre Entschlossenheit den Österreichern abgerungen hatte, in großem Stil in Bologna verbrachte. Die Einheirat in die Familie Bonaparte hatte sich für ihn günstiger erwiesen als für Borghese, der Pauline nur sieben Jahre überlebte. Er war zum Schluß so dick geworden, daß »er aussah, als ob man ihn in Eiderdaunen eingenäht hätte«.

Elisas Abkömmlinge starben einen vorzeitigen Tod und durch Selbstmord, aber Carolines Kinder lebten bis in ein normales Greisenalter. Ihre Töchter gingen in der italienischen Aristokratie auf, ihr Sohn Achille blieb in den Vereinigten Staaten, wo er auf der Ranch in Florida starb, die er Lipona getauft hatte. Lucien Murat, ihr jüngerer Sohn, kehrte schließlich nach Frankreich zurück, wo seine Familie als einzige den weiblichen Zweig der Bonaparte vertritt.

In Meilen gemessen, ist die Entfernung zwischen Korsika und dem Festland von Europa nicht groß, doch für Elisa, Pauline und Caroline Bonaparte war die Überfahrt die von einer Welt in eine andere, vom bescheidenen Leben in Ajaccio in den Glanz der Märchenwelt, zu der ihr Bruder Frankreich machte, aber in eine Welt, in der sie gleichsam mechanische Spielzeuge waren, die nach Napoleons Willen aufgezogen oder unbeweglich liegen gelassen wurden. Als seine bewegende Kraft beseitigt war, stürzten sie wieder zurück in die Dunkelheit und man erinnert sich ihrer hauptsächlich wegen ihrer Verwandtschaft zu ihm. Nur gelegentlich erhellt ein Lichtstrahl diese Finsternis, die sie jetzt umhüllt.

Auf Pauline liegt das Licht am hellsten, da ihre Legende und ihre Schönheit auch weiterhin faszinieren, im Tod wie auch im Leben. Immer noch verweilen Männer vor ihrer Statue in der Villa Borghese in Rom, um die Vollendung ihrer klassischen Züge zu bewundern, die Lässigkeit ihrer Kopfhaltung und die sinnliche Schönheit ihres Körpers. Sie mögen wenig von ihrer Geschichte wissen, aber in dem kalten Marmor ist sie für immer die Verkörperung der »verwirrenden Macht der Schönheit im Leben der Männer«. Nach dem Sturz des Kaiserreiches gab es in Paulines Leben nur wenig auffallende Veränderungen; sie setzte ihr Wanderleben fort, das sich allerdings jetzt ganz auf Italien beschränkte. Charakterlich blieb sie, was sie immer gewesen war, frivol und flatterhaft. Augenscheinlich wurden ihre schwindende Schönheit und der Zoll, den sie dem andauernden Kranksein zu entrichten hatte. Und doch gab es einen Unterschied. In den Jahren ihres Niederganges traten ihre Tugenden mehr hervor als in den Jahren des Glücks. Durch alles, was sie sagte und tat, durch alles, was in ihrem Leben unecht war, zog sich der goldene Faden ihrer bedingungslosen Zuneigung zu Napoleon, jetzt noch strahlender leuchtend, weil jeder Zug von Selbstinteresse verschwunden war.

Elisa, Pauline und Caroline waren nur zufällig Franzosen; dem Temperament und der Abstammung nach waren sie Italiener, und deshalb fühlten sie sich am Ende auch in Italien mehr zu Hause.

Elisas moralisches Empfinden war von Natur aus viel sicherer als das ihrer Schwestern; ihre Charakterstärke hatte sich durch ihre Erziehung noch mehr gefestigt. Die Jahre in St. Cyr lehrten sie Selbstdisziplin und von dort stammt auch die Hingabe an die Kunst, die ihre beherrschende Leidenschaft wurde. Auf ihre Weise war sie ebenso ehrgeizig wie Caroline, aber ihr Ehrgeiz war aufbauend; sie hatte den festen Vorsatz, einen bleibenden Beitrag zur Kunst und zur Literatur in den von ihr regierten Gebieten zu leisten. Ihre Tragödie war es, daß nur wenig von dem, was sie wirklich geschaffen hat, ihr zugeschrieben wird.

Weder Pauline noch Caroline konnten wegen der Fehler, die bei ihrer Erziehung begangen worden waren, noch wegen der Tatsache getadelt werden, daß das Fehlen jeglicher Richtschnur in Paulines Fall hemmungslosen Ausschweifungen und bei Caroline zu nichts als zur Sucht nach Selbstverherrlichung führte.

Carolines Ehrgeiz war rein subjektiv; ihr Verlangen nach Macht galt dieser um ihrer selbst willen und nicht den Gelegenheiten, die sich durch sie zur Nutznießung ergeben würden. Ihr Ziel war es, so hatte sie Murat anvertraut, ihnen selbst das Königreich Neapel zu sichern und es innerhalb des französischen Satellitensystems zu halten. Es gibt keinen Beweis dafür, daß sie Murats revolutionäre Ideen von Menschen-und Völkerrechten teilte. Weil sie es zuließ, daß sie selbst von der Macht verzehrt wurde, leidet Carolines Ruf jetzt unter dem Stigma des Verrates, so hart und keineswegs gerechtfertigt das sein mag.

Die wirklichen Verdienste der Bonaparte-Schwestern müssen nach den düsteren Jahren der Verbannung gewertet werden, obwohl die Gelegenheiten, ihre Anlagen und Talente zu entwickeln, dann durch Einschränkungen und die ständige Überwachung durch eine übelwollende Polizei beengt wurden. Doch weder Elisa noch Caroline, die sich beide ihrer Fähigkeiten gerühmt hatten, zeigten eine Neigung mehr zu sein als die privaten Bürger, in die sie sich verwandelt hatten.

Man hätte erwarten können, daß Elisa in Triest, selbst innerhalb der engen Grenzen, die ihrem Tätigkeitsdrang auferlegt waren, etwas von der Zeit, die so schwer auf ihren Händen in dieser trägen Stadt lastete, dazu verwenden würde, der Kunst und der Literatur größere Anerkennung zu verschaffen. Sie beschied sich jedoch mit Passivität. Vielleicht zog sie – durch die Teilnahmslosigkeit ihrer ehemaligen toscanischen Untertanen zu sehr getroffen, um diese Interessen wahrzunehmen oder mehr zu tun, als ein Beispiel des klassischen Stoizismus' zu geben –, es vor, arrogant im Hintergrund zu bleiben, da sie nicht mehr herrschen konnte.

Nach der Schmach von 1815 war Carolines Dasein mit einer jungen Familie belastet, die es zu ernähren und zu erziehen galt, und mit einem unaufhörlichen Kampf gegen die Armut; jetzt richtete sich ihre ganze einstige wilde Energie auf nichts anderes, als auf die Suche nach Geld. Sie glaubte, daß die Geschichte ihrer und Murats Regierung erzählt und ihre Handlungsweise gerechtfertigt werden sollten. Sie hätte das selbst tun können, aber sie tat es nicht. War Madame de Cavaignacs Urteil über sie richtig? War sie letzten Endes doch nicht mehr als eine hübsche und charmante Frau, die sich selbst größere Fähigkeiten zuschrieb, als sie tatsächlich besaß?

Es ist interessant, sich auszumalen, wie Carolines Leben verlaufen wäre, wenn Murat wirklich in Österreich zu ihr hätte stoßen können. Sicherlich wäre das Paar noch verdächtiger gewesen als schon Caroline allein, man hätte sie noch ärgerlicheren Einschränkungen unterworfen, und sie wären der Gegenstand noch größerer Ängste der Mächte gewesen. Doch hätte Carolines Dasein dadurch wieder den begeisternden Schwung und Glanz erhalten, den es einst besaß. Als sie Murat verlor, endete damit auch die Gemeinsamkeit zweier Persönlichkeiten, aus deren verschiedenem Temperament die Reibungen entstanden, denen sie einen Großteil ihrer Stärke verdankte. Während sie ihre eigenen Fähigkeiten höher als die Joachim Murats wertete, ist der beste Beweis dafür, daß sie sich selbst überschätzte, die Tatsache, daß sie ohne ihn, d. h. wenn er nicht anwesend war, um ihre Flamme anzufachen, nie etwas von Bedeutung unternahm.

Miteinander verfügten die drei Schwestern über Eigenschaften, die, in einer Person vereint, eine vollkommene Frau ergeben hätten – Elisa Charakterstärke und Intelligenz, Caroline Energie und Willensstärke, Pauline Schönheit und das Talent zur Liebe.

Vollkommenheit kann kalt und leblos sein. Es sind ihre menschlichen Schwächen, die das Interesse für Elisa, Pauline und Caroline Bonaparte wecken.

St. Marylebone 1963

ZEITTAFEL

Wichtige Ereignisse im Leben der Familie Bonaparte
(Geburts- und Sterbedaten siehe Stammtafel)

1793	Napoleon von Korsika nach Frankreich
	Joseph Bonaparte in Toulon
	Lucien Bonaparte in Toulon
1794	Napoleon abkommandiert zur italienischen Armee
1795	Staatsstreich am 5. 10. (13. Vendémiaire)
	Lucien Bonaparte Kriegskommissar in Italien
1796	Napoleon Oberbefehlshaber der Italienarmee
	Heirat Napoleons mit Joséphine Beauharnais
	Schlacht bei Arcole
1797	Joseph Bonaparte Gesandter in Rom
	Frieden von Tolentino
	Zisalpinische Republik errichtet
	Frieden von Campo Formio
1798	Napoleon Oberbefehlshaber der Orientarmee
	Schlacht bei den Pyramiden
	1. Schlacht bei Abukir
1799	Syrienfeldzug
	2. Schlacht bei Abukir
	Staatsstreich Napoleons 9. 11. (18. Brumaire)
	Napoleon und Ducos Konsuln, Direktorium
1800	Napoleon mit dem Heer über den Großen St. Bernhard
	Schlacht bei Marengo
	Lucien Bonaparte Gesandter in Madrid
	Caroline Bonaparte heiratet Joachim Murat
1801	Frieden von Lunéville
	Christine Boyer, Gattin Lucien Bonapartes †
	Konkordat mit Papst Pius VII.
	Frieden mit der Türkei
1802	Frieden von Amiens
	Napoleon Erster Konsul auf Lebenszeit
	Jérôme Bonaparte in die Vereinigten Staaten von Amerika

Charles-Victor-Emanuel Leclerc †
Louis Bonaparte heiratet Hortense Beauharnais
1803 Neuordnung der Schweiz durch Vermittlung Napoleons
Kriegserklärung an England
Hochzeit Jérômes in Baltimore mit Elizabeth Patterson
Pauline Bonaparte heiratet Camillo Borghese
Lucien Bonaparte heiratet Alexandrine Jouberthon
1804 Erschießung des Herzogs von Enghien
Napoleon zum Kaiser ausgerufen
Krönung Napoleons und Joséphines
Louis Bonaparte Großconnétable
1805 Napoleon zum König von Italien proklamiert
Kriegserklärung Österreichs an Frankreich
Seeschlacht bei Trafalgar
Schlacht bei Austerlitz
Friede von Preßburg
Elisa Bonaparte Fürstin von Piombino
Felix Bacciocchi Fürst von Piombino
Jérôme Bonaparte wieder in Frankreich nach Trennung von Elizabeth Patterson
1806 Rheinbund unter dem Protektorat Napoleons
Schlacht bei Jena
Louis Bonaparte König von Holland
Pauline Bonaparte Herzogin von Guastalla
Napoleon in Berlin
Kontinentalsperre gegen England verhängt
Joseph Bonaparte König beider Sizilien (Neapel)
Joachim Murat Großherzog von Cleve und Berg
1807 Jérôme König von Westfalen
Treffen Napoleons und Zar Alexanders I. von Rußland
Code Napoléon eingeführt
1808 Frieden von Bayonne
Joseph Bonaparte König von Spanien
Caroline Bonaparte Königin beider Sizilien (Neapel)
Aufstand in Spanien
Joachim Murat König beider Sizilien (Neapel)
1809 Elisa Bonaparte Großherzogin von Toscana
Schlacht bei Wagram

Wien kapituliert
Friede von Schönbrunn
Scheidung Napoleons und Joséphine Beauharnais'

1810 Heirat Napoleons mit Marie Louise von Österreich
Louis Bonaparte legt die holländische Krone zugunsten seines Sohnes nieder und nennt sich jetzt Graf von Saint-Leu. Aufenthalt in Graz
Holland Frankreich einverleibt
Lucien Bonaparte in englischer Gefangenschaft

1811 Geburt des Königs von Rom, Napoleon II.

1812 Beginn des Feldzuges gegen Rußland
Napoleon in Moskau
Rückzug der Großen Armee
Übergang über die Beresina
Napoleon wieder in Paris

1813 Kriegserklärung an Preußen
Joseph Bonaparte verläßt Spanien
Kriegserklärung Österreichs an Napoleon
Völkerschlacht bei Leipzig
Jérôme Bonaparte nicht mehr König von Westfalen
Louis Bonaparte verläßt Graz, geht nach Frankreich, dann nach Rom

1814 Joseph Bonaparte Generalleutnant Frankreichs
Lucien Bonaparte aus englischer Gefangenschaft entlassen, wird in Italien Fürst von Canino
Napoleon dankt zugunsten seines Sohnes ab
Napoleon ins Exil auf Elba
Letizia Bonaparte bei Napoleon auf Elba
Joseph Bonaparte in der Schweiz
Pauline Bonaparte bei Napoleon auf Elba, dann nach Rom
Napoleon II. in Schönbrunn

1815 Napoleon verläßt Elba und begibt sich nach Fontainebleau
Jérôme Bonaparte Pair von Frankreich
Schlacht bei Waterloo
Zweite Abdankung Napoleons
Joseph Bonaparte in den Vereinigten Staaten von Amerika
Napoleon nach St. Helena verbannt
Joachim Murat erschossen

Caroline Bonaparte nach dem Tod Murats als Gräfin Lipona in Triest

1816 Jérôme von Friedrich I. von Württemberg zum Fürsten von Montfort ernannt, lebt in Württemberg, Österreich, Rom, Florenz, Belgien, und wird 1850 Marshall von Frankreich, 1852 Präsident des Staatsrats

Marie Louise nach Parma übergesiedelt

1817 Napoleon II. wird Herzog von Reichstadt durch Herrschaft von Reichstadt in Böhmen. Stirbt 1832 in Schönbrunn

1821 Napoleon auf St. Helena †

STAMMTAFEL

Carlo Maria (Charles Marie Buonaparte) (1746–1785)
Maria Laetitia Ramolino (Letizia) (1750–1836)

5 Kinder, gest. innerhalb ihres ersten Lebensjahres
1765, 1767, 1771, 1773, 1776
8 überlebende Kinder

1. Joseph (1768–1844)
Kg. v. Neapel 1806–1808
Kg. v. Spanien 1808–1813 gest. als Graf v. Survilliers
∞ Julie Clary (Marie) (1777–1845)

2. Napoleon I. (1769–1821)
Kaiser der Franzosen 1804–1814
∞ 1. Ehe Joséphine Vicomtesse de Beauharnais (1763–1814)
∞ 2. Ehe Marie Louise v. Österreich (1791–1847), Tochter Kaiser Franz I. v. Österreich, gest. als Herzogin v. Parma

3. Lucien (1775–1840)
Fürst von Canino
∞ 1. Ehe Christine Boyer (1773–1801)
∞ 2. Ehe Alexandrine de Bleschamp, verwitwete Jouberthon, (1778–1855)

4. Maria-Anna, genannt Elisa (1777–1820)
Fürstin von Piombino 1805 und Lucca 1806, Großherzogin von Toscana 1809
∞ Felix Bacciocchi (1762–1841)

5. Louis (1778–1846)
Kg. v. Holland 1806–1810
∞ Hortense Beauharnais (1783–1837)

6. Marie-Paulette (Paola), genannt Pauline (1780–1825)
Herzogin von Guastalla 1806
∞ 1. Ehe Charles-Victor-Emanuel Leclerc (1772–1802)
∞ 2. Ehe Fürst Camillo Borghese (1775–1832)

7. Maria-Annunziata, genannt Caroline (1782–1839)
∞ Joachim Murat (1767–1815)
Großherzog von Cleve und Berg 1806
König v. Neapel 1808

8. Jérôme (1784–1860)
Kg. v. Westfalen 1807–1813
∞ 1. Ehe Elizabeth Patterson (1785–1879)
∞ 2. Ehe Katharina v. Württemberg (1783–1835)
∞ 3. Ehe (morganatisch) Giustina Pecori, verwitwete Marchesa Baldelli-Bartolini

LITERATURVERZEICHNIS

Anm. der Autorin: Da es unmöglich ist, sämtliche im Laufe eines ganzen Lebens über Napoleon und seine Familie gelesenen Bücher und Veröffentlichungen aufzuführen, werden hier nur diejenigen Werke genannt, die beim Schreiben dieses Buches im besonderen Maße zu Rate gezogen wurden.

Abrantès, Mémoires de la Duchesse d', Paris, 1831–1835

Alger, J. G., *Napoleon's British Visitors and Captives, 1801–1815,* London, 1904

Alméras, Henri d', *Une Amoureuse–Pauline Bonaparte, Paris,* o. J.

Archeografo Triestino, Triest, Tipografia del Lloyd Triestino, 1924–28

Beaufond, Emmanuel de, *Elisa Bonaparte, Princesse de Lucques et de Piombino,* Paris, Au Journal de l'Univers, 1895

Bersanetti, Alda, *Donne Napoleoniche,* Bologna, 1931

Bertraut, Jules, *Le Ménage Murat,* Paris, 1958

Bertrand, Général, *Cahiers de Sainte-Hélène,* herausg. von Paul Fleuriot de Langle, Paris, 1949–1959

Blangini, *Souvenirs de Félix,* herausg. von Maxime de Villemarest, Paris, 1835

Boigne, Mémoires de la Comtesse de, Paris, 1907

Bonaparte, Joseph, *Lettres d'exile inédites,* herausg. von Hector Fleischmann, Paris, 1912

Bonaparte, Joseph, *Mémoires du Roi Joseph et Correspondance Politique et Militaire,* herausg. von A. Du Casse, Paris, 1855

Bonaventura, Arnaldo, *I Bagni di Lucca, Coreglio e Barga,* 1914

Borghezio, Gino, *I Borghese,* Rom, 1954

Bouchot, H., *La Toilette à la Cour de Napoléon,* Paris, 1895
Le Luxe Français, La Restauration, ibid., 1893

Bourrienne, M. de, *Memoirs of Napoleon Bonaparte,* 1836

Cavaignac, Madame de, *Les Mémoires d'une Inconnue,* Paris, 1894

Chantemesse, Robert, *Le Roman Inconnu de la Duchesse d'Abrantès,* Paris, 1927

Charles-Roux, F., *Rome Asile des Bonapartes,* Paris, 1952

Corsini, Andrea, *I Bonaparte a Firenze,* Florenz, 1961

Davies, Catherine, *Eleven Years' Residence in the Family of Murat, King of Naples*, London, 1841
Davois, Gustave, *Les Bonaparte Littérateurs*, Paris, 1909
Dupont, Marcel, *Caroline Bonaparte, La Sœur Préférée de Napoléon*, Paris, Librairie, 1937
Durand, Madame la Générale, *Napoléon and Marie-Louise, 1810—1814*, Paris, 1886
Fleuriot de Langle, P., *Elisa, Sœur de Napoléon I*, Paris, 1947
La Paolina, Sœur de Napoléon, Paris, 1946
Fouché, Les Mémoires de, Introduction et Notes de Louis Madelin, Paris, 1945
Foville, Jean de, *Pise et Lucques*, Paris, 1914
Fox, Henry, Journal of the Hon., (afterwards Lord Holland), herausg. von Earl of Ilchester, 1923
Garros, Louis: *Quel Roman que Ma Vie, Itinéraire de Napoléon Bonaparte, 1769–1821*, Paris, 1947
Goldsmith, Lewis, *The Secret History of the Cabinet of Bonaparte*, London, 1810
Greatheed, Bertie, *An Englishman in Paris, 1803*, 1953
Greenough, *Letters of Horatio Greenough to his brother Henry Greenough*, Boston, 1887
Guedalla, Philip, *Napoleon and Palestine*, 1925
Guerrini, Teresa Luzzato, *Paolina*, Florenz, 1932
Iung, Th., *Lucien Bonaparte et ses Mémoires*, Paris, 1882
Journal des Débats, 1800, 1837
Kühn, Joachim, *Pauline Bonaparte*, Paris, 1937
Lacour-Gayet, G., *Les Merveilles de l'Epopée Napoléonienne*, Paris, 1921
Lamartine, A. de, *Souvenirs et Portraits*, Paris, 1872
La Quotidienne, 1836, 1837
Las Cases, Comte de, *Mémorial de Sainte-Hélène*, Paris, o. J.
Lavallée, Théophile, *Histoire de la Maison Royale de St. Cyr*, Paris, 1856
Lazzareschi, Eugenio, *Lucca, Bergamo*, 1931
Leclerc, Lettres du Général, herausg. von Paul Roussier, Paris, 1937
Lucas-Dubreton, J., *Le Culte de Napoléon*, Paris, 1960
Lumbroso, Alberto, *Napoleone, La sua Corte e la sua Famiglia*, 1935

Marmottan, Paul, *Les Arts en Toscane sous Napoléon, La Princesse Elisa, etc.*

Elisa Bonaparte, Paris, 1898

Madame de Genlis et la Grande Duchesse Elisa, 1811–1813, Lettres inédites, suivies de l'ouvrage sur les'Mœurs de l'Anoienne Cour

Lettres de Madame de Laplace à Elisa Napoléon, Princesse de Lucques et de Piombino, Paris, 1897

Masson, Frédéric, *Napoléon et sa Famille* (13 volumes), Paris, 1897–1918

Les Quadrilles à la Cour de Napoléon, Paris, 1904

Masuyer, Mémoires, Lettres et Papiers de Valérie, Paris, 1937

Mathilde, Mémoires de la Princesse, herausg. von Comte J. Primoli, Souvenirs des Années d'Exil, *Revue des Deux Mondes*, Dezember 1927, Januar 1928

Melegari, D., *Une Reine en Exil*, Paris, *Le Correspondant*, Dezember 1808

Méry, Joseph, *Les Nuits Italiennes*, Paris, 1868

Misciatelli, Piero, *Lettre di Letizia Buonaparte*, Mailand, 1936

Monvel, Roger Boutet de, *Les Anglais à Paris 1800–1850*, Paris, 1911

Murat, Lettres et documents pour servir à l'histoire de, herausg. von Prince Murat, Paris, 1908–1914 (8 Bde.)

Murat, La Princesse Louise, Comtesse Rasponi, *Souvenirs d'Enfance d'une fille de Joachim Murat*, herausg. von Comte Jean-Baptiste Spalletti, Paris, 1829

Murat, Correspondance de Joachim, herausg. von Alberto Lumbroso, Turin, 1899

Letters from Joachim Murat to his daughter, Letizia, 1893

Nabonne, Bernard, *Pauline Bonaparte*, 1948

Nicolson, Harold, *The Congress of Vienna*, 1961

Noel-Williams, H., *The Women Bonapartes*, 1908

Parlange, H., »Une ›Grande Malade‹: Pauline Bonaparte, Princesse Borghese«, *Aesculape*, 1938

Plitek, V., *I Napoleonidi a Trieste: Caroline Murat, Contessa di Lipona 6 giugno – 15 agosto 1815, Archeografo Triestino*, ser. 3, Vol. 13, 1924

Plumptre, Anne, *A Narrative of a Three Years Residence in France from the Year 1802–1805*, London, 1810

Potocka, Countess Anna, *Voyage d'Italie 1826–1827*, Paris, 1899
Mémoires de la Comtesse Potocka, Paris, 1897
Raguse, Mémoires du Duc de, Maréchal Marmont, Paris, 1857
Récamier, Souvenirs et Correspondance de Madame, Paris, 1859
Revolutionary Plutarch, The, 3 Bde., London, 1805
Rodocanchi, E., *Elisa Napoléon en Italie*, Paris, 1900
Sancholle-Henraux, *Le Chevalier Angiolini Correspondance*, Paris, 1913
Ségur, Comte de, *La Campagne de Russie*, Paris, o. J.
Stenger, G., *La Société française pendant le Consulat*, Paris, 1905
Stirling, Monica, *A pride of Lions*, 1961
Talma, *Lettres d'Amour Inédites de Talma à la Princesse Pauline Bonaparte*, Hector Fleischmann et Pierre Bart, Paris, 1911
Trotter, John Bernard, *Memoirs of the latter Years of Charles James Fox*, 1811
Turquan, Joseph, übersetzt von W. R. H. Trowbridge, *The Sisters of Napoleon, Elisa, Pauline and Caroline Bonaparte*, 1908
Vandal, Albert, *Le Roi et la Reine de Naples*, 1808–1812, *Revue des Deux Mondes*, Paris, Februar, März 1910
Vialles, Pierre, *L'Archichancelier Cambacérès*, Paris, 1908
Vitrac, Maurice, *Journal du Comte P. L. Roederer*, Paris, 1909
Weil, Commandant, *Les Dessous du Congrès de Vienne*, 2 Bde., 1917
Yorke, Henry Redhead, *France in 1802*, 1906

ABBILDUNGSNACHWEIS

NACHWORT

Es ist mir eine aufrichtige Freude, allen herzlichst zu danken, die mir bei der Abfassung dieses Buches so großzügig mit Rat und Hilfe beistanden. Sir Compton Mackenzie bin ich besonders verpflichtet für seine gründliche Durcharbeitung des Manuskriptes und seine klugen Hilfen in Interpunktion und Satzlehre. Danken muß ich auch Dr. Harold Avery, der unermüdlich französische medizinische Quellen nach Unterlagen über Pauline Bonapartes Gesundheitszustand durchforschte, Dr. Dick Alexander, Dr. C. S. Cane und Mr. J. R. Armstrong für ihre glänzenden Diagnosen über ihr mutmaßliche Krankheit, sowie Mr. H. D. Ziman, dessen freundliches Geschenk eines seltenen Werkes »The Revolutionary Plutarch« unerwartete Forschungsmöglichkeiten bot; weiter meinem guten Freund Raymond Clavreuil, Paris, der immer bereitstand, das richtige Buch im richtigen Augenblick zur Hand zu haben; Miss Lois Dwight Cole vom Verlag William Morrow, Inc., New York, für redaktionelle Ratschläge und ihre Bemühungen, einer wenig bekannten Quelle nachzuforschen; Miss Jane Boulenger im Verlag John Murray für ihre unermüdliche Sorge, das Manuskript druckfertig zu machen; Professor Giulio Cirri, Direktor des Museo Stibbert in Florenz, für seine liebenswürdige Erlaubnis, das Gemälde Benvenutis von Felix Baciocchi zu reproduzieren; dem Earl of Ilchester, der es gestattete, aus dem »Journal« von Henry Fox, dem späteren Lord Holland, zu zitieren; dem Vicomte Fleuriot de Langle für die freundliche Genehmigung, Briefe Elisa und Pauline Bonapartes aus Privatsammlungen anzuführen; und schließlich Signora Camilla Roatta in Florenz, für ihr fachmännisches und unermüdliches Bemühen, Bücher aufzufinden, unbekannten Gemälden und Fotografien nachzuspüren und für eine Vielzahl wertvoller Informationen an Ort und Stelle.

REGISTER

Abkürzungen

Erzhzg. = Erzherzog
Erzhzg.in = Erzherzogin
Fst. = Fürst
Fst.in = Fürstin
Gf. = Graf; Gf.in = Gräfin
Hzg. = Herzog
Hzg.in = Herzogin
Hzg.tum = Herzogtum
K. = Kaiser
K.in = Kaiserin
Kg. = König
Kg.in = Königin
Kgl. Prz.in = Königliche Prinzessin